TV 생방송 이론과 실제

TV 생방송 이론과 실제

이동규 지음

"이 저서는 2020년도 동덕여자대학교 연구년 제도에 의하여 수행된 것임"

프롤로그

왜 생방송인가

녹화방송과 달리 생방송은
왜 굳이 TV 화면에 '생방송(live)'이라고 표시할까?
그것은 가공되지 않은 오리지널(original)이기 때문이다.

텔레비전의 장점은 즉시성과 현장성이다. 지금 일어나고 있는 일을 실시간으로 생생하게 보여줌으로써 시청자를 유인한다.

텔레비전이 처음 등장한 1930년대만 해도 거의 모든 프로그램이 생방송으로 진행됐다. 1956년 미국방송협회(NAB: National Association of Broadcasters)가 연차 총회에서 녹화가 가능한 VTR(Video Tape Recorder)을 처음으로 선보이기 이전에는 대부분의 프로그램이 생방송으로 전송됐다.

텔레비전 녹화방송이 과거의 사건을 전달하는 것이라면, 생방송은 지금 발생하고 있는 사건을 지금 그대로 보여주는 것이다. 텔레비전이 강력한 대중매체로 지금까지 존재하는 것은 녹화하고 편집하는 기술의 발전으로 오늘날 비약적인 발전을 거듭한 녹화방송의 힘 때문이기도 하지만, 현장감을 그대로 보여주는 생방송 기술의 힘 또한 부정하기 어렵다.

텔레비전이 등장하기 이전에 주요 대중매체는 책, 신문, 영화, 라디오 등이었다. 생방송으로 진행되던 라디오를 제외하면 이들이 전달하는 내용은 과거의 기록이다. 책이나 신문을 통해 정보를 얻고, 라디오를 통해 사건을 듣기만 하던 시청자들에게 이후 생생한 현장을 눈으로 직접 볼 수 있는 텔레비전의 등장은 하나의 문화충격이었다. 텔레비전이 태어나자마자 대중매체로 빠르게 확산될 수 있었던 배경에는 움직이는 장면을 실시간으로 보여주는 생방송이라는 차별성이 무엇보다 컸다.

텔레비전 생방송의 위력은 정말 대단하다. 올림픽 경기와 월드컵 축구대회, 이라크 전쟁, 미국 9·11 테러와 같은 생중계는 지구촌 수십억만 명의 시청자를 텔레비전 앞으로 끌어모은다. 또한 광복절, 개천절 등과 같은 각종 기념식 생중계와 긴급 현안에 대한 특집 토론 생방송, 국회 대정부 질문이나 청문회의 생중계, 선거개표방송, 모금 생방송, 영화 시상식, 기타 예기치 않은 속보 등과 같은 생방송은 긴급 이슈를 곧바로 이벤트화해 시청자에게 전달한다. SBS에서 생중계된 국내 최초 우주인 이소연의 우주선 발사 장면도 생방송이 가지는 현장감 때문에 전 국민의 관심을 끌 수 있는 미디어 이벤트가 될 수 있었다. 텔레비전 생방송이 시청자에게 미치는 영향력은 강력하다.

생방송의 빠른 전달력과 현장감을 활용하고자 하는 방송사의 노력은 특집 프로그램뿐만 아니라 정규 프로그램의 편성에서도 확인된다. 지상파든, 종합편성채널이든, 케이블이든 뉴스와 스포츠는 물론 교양과 예능 등 다양한 부분에서 생방송 프로그램들은 꾸준히 편성되고 있다. 시청자들이 그만큼 이벤트의 현장성과 즉시성을 선호하기 때문이다.

이러한 경향은 지상파 3사의 평일 아침 시간대와 오후 6시대를 봐도 알 수 있는데 신기하게도 하루의 아침과 저녁을 모두 생방송으로 매일 시작한다. 아침 시간대를 보면 KBS1 <아침마당>, KBS2 <생방송 세상의 아침>, MBC <생방송 오늘 아침>, SBS <생방송 모닝 와이드> 등이고, 오후 6시대를 보면 KBS1 <6시 내 고향>, KBS2 <생방송 생생 정보>, MBC <생방송 오늘 저녁>, SBS <생방송 투데이> 등이다. 예능 부문에서도 지상파 3사가 벌이는 생방송의 경쟁을 찾아볼 수가 있는데 대표적인 것이 최신 유행을 하루라도 뒤처지지 않고 보여주려는 가요쇼 프로그램이다. KBS <뮤직뱅크>, MBC <쇼! 음악중심>, SBS <인기가요> 등이 그 예다. 이 밖에도 KBS <심야토론>, <사랑의 리퀘스트>, <생방송 시사투나잇>, MBC <100분 토론>, SBS <SBS 토론>, JTBC <끝장토론> 등 다양한 생방송 프로그램을 정규로 편성하고 있다.

방송사들이 이처럼 생방송에 집착하는 이유 중의 하나는 시청자를 끌어들이는 데 생방송만 한 수단도 없기 때문이다. 시청자들은 녹화된 과거의 기록보다는 생방송처럼 현장의 생생한 장면에 더 몰입하고 그만큼 미디어 이용의 만족도 커지기 때문이다.

녹화방송과 달리 생방송은 현재 일어나고 있는 사건이기 때문에 소구력이 상대적으로 크다는 장점을 지닌다. 이런 점에서 생방송은 녹화방송에 비해 더 매력적인 프로그램 방식이다. 물론 방송사들이 생방송에 관심을 두는 것은 시청자의 입장만을 고려한 조치는 아니다. 그보다는 방송사의 상업적인 전략 때문이라는 주장이 있기도 하다. 미국의 경우 시청자들의 광고 회피를 방지하기 위해 지상파 방송사들이 선택한 전략 중의 하나가 한편 생방송이기도 하다.

텔레비전이 태생적으로 생방송 매체였다는 점, 현재도 생방송이 전 세계에 특집이나 정규 프로그램으로 다양하게 사랑받고 있다는 점, 현재의 사건에 대해 녹화방송보다 생생하게 전달할 수 있는 생방송의 고유한 장점이 있다는 점 등에서 볼 때 생방송의 가치와 연구는 매우 중요하다고 하겠다. 이에 생방송의 이론과 실제를 통해 그 함의를 살펴보고자 한다.

국내에서 생방송 프로그램에 관한 연구는 아직 많지 않다. 텔레비전의 리얼리티(reality)나 뉴스의 현실 구성에 관한 일부 연구(김수정, 2003; 김예란・박주연, 2006; 이종수, 2004, 1999; 홍석경, 2004)가 있기는 하지만 리얼리티 프로그램이나 뉴스 등이 생방송의 현장감(liveness)을 살린다는 점을 강조하기 위해 생방송의 특성을 짧게 다루는 정도이고 생방송에 대해 본격적으로 연구한 성과는 찾기가 쉽지 않다. 국내에 비해 해외에서는 상대적으로 생방송에 대한 연구(Bourdon, 2000; Capignano et al., 1990; Couldry, 2003; Dayan & Katz, 1992; Ellis, 2000; Feure, 1983; Friedman, 2002; Meyrowitz, 1985; Scannell, 2000; Vianello, 1994, 1986)가 적잖은 편이기는 하지만, 주로 텍스트와 수용자 중심의 연구에 집중되어 있다는 한계가 있다.

바커와 팀버그(Barker & Timberg, 1992)는 텔레비전 프로그램의 연구에서 생산, 즉 제작 영역이 상대적으로 소홀히 다루어지고 있다는 점을 지적했다. 기존 연구들이 홀(Hall)의 부호화/해독화(encoding/decoding) 모델의 의미를 해석하면서 지나치게 수용자의 해독화 연구 측면에만 관심을 가져왔다는 것이다. 홀은 부호화/해독화 모델의 접합(articulation)에서 제작자의 부호화와 수용자의 해독화를 동등한 위치에서 함께 볼 것을 강조했는데, 정작 후속 연구들은 제작자의 부호화 연구는 소홀히 하고 주로 수용자의 해독화 연구에만 지나치게 집중해왔다는 것이다. 따라서 수용자의 해독화뿐만 아니라 제작자의 부호화에 대해서도 들여다볼 필요성을 제기한다.

본 책은 바커와 팀버그의 지적을 받아들여 생방송 제작자의 부호화

과정, 즉 SBS-TV <연기대상>의 제작과정을 사례로 들여다보고자 한다. 기존 연구들이 텍스트와 수용자의 관점에서 생방송을 규명하는 데는 어느 정도 성과를 거두었을지 모르지만 제작자들의 제작의도, 즉 제작자의 부호화 과정에 대해서는 아직 연구 성과가 부족하기 때문이다.

본 책은 크게 세 가지를 다룬다. 첫째, 생방송이란 무엇이고, 둘째, 생방송은 어떻게 제작하고, 셋째, 생방송의 특성은 무엇인지에 관해서다. 특히 생방송의 특성에 관해서는 이론적으로 그동안 규명된 생방송의 본질이 제작을 통해서는 또 어떤 특성으로 나타나는지 실제 생방송 프로그램의 제작 사례를 통해 들여다본다.

텔레비전 생방송 프로그램은 그물망보다 복잡한 하나의 조직 내에서 다양한 스태프들이 내·외적 통제와 갈등과정을 겪으면서 제작된다. 특히 생방송은 프로그램 제작에 대한 계획은 미리 정해지지만 정리하기 힘든 복잡성과 돌발성을 띠며, 동시에 스태프들은 고도의 전문성과 예술성을 제한된 시간과 공간에서 발휘해야 하는, 매우 힘든 작업과정을 통해 만들어진다. 텔레비전 프로그램을 단순한 상품으로 보는 대신에 총체적인 활동에 의해 역동적으로 생산된 예술로 보는 베커(Becker, 1982)의 시각은 그런 점에서 시사하는 바가 매우 크다. 예를 들어 무대 위의 피아노 연주 공연은 연주자 개인의 작품이 아니라, 그 곡을 만든 작곡가, 연주 소리를 픽업하는 음향감독, 피아노를 만든 도공, 심지어 공연장 티켓을 배부하는 직원까지도 포함된 분업화된 작품이라고 보는 것이다. 베커는 텔레비전 프로그램도 이와 다르지 않다고 이해한다. 방송 프로그램이란 과거부터 누적되고 발전해온 기술, 카메라, 음악, 의상, 분장, 세트, CG, 소품, 편집, 편성, 행정, 홍보, 심의, 수용자, 심지어 녹화테이프를 만든 공장 직공의 예술성까지 응집된 예술이라고 본다.

본 책은 이처럼 모든 제작스태프들의 재능과 기술, 그리고 예술성이 응집된 총체적 결과가 SBS-TV <연기대상>의 제작과정이라고 상정해 이를 들여다보고 생방송의 특성을 찾아냈는데 이는 한편 본 책의 가장 큰 자랑이기도 하다.

목차

프롤로그
왜 생방송인가 / 5

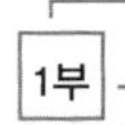
1부

텔레비전 생방송이란 무엇인가

1장 텔레비전 생방송의 개념과 유형 · 17
1. 텔레비전 생방송의 개념 · 18
2. 텔레비전 생방송의 유형 · 39

2장 텔레비전 생방송의 역사 · 47
1. 텔레비전 생방송의 등장 · 48
2. 텔레비전 생방송의 발전 · 53
3. 텔레비전 생방송의 확장 · 59

3장 텔레비전 생방송의 구성요소 · 63
1. 생산적 관점의 구성요소 · 64
2. 수용적 관점의 구성요소 · 75
3. 사회학적 관점의 구성요소 · 87

2부

텔레비전 생방송은 어떻게 제작하는가

4장 텔레비전 생방송의 제작 · 101

1. 텔레비전 제작자의 속성 · 102
2. 텔레비전 생방송의 제작요소 · 110
3. 텔레비전 생방송의 제작과정 · 120

5장 텔레비전 제작의 연구 · 129

1. 텔레비전 제작의 연구경향 · 130
2. 텔레비전 생방송 연구의 제작사례 · 138

3부

텔레비전 생방송의 특성은 무엇인가

6장 텔레비전 생방송의 제작특성 · 153

1. 생산적 특성 · 154
2. 정서적 특성 · 207
3. 제작의 통제요인 · 213

7장 텔레비전 생방송의 매개속성 ·239

1. 연속성 ·240
2. 현장감 ·259
3. 시의성과 즉시성 ·269
4. 친근감과 자연스러움 ·277
5. 생방송이라는 믿음과 이데올로기 ·286
6. 제작자의 직업의식 ·289

에필로그
'있는 그대로'를 '만드는' 생방송 / 298

참고문헌 / 306

1부

텔레비전 생방송이란 무엇인가

생방송을 하는 동안, 나는 정말 시청자 얼굴을 바로 앞에서 보는 듯했다. 부조정실에서 보는 화면은 그야말로 시청자 얼굴 그 자체였다. 그러나 얼마나 다행인가. 나는 그 얼굴에 아무 상처도 내지 않고 무사히 생방송을 마쳤으니 말이다.

– 생방송을 막 끝낸 PD

1장

텔레비전 생방송의 개념과 유형

생방송은 제작자의 부호화와 시청자의 해독화가
동시에 일어나는 접점이다.

생방송이란 무엇일까? 한마디로 녹화방송이 아닌 것이다. 왜? 이 세상의 사건을 보여줄 수 있는 방법은 딱 두 가지밖에 없기 때문이다. 과거의 것을 보여주느냐, 현재 일어나고 있는 것을 보여주느냐다. 미래를 보여줄 수는 없잖은가. 방송도 마찬가지다. 세상만사를 다 보여줄 것 같지만 알고 보면 딱 두 가지다. 과거냐, 지금이냐. 녹화방송(recoded)이 '과거의 기록'을 보여준다면 생방송(live)은 '지금 그대로'를 보여준다. 텔레비전 생방송의 개념과 유형도 여기서 출발한다.

1. 텔레비전 생방송의 개념

텔레비전(television)이라는 말은 1900년부터 프랑스에서 처음 사용되기 시작했는데 그리스어로 '멀다(tele)'와 라틴어의 '보다(vision)'라는 뜻이 합성된 것으로서 '멀리 있는 것을 보다'라는 의미다. 텔레비전은 현실의 직접적이고도 즉각적인 전달을 강조하면서 등장한 미디어다. 먼 곳의 사건이 발생하는 그 순간에 즉시 보여줄 수 있는 기술적 우위의 능력을 자랑하는 것이 텔레비전이다. 텔레비전은 다른 미디어와 달리 생방송으로서의 능력과 밀접한 연관을 가지고 발전해왔다.

생방송은 우리말로 '생중계', '실황방송', '실황중계', '실시간 방송', '중계방송', '리모트 방송', '릴레이 방송' 등 다양한 단어로 사용된다. 영어로도 생방송은 'transmission', 'live', 'play-by-play', 'transponder', 'remote pick up', 'relay broadcast' 등으로 다양하다.

이들 중 대표적인 단어는 역시 '라이브(live)'다. 라이브(live)라는 말은 전 세계적으로 'live broadcast', 'broadcast live', 'live coverage', 'live television', 'live satellite', 'live transmission', 'live telecast', 'live-action', 'carry live', 'transmission live' 등 여러 형태로 조합되어 사용된다.

'라이브(live)'란 '살아 있는 생명'을 뜻하는 것으로 '죽음'과는 상반되는 의미가 있다. 그런 면에서 생방송(生放送, live)이란, 말 그대로 '살아 있는(live) 방송', '생생하게(live) 전달하는 방송'이라고 할 수 있다. 생방송의 묘미란 '생생하게 살아 있음으로써 오는 즐거움'을 주는 데 있다고 할 수 있는 것이다.

'살아 있음(live)'을 과시하기 위해 '라이브(live)'라는 단어는 텔레비전 프로그램의 제목으로도 널리 사용된다. <Today Live>, <Primetime Live>, <Wendy Williams Show Live>, <Saturday Night Live> 등 'live'를 표방한 제목들을 미국 토크쇼나 버라이어티, 보도 프로그램 등에서 흔히 만나볼 수 있다. 우리나라에서도 <생방송 투데이>, <생방송 100분 토론>, <생방송 모닝와이드>, <생방송 연예가중계>, <생방송 섹션TV 연예통신>, <생방송 한밤의 TV연예>, <생방송 뮤직뱅크>, <생방송 6시 내 고향> 등과 같이 '생방송'이 붙은 제목의 프로그램들을 흔히 만날 수 있다.

중요한 것은 이렇게 생방송으로 진행되는 프로그램들은 프로그램 제목에 반드시 '생방송'이라는 것을 표시한다는 사실이다. 왜 그럴까? 그것은 '라이브(live)'라는 단어에는 '가공되지 않은', '있는 그대로', '직접적인' 등의 '원래 그대로'라는 순수성의 의미가 있기 때문이다.

일반적으로 우리는 '가공되지 않은 원래 그대로의 순수', 즉 '오리지널(original)'을 믿고 좋아한다. 텔레비전 제작자들이 프로그램을 생방송으로 진행할 경우 그 화면에 '생방송(live)'이라고 꼭 표시하는 이유는 바로 "지금 방송하고 있는 프로그램은 오리지널입니다"라는 것을 강조하기 위해서라는 것이다. 생방송(live)이라는 말은 '오리지널'이라는 브랜드의 힘이 숨어 있다. 가공되지 않은, 있는 그대로를 직접 보여준다는 브랜드의 힘.

1) 생방송의 일반적 개념

텔레비전이 처음 등장하던 초기에는 아직 편집기술이 발달하지 않은 때였다. 그래서 거의 모든 프로그램이 생방송으로 만들어졌었다. 소리와 이미지를 지금 일어나고 있는 실시간 그대로 생중계한다는 데 텔레비전으로서의 존재 의미가 있었다. 특히 생방송으로 진행하는 뉴스를 보도해오면서 텔레비전은 생방송이라는 시청자들의 인식은 더욱 굳어지게 되었고 그 이후에 편집기술이 발달하면서 녹화방송 프로그램이 늘어났지만 텔레비전은 생방송이라는 시청자들의 인식은 한동안 좀체 사라지지 않을 정도로 텔레비전은 생방송으로 방송한다는 인식이 매우 강했다. 우리나라도 1970년대까지만 하더라도 아직 편집기술이 부족해 드라마도 스튜디오 생방송으로 제작되었었다. 대표적인 예가 1971년부터 큰 인기를 끈 MBC 수사드라마 <수사반장>인데 편집기가 도입되기 전까지 처음 몇 년간은 스튜디오 생중계로 생방송되었다는 게 믿기는가.

한편 텔레비전이 생방송 매체라는 이러한 초기의 인식은 사실 텔레비전의 생방송 기술로 인해 생기게 된 것이었다. 하지만 이후 기술적 역할에서의 생방송을 벗어나 보다 사회적인 맥락과 의미로 확대해서 생방송을 볼 필요가 제기된다. 그중의 하나가 생방송은 개인에게 다가가는 기구이기 이전에 공중(public) 혹은 공공기구라는 인식이다. 생방송이란 시청자에게 사건을 중계하는 기구이자, 동시에 다른 공중인 시청자가 동시에 보는 하나의 공중현상이라는 보다 다의적인 사회적 의미로 볼 수 있어야 한다는 것이다.

생방송은 기본적으로 크게 세 가지 개념으로 우선 생각해볼 수 있다. 그것은 ① 생물학적, ② 사회학적, ③ 산업적 개념이다(Heo, 2004).

첫째, 생물학적인 개념이다. '생방송'이란 말 그대로 '라이브(live)'라는 사전적 의미에서 그 성격을 엿볼 수 있다. '라이브(live)'란 생물학적인 개념에서 보면 '죽음'과 반대되는 뜻이다. '살아 있는 생명', 즉 '살아 있음으로 오는 즐거움'이라 할 수 있다. 라이브 뮤직의 경우가 이에 해당된다. 립싱크를 하지 않고 공연장에서 가수가 직접 노래를 부르는 경우를 우리는 라이브라고 한다. 또한 사전에 녹화되지 않은 방송이라는 의미도 이에 해당된다.

1950년대와 60년대에 생방송이라 따로 부른 이유는 생중계로 방송되는 게임쇼에서 필름 혹은 테이프로 녹화해 방송하는 드라마가 아니라고 구분하기 위해서였다. 즉 녹화방송이 아니라는 것을 따로 강조하기 위해서였다. 왜? 녹화방송에 비해 생방송은 지금 일어나고 있는 사건으로서 살아 있기 때문이었다. 살아 있는 재미를 강조하기 위해서였다. '살아 있는 방송'이라는 힘이 얼마나 강했으면 최근에는 사전에 완전히 녹화된 프로그램임에도 불구하고 살아 있는 방송으로서 생생한 현장감을 강조하는 프로그램이 생기기도 했는데 바로 1980년대부터 등장한 소위 리얼리티 프로그램들이다.

둘째, 인간은 커뮤니케이션을 하는 사회적 동물이라는 사회학적 관점에서 생방송의 개념을 찾을 수 있다. 커뮤니케이션은 타인과 타인을 연결하는 사회적 상호 소통이다. 윌리엄즈(Williams, 1974)가 커뮤니케이션은 의미를 발생시키는 과정이며 실제 삶을 표현하는 과정이기에 그것은 곧 살아 있는 경험이라고 했듯이 인간은 타인과의 커뮤니케이션을 통해 진정 살아 있음을 느끼게 된다. 생방송은 공간적으로는 떨어져 있지만 시간적으로는 동시에 사람과 사람을 연결한다. 그리고 연결된 그 순간만큼은 현재 벌어지고 있는 사실을 역사적으로 목격한다는 안도와 동시에 참여하고 있다는 사회공동체적 구성원임을 깨닫게 해준다. 공중 속의 개인으로서 나 자신을 발견하게 하는 것이다. 나아가 우리는 커뮤니케이션을 통한 의사결정과정에 참여함으로써 민주주의를 실천할 수 있는 가능성마저 얻을 수 있게 된다. 이것은 한편 근대국가라는 공동체가 단지 지정학적이고 정치적인 총체로만 머무는 것이 아니라 '상상의 공동체'라는 앤더슨(Anderson, 1983)의 개념으로까지 확대 해석할 수 있는 맥락마저 준다.

셋째, 산업적 관점이다. 생방송은 동시성이라는 기술적 특성이 있다. 사전에 녹화된 프로그램이 아니라는 송출의 동시성을 최초로 강조한 것은 1934년 영국의 BBC이었다. '현재 일어나고 있는(being present)' 그대로를 즉시 보여주는 프로그램이라는 것을 강조하기 위해 보여준 BBC의 이러한 노력은 오늘날까지도 모든 방송사에 이어지고 있다. 참여자와 행위자가 동시에 하나로 엮어가는 현재성. 생방송의 가장 큰 장점은 이렇게 무엇보다 많은 사람들에게 한꺼번에 동시에 전달할 수 있는 그 탁월한 기능에 있는데 바로 이것이 한편 광고주에게는 대단히 매력적인 기능이기도 하다. 소비를 널리 촉진시킬 수 있는, 더없이 유용한 수단이 아닐 수 없다는 것이다. 미국의 초기 텔레비전 시절에 뉴스네트워크사 간에 속보전 경쟁이 치열했던 것도 바로 이러한 광고주를 획득하기 위한 산업적 측면이 그 원인 중 하나이기도 했다.

오늘날에도 방송사는 여느 채널보다도 가장 빠른 방송임을 시청자에게 표방한다. 전달이 빠를수록 홍보효과도 빨라지고 소비는 촉진된다. 홈쇼핑 채널들이 대부분 생방송으로 판매를 하는 것만 봐도 이를 알 수 있다. 특히 생방송을 통해 방송제작자들은 솔직함마저 보이려 애쓴다. 그들은 생방송을 통해 마치 전혀 준비되지 않은 자연스러운 방송인 것처럼 위장하는 고도의 전문적 기술을 발휘하기도 한다. 매개되지 않은, 있는 그대로를 시청자 여러분에게 가장 먼저 알려드린다는 솔직함을 보이려 애쓴다. 거기에는 사전에 녹화된 방송마저 생방송으로 포함시켜 살아 있는 프로그램임을 강조하는 경우도 있다. 가장 빠른 방송, 가장 솔직한 방송, 그러나 그 이면에는 한 명의 소비자라도 더 잡아야 하는 부담감을 잔뜩 안고 있다.

이렇게 생방송은 생생하게 살아 있는 생명력으로서의 생물학적 개념과 타인과 타인을 연결해 하나의 공동체로 엮는 사회학적인 의미, 그리고 수많은 사람들에게 동시에 한꺼번에 전달할 수 있는 기술적 우위를 통해 얻어지는 산업적 의미로 나누어 생각해볼 수 있다. 이를 종합해보면 생방송이란 '지금 세상에서 일어나고 있는 사건을 세상 사람들과 함께 동시에 지켜보면서 그들(텔레비전 화면 속의 사람들과 텔레비전 화면 밖의 사람들)과 함께하고 있다는 살아 있는 존재로서의 생생한 느낌을 주는 방송'이라고 정의할 수도 있겠다.

프리드만(Friedman, 2002)은 생방송이란 열려진 텍스트로서 다양한 목소리를 가진 일종의 메타텍스트로 정의한다. 시청자는 세상의 바깥에서 벌어지는 사건, 사람들과 끊임없이 연결되고 싶어 한다. 생방송은 단지 그것이 일어나고 있는 역사의 현장으로 목격하고자 하는 욕망뿐만 아니라, 그 역사적인 사건이 현실에서 이루어지는 과정으로서 그 속에 내가 함께 참여하는 내러티브적인 즐거움을 선사하는 데 있다고 한다. 지금 일어나고 있는 사건을 읽는 개인적 즐거움과 앞으로도 계속해서 이어질 사건에 대해 예측하고 추측하는 즐거움의 분석이 있다는 것이다. 그리고 그 결과를 상상하는 텍스트의 즐거움, 그것은 곧 담론적 공동체의 한 구성원으로서의 즐거움이다. 그의 생방송에 대한 정의는 텍스트를 해석하는 수용자의 다의적인 힘을 중시한 결과라 할 수 있다.

피스크(Fiske, 1987)는 텔레비전은 표현양식, 즉 미학적 스타일에 있어서 다층적인 의미구조를 생산하며 '생산자-텍스트-시청자'를 연결해주는 의미복합체로 기능한다고 했다. 생방송 프로그램을 접하는 시청자는 텍스트적 관습으로 굳어진 생방송의 표현양식에 의해 해석하는 경향이 있다는 것이다.

이영음과 홍석경(1999)에 따르면 생방송은 방송되는 사건이 현재 일어나고 있음을 확인해주는 지표적(index) 기호의[1] 역할을 하는데 텔레비전 생방송은 사건의 시간과 보도시간의 동시성을 통해서 우리가 보고 있는 것이 실재함을 확인시켜 준다고 한다. 생방송은 이런 점에서 사진 매체의 공간적 지표성에 시간적 지표성을 가증시키는데 결국 이런 지표적 속성을 활용해서 생방송은 지금 일어나고 있는 실제 상황을 말하고 있는 것으로 보인다는 것이다.

2) 생방송은 장르인가, 포맷인가

생방송을 한마디로 정의하기란 쉽지 않지만, 전통적으로 생방송과 녹화방송을 비교하면 이해하기 쉽다. 즉, 생방송은 녹화방송이 아니고, 녹화방송은 생방송이 아니라는 이분법적인 규정이다(Caldwell, 1995).

이분법적인 규정이 가능한 이유는 기본적으로 두 가지를 전제한다. 첫째는 모든 텔레비전 프로그램은 생방송, 아니면 녹화방송으로 제작된다는 것이다. 둘째는 생방송과 녹화방송은 정반대의 특성을 가지고 있기 때문에 쉽게 구분된다는 것이다. 전통적으로 생방송은 지금 일어나고 있는 사건을 그대로 보여준다는 의미에서 '실재하는 것'으로 여겨져 온 반면에, 녹화방송은 편집도 가미된다는

---

1) 퍼스(Peirce)의 도상(icon), 지표(index), 상징(symbol)의 세 가지 기호 범주의 하나다. 도상은 유사기호, 상징은 분절기호, 그리고 지표는 자연을 측정하기 위한 도구적 기호라고 할 수 있다(홍기선, 2002).

의미에서 '실재하지만 가공된 것'으로 이해되어 왔다. 위의 둘째 전제는 텔레비전의 기본 속성은 생방송처럼 그대로 전달받는 '현실'이 아니면, 녹화방송처럼 가공된 '허구'이기 때문에 '현실인가, 허구인가'처럼 '생방송인가, 녹화방송인가'라는 이분법으로 텔레비전 프로그램을 구분할 수 있다는 뜻이다.

이러한 두 가지 전제에서 텔레비전을 생방송과 생방송이 아닌 것으로 명확하게 구분해 생방송을 연구한 것이 다얀과 카츠(Dayan & Katz, 1992)다. 그들은 오로지 생방송으로만 진행되는 영역을 '미디어 이벤트'로 명명해 별도로 연구했다. 그들은 생방송으로 진행되는 뉴스와 미디어 이벤트를 제외하고, 텔레비전을 구성하는 나머지 녹화방송 프로그램들은 대부분 대중문화들에 이미 존재하는 문화형태를 빌려와 가공하거나 중계함으로써 만들어지는 것에 불과하다고 주장한다. 그들에게 텔레비전의 힘은 명확하다. 현실에 대한 재현의 힘이냐, 아니면 현실에 대한 구성의 힘이냐. 그들은 생방송으로만 진행되는 미디어 이벤트는 가공된 녹화방송과 달리, 현실을 그대로 보여주기 때문에 흩어져 있는 국민을 하나로 통합하는 기능을 할 뿐만 아니라, 일종의 국민의례(ritual)이자 시청하도록 강요하는 사회적 규범과도 같은 강한 힘마저 있다고 보았다.

하지만 부르동(Bourdon, 2000)은 텔레비전 프로그램을 생방송과 녹화방송이라는 이분법적으로 구분하기에는 그 경계가 매우 모호하다고 지적한다. 그는 근래에 들어 생방송과 녹화방송의 경계가 점점 허물어지고 있기 때문에 어디까지가 생방송이고, 어디까지가 녹화방송인지 구분하기가 매우 어려워졌다고 한다. 생방송이라고 표방하는 프로그램이라도 녹화한 부분이 다수 포함되어 있어서 도대체 어디까지가 녹화된 부분인지 어디까지가 생방송인지 그 정도를 알기 어렵다는 것이다. 생방송된 프로그램이라 하더라도 나중에 고스란히 재방송되기도 하기 때문에 시청자들이 생방송과 녹화방송을 구분하기가 쉽지 않다는 것이다. 최근에는 리얼리티 프로그램과 같이 녹화방송도 생방송과 같은 생생한 현장감(liveness)을 한껏 살리고 강조하기 때문에 더 이상 시청자에게는 생방송이냐, 녹화방송이냐를 구분하는 것 자체가 무의미하다는 것이다.

생방송은 '현실'이고, 녹화방송은 '허구'라는 문제도 텔레비전 장르와 연관시켜 생방송과 녹화방송을 구분하는 데 모호함을 준다. 하틀리(Hartley, 1992)는 '제작된 것(허구)'이라는 범주의 영화나 문학과 달리, 생방송이라는 텔레비전의 기능이 '제작된 것(허구)'과 '그대로 재현된 실재(현실)'라는 사이의 경계를 모호하게 하기 때문에 텔레비전 장르와 포맷을 결정하는 요소에서 과연 생방송을 포함시켜도 되는가라고 근본적인 질문을 던진다.

텔레비전 포맷이란 방송산업과 소비자 사이에서 프로그램의 종류를 설명하는 수단이다. 포맷은 모방할 수 없는 독창성이 있으며 그래서 저작권으로도 거래될 수 있다. 그래서 포맷은 새로운 포맷을 창출하지 않으면 들어가기 어려운 분명한 경계선을 가진 제작 영역이다. 이에 비해 장르란 시청자의 기대에 부응하는 시청자와의 타협으로서 보다 크고 포괄적인, 일종의 편성의 영역이다. 포맷이 생산자 편의 전술적인 제작의 영역이라면, 장르는 수용자 편의 전략적인 편성의 영역이라고 볼 수 있다.

하틀리는 생방송이 무엇인가라는 문제에서 이러한 텔레비전 포맷이 때로는 장르의 개념에 혼동을 준다는 점을 지적한다. 즉시성과 시의성을 살리는 텔레비전만의 생방송 시스템이 텔레비전 장르와 포맷을 규정하는 데 상당한 애로를 준다는 것이다. 즉 생방송이 라는 텔레비전의 기능이 '제작된 것'과 '그대로 재현된 실재'라는 사이의 경계를 모호하게 하기 때문에 그것의 구분이 필요 없는 영화나 문학과 달리, 텔레비전 장르와 포맷을 결정하는 요소에서 생방송을 포함시킬 것인가라는 근본적인 고민을 하지 않을 수 없게 한다는 것이다.

영화나 문학은 '허구'이기 때문에 '허구'에 대해서만 장르를 구분하면 되지만, 텔레비전은 '허구'와 '현실' 사이에 놓여 있기 때문에 생방송이 포함되면 텔레비전의 장르와 포맷을 규정하는 데 혼동을 준다는 것이다. 만약에 텔레비전이 녹화방송으로만 이루어진다면 하틀리의 말대로 영화나 문학과 마찬가지로 텔레비전의 장르나 포맷을 분류하는 데 별도의 고민을 할 필요는 없다.

닐(Neale, 2000) 또한 생방송이 텔레비전 장르와 포맷을 결정짓는 요소라는 점에 대해 부정적이라는 견해를 보인다. 그는 우선 레이시(Lacey, 2000)가 텔레비전 장르를 구분하는 네 가지 요소로 ① 등장인물의 타입, ② 배경, ③ 내러티브(narrative), ④ 스타일을 꼽는 데에 대해 비판한다. 닐에 따르면 레이시의 구분은 현실과 허구의 구분이 분명한 영화나 소설에는 그대로 적용될 수 있을지 모르지만, 내러티브나 허구의 정도가 분명하지 않은 텔레비전에 적용하기에는 매우 애매하다는 것이다. 특히 레이시는 게임쇼를 위의 요소를 적용해 장르를 구분하는데 그것은 ①등장인물의 타입에서 보면 일반인인 방청객과 친절한 사회자가 기본 등장인물이고, ②배경으로는 스튜디오가 기본 배경이고, ④스타일은 생방송이라는 분류인데(여기서 레이시는 ③내러티브에 대한 언급은 없다), 닐은 이러한 분류 중에 ④스타일이 생방송이라는 분류에 대해 과연 기본적으로 생방송이라는 것이 장르를 구분하게 하는 특별한 ④스타일이 될 수 있는가라고 의문을 제기한다. 그는 설령 레이시의 주장처럼 ① 등장인물, ② 배경, ③ 내러티브, ④ 스타일과 같은 카테고리를 텔레비전의 장르적 특성으로 본다고 하더라도 생방송은 스타일이라기보다는 하나의 '전달양식(mode)'에 관한 문제이지 텔레비전의 장르를 구분하는 특성으로 볼 수 있는 문제는 아니라는 것이다.

닐은 텔레비전에 관한 한, 생방송은 장르라기보다 포맷에 관련된 문제로 보는 게 더 정확하다고 본다. 포맷은 생방송인가, 녹화방송인가라는 전달양식에 따라 얼마든지 달라질 수도 있지만 장르는 전달양식에 따라 영향 받는다고 보기 어렵기 때문이다. 결국 생방송과 녹화방송의 개념적 차이는 텔레비전의 장르적 특성에서 나타나는 것이 아니라, 닐의 견해처럼 전달양식의 차이에서 비롯된 문제라고 하겠다.

생방송이 전달양식의 문제라는 것은 역사적으로도 알 수 있는데 1912년 미국의 초기 라디오 법령의 제정 목적에 잘 드러나 있다(Heo, 2004). 당시 라디오 법령의 제정 목적은 '전파장애와 신호방해를 예방하기 위한 것'이었는데, 당시 방송사는 허가제로서 당연히 이러한 라디오 법령의 목적에 부합해야만 정부로부터 허가를 받을 수 있었다. 당시 '깨끗한 전달'을 중요시하게 여긴 데는 아직 텔레비전은 없고, 오직 생방송으로 진행되던 라디오만 있던 시절이어서 라디오 생방송이 곧 방송이라고 보았기 때문이었다. 즉, 라디오 방송 매체만 있던 초기에는 방송이 무엇이라고 하는 개념 자체보다는 '깨끗한 전달'이라는 방송의 목적을 더 중요하게 여겼다는 것이다.

방송을 생방송이라 보고 '전달'에 의미를 둔 사례는 1927년 미국 연방 라디오위원회의 강령에서도 찾을 수 있는데 청취자에게 방해가 되는 요소의 하나로, 라디오 진행자와 청취자 간의 크로스 토크를 예로 들며 법적으로 금지했다는 사실이다. 진행자와 청취자 간의 크로스 토크마저 '전파장애와 신호방해'로 여길 정도로 생방송의 '깨끗한 전달'을 방송의 최고 덕목으로 여긴 것이다. 이 강령은 한편 청취자에 대한 광고효과를 증대시키는 데 조금이라도 방해가 되어서는 안 된다는 당시 미국방송의 상업적인 의도에서 방송의 전달력을 강조한 것이기도 하다.

방송 자체를 전달양식으로 보는 일면은 지금의 방송법에서도 찾을 수 있다. 우리나라 방송법에 따르면 방송은 '방송 프로그램을 기획·편성 또는 제작하여 이를 공중에게 전기통신설비에 의하여 송신하는 것으로서 텔레비전방송, 라디오방송, 데이터방송, 이동멀티미디어방송'을 그 방송 범위로 한정하고 있다. 일본 방송법과 전파법에는 '공중에 의해 직접 수신될 것을 목적으로 하는 무선통신의 수단이고 위성방송, 텔레비전 다중방송, 초단파 다중방송도 방송으로 취급한다'고 규정하고 있다. 이에 따라 전통적인 방송의 정의를 요약하면 방송이란 ① 통신의 수단이어야 하고, ② 공중에 의해 직접 수신되는 것을 목적으로 하여야 하고, ③ 방송사의 송신과 공중의 수신 간에 다른 중간 작용이 있어서는 안 된다는 것이다. 이것은 방송이란 사실 그대로를 어떤 다른 장애요소의 방해 없이 실시간으로 전달하는 데 그 이상과 목표가 있다는 것인데 다분히 전달 측면을 강조한 정의다.

사실 '방송(broadcasting, 放送)'이라는 용어도 알고 보면 전달 측면을 강조한 말이다. ‘broadcasting’이란 ‘broad(넓은)’와 ‘casting(보내다, 던지다)’의 합성어인데 ‘널리 보내다’라는 뜻이다. 한자로도 ‘넓을 방(放)’, ‘보낼 송(送)’, 역시 ‘널리 보내다’라는 뜻이다. 생방송(live broadcasting, 生放送)이란 널리 보내는 방식, 혹은 양식(mode)이 ‘live’, 즉 ‘생(生)’이라는 것이다. 그 의미는 주지하다시피 ‘날 것 그대로’라는 의미이고 말이다. 이에 비해 ‘날 것을 가공해서 널리 보내는 것’, 그것이 녹화(錄畵, recoded)방송이라는 것이다. 사전적인 의미로도 녹화란 ‘사물의 모습이나 움직임 따위를 나중에 다시 볼 수 있도록 텔레비전 카메라나 비디오카메라 또는 비디오 기기를 통하여 필름, 테이프 따위에 자기적(磁氣的), 광학적(光學的)으로 담아두는 것’이다.

결국, 생방송은 전달기술로서의 양식(mode)에 가까우며 텍스트를 구분하는 장르로서 그 특성을 규정하기에는 매우 어려운 문제라는 것을 알 수 있다. 설령 장르로서 생방송을 구분한 예가 있다고 하더라도 미디어 이벤트 정도에서나 찾아볼 수 있을까, 실제로는 매우 한정적이다.

3) 생방송 텍스트: 생산자와 수용자가 동시에 만나는 접점

지금까지 생방송이란 무엇인지 개념에 대해 살펴보았다. 생방송은 장르나 포맷의 문제로 접근하기보다는 전달양식의 문제로 접근할 필요가 있음을 살펴보았다. 또한 방송(broadcasting, 放送)이란 말 그대로는 ‘널리 보내는 것’이라는 것도 살펴보았다. 생방송이란 ‘날 것을 그대로 널리 보내는 것’이고, 녹화방송이란 ‘날 것을 가공해서 널리 보내는 것’이다. 그렇다면 무엇을 보내는가, 당연히 프로그램이다. 지금부터는 생방송 프로그램에 대해 생각해보고자 한다.

프로그램이란 텍스트다. 텍스트는 텍스트, 그 자체로서도 의미를 갖지만 전달양식에 따라서도 그 의미가 달라진다. 즉 생방송으로 전달하는 텍스트인지, 녹화방송으로 전달하는 텍스트인지에 따라 텍스트의 특성은 달라질 수 있다는 것이다. 생방송이라는 '날 것 그대로'의 텍스트와 녹화방송이라는 '날 것 가공의' 텍스트가 다르다는 것이다.

텍스트는 해석된다. 기본적으로 해석의 문제다. 그래서 '생산자-텍스트-수용자'의 틀로 해석의 문제를 탐구한다. 텍스트는 텍스트, 그 자체를 탐구할 수도 있지만, '생산자-텍스트'라는 생산자 관점의 텍스트를 연구할 수도 있고, '텍스트-수용자'라는 수용자 관점의 텍스트를 연구할 수도 있다.

일반적으로 미디어의 생산과 수용에 관한 문제는 서로 다른 별개의 영역으로 간주되는 경향이 있다. 그래서 프로그램 제작과정의 영역 또한 텍스트와 별개로 여겨지기도 한다. 즉 '생산자-텍스트-수용자'를 도식적으로 구분 짓고, 여기에 따라 텍스트의 생산에 대한 의미, 혹은 텍스트의 유통과 배분에 대한 의미 등으로 탐구하는 식이다. 그러나 여기에는 텍스트에 대해 어느 정도 공통적으로 전제하는 것이 한 가지 있음을 간과할 수 없다. 그것은 텍스트, 즉 프로그램을 '하나의 완결된 텍스트'로 가정하는 경향이다.

텔레비전 프로그램은 기본적으로 녹화제작 프로그램과 생방송제작 프로그램이 있다. 녹화제작 프로그램은 연출자에 의해 편집이 완료된 완성품을 시청자가 만난다. 여기에는 편집이 완료되어 방송을 기다리는 파일인 이상, 연출자에 의해 더 이상 수정이 불가능함을 의미한다.[2)]

그러나 생방송제작 프로그램은 이와 다르다. 시청자는 완성된 방송용 파일로 프로그램을 만나는 것이 아니라, 제작자와 동시에 생방송되는 상황과 조건들을 만난다. 여기에는 제작자가 생방송이 종료되는 시각까지 얼마든지 텍스트를 수정할 수 있는 가능성이 있음을 의미한다. 즉 녹화방송 프로그램이 시청자와의 '닫힌 만남'이라면, 생방송 프로그램은 시청자와의 '열린 만남'이라고 할 수 있다. 녹화방송 프로그램은 과거에 일어난 사건을 편집(가공)해 더 이상 수정이 불가능한 완성품이지만, 생방송 프로그램은 지금 일어나는 일을 지금 그대로 내보내는 미완성품이라는 것이다. 녹화방송이 '이미 기록된, recoded'라는 과거완료형이라면, 생방송은 '지금 기록 중인, recoding'이라는 현재진행형이다.

그렇다면 생방송에 관한 한, 미디어 생산 영역은 또 다른 의미가 있지 않을까? 이것은 <그림 1>과 같은 홀(Hall, 1980b)의 부호화/해독화 모델에 대한 재해석을 의미한다.

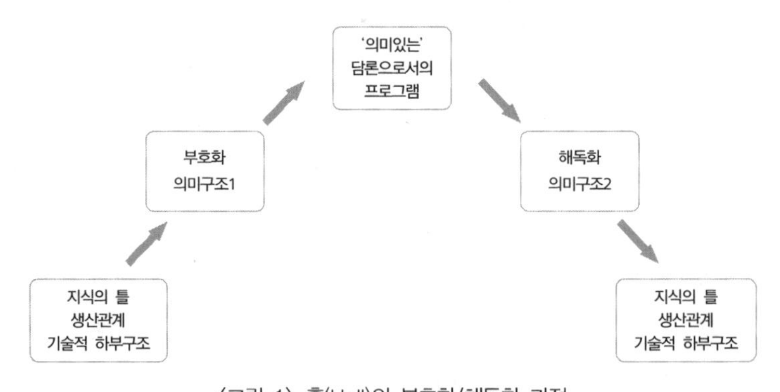

〈그림 1〉 홀(Hall)의 부호화/해독화 과정

2) 그래서 편집이 완료된 방송용 파일을 텔레비전 주조정실에 넘기고 방송되기를 기다리는 것을 가리켜 방송사 PD들 사이에는 이런 말이 있다. "이제 내 손을 떠났다"(이동규, 2018).

코기(Caughie, 1984)는 텔레비전에 대해 쓴다는 것은 거의 항상 지금, 현재에 대해 쓴다는 것을 의미한다고 했다. 제틀(Zettl, 1973) 또한 텔레비전은 영화와 달리 현재진행형(being)이라고 했다.

> 텔레비전의 근본적 본질은 생방송이다. 프레임 안에 이벤트가 얼어붙는 영화와 달리, 텔레비전은 기술적 특성이 주는 진행과정 안에 있다. 텔레비전 주사 빔의 끊임없는 움직임은 생생한 현장감(liveness)을 주며 미완성의 이미지를 완성해나간다. 영화의 이벤트가 매개 의존적이라면 텔레비전은 이벤트 의존적이다. 텔레비전은 언제나 열린 미래로 나아간다.
>
> \- 제틀(Zettl)

생방송은 제틀의 말처럼 현재진행형의 텍스트다. 현재진행형이란 앞으로 어떤 일이 계속 일어날지 알 수 없다는 의미이며 이는 곧 열린 텍스트를 의미한다. 그런 의미에서 생방송은 '제작자-텍스트-수용자'라는 틀에서 보면 제작자와 수용자가 동시에 만나는 접점이다. 녹화방송은 과거와 현재라는 시차를 두고, '제작자-텍스트', '텍스트-수용자'로 따로 만난다. 녹화방송의 '이미 만들어진 텍스트'와 생방송의 '지금 만들어가는 텍스트'는 전혀 다른 특성의 텍스트일 수 있다는 것이다.

생방송을 내보내는 곳은 텔레비전 주조정실이다. 지금 현장에서 일어나는 일을 시청자에게 내보내는 중간 포스트, 그곳이 텔레비전 주조정실이다. 주조정실에서 방송되는 화면은 방송 담당자와 시청자가 동시에 함께 본다. 즉 주조정실은 제작자와 수용자가 만나는 상징적 접점이라고 할 수 있다. 생방송되는 텍스트는 이처럼 '제작자-텍스트-수용자', 즉 제작자와 수용자가 동시에 만나는 접점이며 그래서 생방송이란 무엇인지 홀의 부호화/해독화 모델로 접근해 그 의미를 탐구할 수 있다는 것이다.

바커와 팀버그(Barker & Timberg, 1992)는 홀의 '결정적 계기(determinate moments)'가 일어나는 부호화/해독화 과정을 받아들이는 데 있어 생산과 수용에 대해 지나치게 구분 짓는다고 지적하며, '결정적 계기'를 부호화가 일어나는 순간과 해독화가 일어나는 순간으로 동등하게 함께 볼 것을 주장한다. 그들은 부호화, 즉 미디어 생산의 측면에 대해 두 가지를 주장한다.

첫째, 부호화 자체를 지나치게 잠재적인 해독화, 즉 수용자의 개념으로 받아들이는 데에 대한 지적이다. 해독되지 않으면 텍스트도 없다는 바르트(Barthes, 1977)적 의미 해석[3]의 과도한 신봉으로 부호화 자체의 의의마저 상실하고 있다고 우려한다. 그러면서 둘째, 그렇다면 만약에 메시지가 없다면 시청자는 어찌 됐든 지금 보고 있는 저 텔레비전 프로그램과 도대체 어떻게 교섭할 수 있는가라고 의문을 제기한다. 수용자의 해독이 중요하다고 해서, 수용자가 메시지를 받아들이지 않는다고 해서 그래도 여전히 텍스트는 텍스트대로 존재한다는 그 전제 자체마저 부정할 수는 없지 않겠느냐고 역설한다. 그들은 기본적으로 텔레비전을 구성하거나 해독하는 데 '절대적인 영도(degree zero)'는 없다고 주장한다. 그 이유는 시청자는 이미 관습적으로 텔레비전의 시청각 코드에 익숙하기 때문에 텔레비전을 켜놓고 뜨개질을 하거나 설거지를 하더라도 기본적으로 일정한 수준에서 텔레비전이 보여주는 내용이나 형식을 자연스럽게

3) 바르트(Barthes, 1977)는 수용자에 의해 비로소 텍스트가 의미를 갖는다고 했다. 수용자가 관심의 대상으로 텍스트를 접하기 전까지는 적어도 텍스트가 아니라는 의미다.

받아들이고 있으며, 거기에는 해석이 일어난다는 것이다. 그들은 궁극적으로 텔레비전 프로그램에 대한 연구에서 '부호화-텍스트-해독화'가 서로 영향을 주는 텔레비전의 대표적인 형식으로서의 관계로 설명되어야 할 뿐만 아니라, 텔레비전 문화의 보다 큰 이데올로기적 매트릭스 내에서 전체적으로 계획되는 상황으로 작동되고 있음을 간과해서는 안 된다고 한다. 텔레비전 프로그램의 제작에 대한 연구도 시청자의 수용적 수준과 동등한 계기로 분석되어야 한다는 것이다.

이렇게 '결정적 계기'에 있어 '절대적인 영도'가 없다는 가정은 홀에게서 보다 명확하게 확인할 수 있다. 그에 따르면 우리는 이미 상식적으로 텔레비전이 보여주는 약호들에 익숙해 있고, 그래서 자연스럽게 받아들이기 때문에 '절대적인 영도'란 없다. 홀은 이러한 '결정적 계기'를 외연적 의미(denotation sign)와 내포적 의미(connotation sign)로 설명한다. 외연적 의미란 아직 코드로 중재되지 않았고 그래서 이데올로기도 개입되지 않은 보편적 앎에 의한 시각적 담화의 수준에서 자연스러운 기호다. 내포적 의미는 사회적인 의미(meanings)를 갖는 수준인데 비로소 여기서 코드의 중재가 변화해 이데올로기가 드러난다고 한다. 외연적 의미의 수준이 닫힌 의미규칙이라면, 내포적 의미의 수준은 열린 의미규칙으로서 수용자는 바로 여기서 다의적이고 능동적인 해독이 가능해진다. 즉 외연적인 시각의 기호가 코드의 중재를 통해 내포적 수준에서 실제의 기호(real sign)로 바뀐다는 것이다. 여기서 중요한 것은 이 두 가지는 단지 분석을 위한 편의상 가정일 뿐, 구분해서 발생되는 것은 아니라는 사실이다. 그리고 이 두 가지는 동시에 발생하며, 생산자든 수용자든 모두에게서 발생된다. 텔레비전의 생생한 현장감도 바로 이 순간에 발생하며 그래서 텔레비전 생방송은 제작자와 시청자가 동시에 의미가 발생되는 '결정적 계기'의 접점(articulation)이라는 사실이다.

다른 미디어와 다르게 텔레비전은 시청자와 '현재진행형으로 교섭하는 과정'으로서의 만남이다. 그리고 그것은 생산, 즉 방송됨과 동시에 필연적으로 이루어질 수밖에 없는 만남이다. 그 이유는 제작자에게든, 시청자에게든 의미발생의 '절대적인 영도'란 없기 때문이다. 보는 순간 해독되지 않는 방송은 적어도 없다. 생방송은 바로 이러한 전제 위에서 규정될 수 있다.

바커와 팀버그는 시청자는 텔레비전의 시청각 코드가 의미하는 잠재성에 대해 이미 알고 있다고 말한다. 그래서 그와 더불어 동시에 즉각적으로 동일시할 수 있으며, 그런 경우에 대한 반응도 정확하게 할 수 있다고 한다. 그렇기 때문에 '부호화/해독화 과정' 간의 관계도 여기에 응답하는 시청자의 특정한 계기와 해독화를 부호화와 동일선상에 놓고, 그 안에서 텔레비전 제작과정을 바라보아야 한다고 제기한다. 그것은 '결정적인 계기'가 곧 부호화와 해독화가 동시에 발생하는 계기, 혹은 순간(moments)이기 때문이다.

바커(Barker, 1985)에게 텔레비전 시청에서 중요한 것은 시청자가 처음 순간에 어떻게 교섭하는가이다. 사실 텍스트는 수용자가 접촉하기 전까지는 여전히 미완성의 상태다. 그러나 접촉이 시작되는 순간, 텍스트는 만들어진다. 그것은 텍스트와 수용자의 사회적 조건이 교차하는 지점이기에 필연적으로 만들어질 수밖에 없다. 생방송의 경우에도 마찬가지다. 제작자와 수용자가 텔레비전 화면으로 동시에 만난다. 지금 방송되는 생방송 텍스트를 수용자가 시청하는 한, 수용자가 만나지 않는 '절대적인 영도'란 없으며 더불어 생방송 텍스트도 이미 만들어지고 있다.

최소한 텔레비전으로 방송이 되는 한, 현재까지 적어도 시청률 0%란 없다. 제작자의 입장에서는 언제나 누군가 보고 있다는 사실을 기본적으로 전제하고 프로그램을 만든다. 모든 프로그램에는 반드시 타깃 시청자가 있다. 이것은 PD가 프로그램을 만들 수 있는 1차적 조건이자 의도다. 생방송되는 프로그램은 제작자와 시청자의 사회적 조건이 교차하는 지점으로 부호화-해독화가 동시에 발생하는 텍스트의 완성과정으로 볼 수 있다. 생방송의 가장 큰 특성이 생생한 현장감과 즉시성이다. 이는 곧 제작자와 시청자가 같은 장소, 같은 시간에 놓여 있다는 의미로서 프로그램을 서로 함께 만들어갈 수 있는 조건이 충족됨을 뜻한다.

이는 <그림 1>의 홀의 부호화/해독화 과정을 텔레비전 생방송 프로그램의 부호화/해독화 과정으로 <그림 2>와 같이 재해석할 수도 있음을 뜻한다.

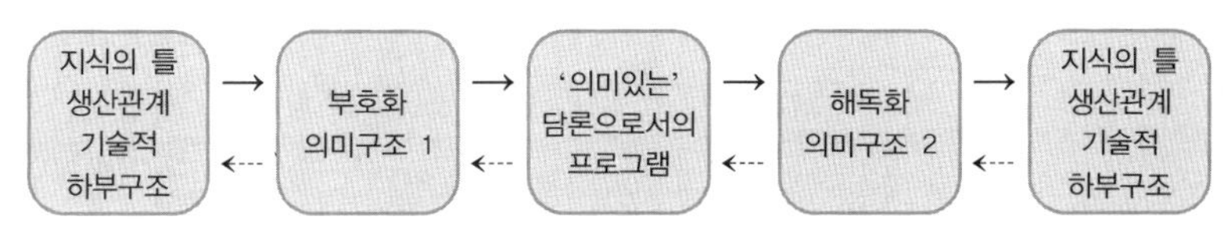

〈그림 2〉 텔레비전 생방송 프로그램의 부호화/해독화 과정

<그림 2>에서 보듯이 기본적으로 홀의 부호화/해독화 과정과 크게 다른 것은 없다. 홀은 <그림 1>의 부호화/해독화 과정에서 상호동일한 대칭이나 균형의 의미는 아니라고 했다. <그림 2>의 텔레비전 생방송 프로그램의 부호화/해독화 과정 또한 마찬가지다. 다만

<그림 2>는 두 가지 면에서 <그림 1>과는 다르다.

첫째, 텔레비전 생방송은 제작자와 시청자 간의 부호화/해독화가 동시에 이루어진다는 의미에서 모든 과정을 동일선상의 위치에 두었다는 것이다. 둘째, 그렇기 때문에 의미해석이 제작자와 시청자가 쌍방향적으로 동시에 이루어진다는 의미에서 별도의 점선(←---)을 추가했다는 것이다. 텔레비전 생방송 프로그램은 방송되는 과정 그 자체가 텍스트가 완성되는 과정이라는 것을 표시했다는 것이다(물론 녹화방송의 경우도 마찬가지인 면이 있기는 하지만 시간적인 즉시성이 없다).

여기서 별도 점선(←---)의 의미는 생방송되고 있는 상황과 조건에서 시청자가 제작자에게 내용이나 형식의 진행과정에 대해 미치는 제반 영향이라고 할 수 있다. 일례를 들면, 생방송 프로그램은 방송시간의 길이가 정해져 있다. 그래서 정해진 방송시간을 맞추기 위해 생방송 도중에 내용의 첨삭을 해야 하는 경우가 필연적으로 생긴다. 이런 경우, 이를 판단하는 담당PD에게 일차적으로 영향을 미치는 요소는 '과연 여기까지 방송된 상태에서 시청자는 어디까지 이해했을까'가 가장 크다. 이 기준에서 PD는 순간적으로 결정해 내용을 첨삭한다. 제작자의 판단 정점에는 시청자라는 존재가 보이지는 않지만 늘 영향을 미친다. 생방송은 생산자와 수용자의 의미해석이 동시에 두서없이 발생하기 때문이다. 또 다른 예를 들면 생방송 도중에 실시하는 네티즌 투표나 인터넷 댓글이다. 이는 제작자의 부호화에 대한 시청자의 즉각적인 해독화라 할 수 있다.

결국, 생방송은 제작자와 수용자가 동시에 만나는 접점으로서 제작자와 수용자가 함께 부호화하고 해독화하며 만들어가는 열린 텍스트라고 할 수 있다.

2. 텔레비전 생방송의 유형

텔레비전 생방송을 장르적인 개념으로 분류한 예는 찾기 어렵지만, 전달양식의 개념으로 유형을 분류한 예는 다양하게 있다. 터글과 허프만(Tuggle & Huffman, 2001)은 생방송이 차지하는 비율과 전달양식에 따라 텔레비전 뉴스를 범주화했고, 프리드만(Friedman, 2002)은 전달되는 양식에 따라 생방송의 유형을 구분했으며, 부르동(Bourdon, 2000)은 생방송적인 요소가 가미된 정도와 전달양식에 따라 텔레비전 프로그램을 유형화했고, 다얀과 카츠(Dayan & Katz, 1992)는 완전생방송으로 진행되는 미디어 이벤트를 각각의 공통점에 따라 유형화했다.

1) 생방송의 일반적 유형

생방송의 유형은 분류기준에 따라 다양하게 나눌 수 있지만 대표적인 것이 하나의 프로그램 내에 생방송되는 분량이 어느 정도인지 양적으로 따져서 완전생방송과 부분생방송으로 나누는 것이다.

완전생방송은 녹화나 편집된 부분이 전혀 없이 오로지 생중계로만 이루어지는 프로그램을 말한다. 스포츠중계, 기념식, 토론, 대통령 후보자 초청 토론, 정당 대표 연설 프로그램 등이 그 예다.

부분생방송은 녹화하거나 편집된 부분이 혼합되어 있는 생방송으로서 뉴스가 대표적인데 사실상 생방송으로 진행된다고 하는 대부분의 교양이나 예능 프로그램이 여기에 해당된다.

2) 뉴스의 유형

터글과 허프만(Tuggle & Huffman, 2001)은 생방송으로서의 텔레비전 뉴스를 세 가지 유형으로 나누었는데 ① 현장성, ② 속보성, ③ 화면성이다.

> ① 현장성: 언론보도로서의 가치는 없지만 단지 현장성이라는 생방송의 가치가 있기 때문에 생방송으로 뉴스를 하는 유형이다. 예를 들어 사건이 벌어지고 난 후, 그 현장에서 기자가 리포팅을 하는 블랙홀(black hole) 생중계와 같은 경우다. 블랙홀 생중계는 뉴스에서 현장에 연결된 기자가 이미 사건이 끝난 죽은 현장에서 리포팅을 하는 방식인데 예를 들면 강도를 당한 문 닫힌 은행 앞이나, 문이 닫힌 불 꺼진 시청 앞에 기자가 밤늦게 서서 생중계를 하는 경우다. 블랙홀 생중계는 녹화된 사건의 화면만으로도 보도가 가능한데도 단지 현장성을 강조하기 위해 굳이 사건현장에서 생방송을 하는 경우를 뜻하기도 한다.
>
> ② 속보성: 9・11 월드트레이드 테러사건과 같이 갑자기 사건이 발생한 경우에 속보로 현장기자를 연결해 정보를 전달하는 유형이다. 빠른 전달의 가치나 필요가 있어서 생방송으로 진행하는 방식을 택한 경우다.
>
> ③ 화면성: 텔레비전 생방송으로 보도해도 좋을 만큼의 화면 가치가 뛰어난, 소위 신문이 아닌 텔레비전 그림으로의 가치가 뛰어나서 보도하는 생방송의 유형이다. 사전에 미리 계획되고 홍보된 이벤트에 대해 보도하는 경우인데 스펙터클한 장면이 뛰어난 스포츠나 각종 시상식 등의 미디어 이벤트가 이에 해당된다.

3) 생방송의 양식

프리드만(Friedman, 2002)은 이벤트의 전달과 성격에 따라 텔레비전 생방송을 네 가지 양식으로 분류하는데 ① 재현(representation), ② 기념식(ceremony), ③ 비구조화된 이벤트(unstructured event), ④ 미대본 이벤트(unscripted event)다.

① 재현(representation): 생방송이나 혹은 생방송과 유사한 사전 제작 녹화물들이 연속적으로 방송되는 양식인데 뉴스가 대표적인 예다. 앵커의 진행이나 전개방식은 생방송이지만 중간중간에 미리 발생한 사건들을 사전에 녹화 편집한 기사물과 섞어 방송하는 경우다. 이것은 비록 완전한 생방송은 아니지만 뉴스처럼 시청자가 관습적으로 그 생방송 양식에 부합해, 지금 일어나고 있는 이벤트로 받아들이는, 일종의 시청자와 암묵적인 동의가 전제된 양식이라고 할 수 있다.

② 기념식(ceremony): 이것은 다얀과 카츠(Dayan & Katz)의 미디어이벤트가 대표적이다. ①재현의 유형이 완전한 생방송이 아닌 경우라면 이것은 완전한 생방송이라는 점에서 다르다. 또한 지금 벌어지고 있는 이벤트가 사전에 치밀하게 구성된 시나리오에 의해 진행된다는 점이 다르다. 여기에는 이벤트 주최자와 그것을 중계하는 방송매개자, 그리고 수용자가 이러한 이벤트로 집중되는 구성요소라는 점이 기본적으로 가정된다. ①재현이 현실을 구성해서 전달한다면, 이것은 비록 사전에 시나리오화된 이벤트이지만 그 자체를 그대로 전달해서 그 진행과정 속에 하나의 의례(ritual)나 행사로 기능하게 한다는 것이 그 차이점이다.

③ 비구조화된 이벤트(unstructured event): 이것은 사전에 의도한 계획이 없이 돌발적이거나 우연적으로 발생한 사건을 생방송하는 유형이다. 케네디 대통령 암살사건이나, 러시아 우주선 챌린저호의 폭발사건 등을 생중계하는 경우인데 ②기념식이 사전에 고도로 구성된 시나리오에 의해 전개되는 행사를 생중계한다면, 이것은 사전에 계획된 것과는 무관하게 돌발적인 사건으로 변형된다거나 긴급속보의 성격으로 사건을 생중계하는 것이다. 이 같은 경우, 시청자는 이런 예기치 않은 돌발 사태에 대해 방송제작자와 함께 그 사건을 재조합해 수용하려는 태도를 보인다고 한다.

④ 미대본 이벤트(unscripted event): 사전에 진행이나 전개과정에 대한 형식이나 약속은 어느 정도 있지만 그 실행과정에 대한 구체적인 대본은 없는 경우다. 생방송으로 진행되는 토크쇼라든가, 스포츠, 게임쇼, 토론회, 선거방송, 모금방송 등이 이에 해당한다. 특히 이것은 프로그램의 전개과정에서 시청자들의 능동적인 참여가 프로그램 출연자들과 같은 공간에서 같은 시간에 이루어질 수 있

는 생방송인데, 이 같은 시청자의 참여가 원활할 경우 그 효과가 배가되는 유형이다.

프리드만의 네 가지 생방송의 양식은 그것을 실현하는 데에 방송 프로그램 제작자들이 사전에 의도한 바가 어느 정도인가에 따라 구분한 것이라 볼 수 있다. 사전에 의도한 정도가 가장 큰 경우가 ② 기념식으로서 그래서 완전한 생방송이 가능해진다. 그다음 의도성이 강한 것이 뉴스 방송으로 대표되는 ①재현인데 그래서 사전 녹화제작물과 혼용할 수 있다. 또한 진행 틀은 있지만 전개방향은 알 수 없는 ④미대본 이벤트, 그리고 사전 의도성이 전혀 없이 생중계가 이루어지는 ③비구조화된 이벤트 순으로 사전에 의도한 바가 적다.

4) 텔레비전의 양식

부르동(Bourdon, 2000)은 생방송적 요소가 어느 정도 가미되어 있는가라는 그 정도에 따라 텔레비전을 네 가지 양식으로 분류한다. 얼마나 어느 정도 편집되어 꾸며졌는가라는 정도의 문제로 ① 완전 생방송(fully live), ② 연속성(continuity), ③ 편집(edited), ④ 허구(fiction)다. 텔레비전 프로그램은 이러한 네 가지 양식이 있다는 것이다.

① 완전 생방송(fully live): 이것은 다분히 기술적인 문제와 관련 있는데 사전 녹화물이 포함된 생방송(recorded-live)이나 유사 생방송(falsely live)과 구분되는 의미로서의 완전 생방송이다. 대표적인 예가 미디어 이벤트(Dayan & Katz)로서 완전 생방송을 하지 않으면 안 되는 경우가 이에 해당된다. 올림픽 게임이나 월드컵 축구대회, 아카데미 시상식, 교황의 순례 여행, 사다트 이집트 대통령의 이스라엘 방문 생중계 등 이벤트 주위를 휘감는 열정이 중

요해 라디오가 아닌, 오로지 시각적 효과와 함께 작동되는 텔레비전 생방송으로서의 가치와 의미가 필요한 경우다.

② 연속성(continuity): 부르동이 말하는 생방송의 기준은 생방송이라고 받아들이는 시청자의 믿음에 달려 있다. 그래서 그런 믿음을 주는 요소에 관한 것인데 ①완전 생방송은 아니지만 그것을 구성하는 연속성에 의해 생방송이라는 사실을 보증 받는 경우다. 지금 방송되고 있는 프로그램이 생방송이라는 시청자의 부분적 시청 감정들이 그것이 구성된 일련의 텔레비전 연속성에 의해 하나하나 확인됨으로써 생방송으로 느껴지는 경우다. 사실 일상생활로서의 텔레비전 시청 경험은 프로그램 내에 구성된 연속성의 경험이 더 크다고 할 수 있다. 시청자는 텔레비전 생방송 프로그램이라는 텍스트로부터 생방송적인 느낌(liveness)을 암시받고, 그것을 특별한 생방송으로 추측하게 되며 그 과정이 효율적인 성과를 거둘 때 비로소 생방송이 된다. 그래서 생방송으로 받아들이게 되는 정도가 가장 큰 것이 뉴스이며, 그다음이 버라이어티, 그리고 게임쇼 등이다. 특히 뉴스는 이미 타이틀에서부터 '생방송'이라는 사실이 전제되어 있기 때문에 생방송이라는 시청자의 믿음이 가장 클 수밖에 없다.

③ 편집(edited): ①완전 생방송과 ②연속성이 정도의 차이는 있지만 결국 생방송이라면, 이 경우는 생방송이 아닌, 편집된 프로그램으로 방송하는 경우다. 그러나 이후 살펴볼 ④허구(fiction)와 차이가 있는데 그것은 실제세계에 대한 편집(live-editing in real life)이라는 것이다. 대표적인 예가 이미 사전 녹화되어 편집된 뉴스 기사물과 다큐멘터리다. 이들은 허구가 아닌 사실에 대해 편집한 프로그램들이다. 그러나 연속성이 전혀 없기 때문에 생방송으로 받아들이기는 힘들다. 편집된 프로그램은 두 가지 차원에서 편집을 눈치챌 수밖에 없기 때문인데 첫째, 화면의 샷과 샷이 시간성과 연결되지 않는다는 시간적인 차원과 둘째, 그럼에도 불구하고 배경음악은 하나로 깔려 있어 전형적으로 편집된 화면이라는 것을 눈치채게 하는 청각적 차원이다. 그래서 비아넬로(Vianello, 1986)는 텔레비전 뉴스가 대단히 역설적이라고 말한다. 즉 진행방식은 고도의 생방송인 반면에, 기자가 전달하는 현장 기사들은 이미 과거에 발생한 사건들을 사전에 편집한 녹화물인데 뉴스는 마치 생방송인 것처럼, 심지어 사건이 지금 발생하고 있는 것처럼

착각하게 보도한다는 것이다. 부르동에 따르면 이 같은 현상은 앵커가 진행하는 방식에 연속성이 있기 때문이다.

④ 허구(fiction): CM, 뮤직비디오, 시트콤처럼 연기나 추측에 의해 만들어진 허구세계를 편집한 프로그램으로서, ③편집이라는 면은 같지만 사실세계가 아니라는 면에서 뉴스나 다큐멘터리와는 다르다. 허구이기에 비록 생방송은 아니지만, 때때로 샷은 생방송적일 때도 있다. 생방송으로 보이게 하는 연속성이 있기도 하다는 것이다. 그 예가 시트콤이다. 영화와 달리 텔레비전은 다음 주에 또 방송하는 정규 방송물이 많다. 시트콤도 그중 하나인데 매주 방송되는 정규성으로 배우들의 배역 이름이 실제 이름과 왔다 갔다 하는 경우가 많다. 그렇다 보니 배우들의 캐릭터가 비록 연기라 하더라도 실제 생활이라는 느낌을 강하게 준다. 이들의 정형화되고 단순화된 연기방식은 일련의 연속성을 주게 된다. 즉 시트콤의 에피소드와 당대의 실제 생활 사이에 연속적으로 창조되는 그 시간의 접점에 시트콤이 방송되고 있고, 비록 샷들은 편집되었지만 어느 정도 시간적인 차원의 연속성이 있기 때문에 한편 생방송적이라는 것이다.

부르동의 텔레비전 유형은 생방송의 구성요소로 동시성과 현장성과 같은 시·공간적인 차원 외에 내러티브의 연속성이라는 내용적 차원으로까지 그 범위를 확대한 것이었다.

5) 미디어 이벤트의 유형

생방송으로서 미디어 이벤트에 대한 관심은 쉴즈와 영(Shils & Young, 1956)이 관객을 폭넓게 확대하는 방법을 연구하면서 시작되었는데 그들은 1953년 영국 엘리자베스 여왕의 왕위 즉위식 생중계가 전 국민을 '국가적 가족'으로 만드는 강력한 힘이 있음을 발견한다. 이들의 발견은 미디어의 권위를 역사적으로 연구한 체니(Chaney, 1983)와 영국 국가의례(ritual)를 독점 보도한 BBC를 역사적으로 분석한 카디프와 스카넬(Cardiff & Scannell, 1987)에 의해 보다 확장된다. 특히, 체니는 텔레비전이 대규모 관중을 통해 출연 인물을 크게 부각시켜 연극화된 스펙터클을 만드는 방법으로 시민의례(ritual)를 미디어의례로 승화시킨다는 것을 발견한다.

체니의 이러한 미디어의례를 발전시킨 것이 다얀과 카츠(Dayan & Katz, 1992)의 미디어 이벤트 개념이다. 그들은 기본적으로 '자연적인 이벤트(spontaneous event)'와 반대되는 개념인 부어스틴(Boorstin, 1961)의 유사 이벤트(pseudo-event)[4]를 부정하고 대신 체니의 미디어 의례적 특성을 받아들여 생방송은 사회통합 기능으로서 강력한 잠재력이 있는 것으로 확대 발전시킨다. 텔레비전 생방송은 이벤트를 그대로 전달하는 투명성이 있기 때문에 사회를 통합하는 강력한 힘이 있다고 강조하며 이러한 사회통합 기능을 증명하기 위해 미디어 이벤트를 다양하게 분석한다.

다얀과 카츠는 미디어 이벤트란 일단 생방송이어야 하고, 미리 계획되어야 하며, 일상의 정규방송을 끊고 특집 방송되는 특성을 가지는 일종의 특별한 방송이어야 한다고 정의한다. 그들의 가장 큰 관심은 확장된 관객으로서의 시청자였다. 그래서 연구대상을 텔레비전 생방송으로 한정했는데 그것은 '생방송'이라는 조건과 그것이 '보이는 실제'이어야, 분산된 시청자가 현장 관객과 함께 하는 그 특별한 시청행위를 할 수 있으며, 그래야 현장의 이벤트가 텔레비전으로 인해 함께 경험되는 특별한 상황이 되는 미디어 이벤트로

---

4) '유사 이벤트(pseudo-event)'는 언론에 이름을 알리기 위해 누군가가 의도적으로 일으키는 사건들을 가리킨다. 시상식, 증정식, 기자회견, 판촉행사 등이 그 예다. 한편 릴(Real, 1985)은 '자연적인 이벤트(spontaneous event)'의 반대 개념으로 '유사 이벤트'를 사용했다. 즉 '일어난 현상 그대로를 전달하기 때문에 윤색되거나 첨가되는 왜곡의 과정이 전혀 없거나 최소화된 상태'를 의미하는데, 이에 비해 '유사 이벤트'는 완전히 각색된 것을 의미한다.

완성될 수 있기 때문이다.

그들은 미디어 이벤트를 세 유형으로 나누는데 ① 경쟁형(con test), ② 정복형(conquest), ③ 대관형(coronation)이다. ①경쟁형은 스포츠 중계를 대표적으로 들 수 있으며, ②정복형은 사다트 이집트 대통령의 이스라엘 방문이나 미국의 달 착륙에 대한 중계가 있고, ③대관형은 영국 왕위 즉위식이나 미국 케네디 대통령 장례식, 오스카상 시상식 중계 같은 것이 있다. 그리고 이러한 미디어 이벤트가 의례가 되는 과정으로 ① 잠재(latency), ② 예고(signaling), ③ 모델링(modeling), ④ 프레이밍(framing), ⑤ 평가(evaluating)의 5단계로 나누고, 그 과정을 ① 대본, ② 제작, ③ 연출, ④ 관객이라는 네 가지 측면에서 분석한다.

한편, 다얀과 카츠의 미디어 이벤트 분석은 미디어의 사회통합 기능에 대해 지나치게 믿음으로써, 이데올로기를 도외시하고 성급하게 그 공통점만 찾아 일률적으로 유형화해서 일반화하는 데만 치중했다는 비판을 받기도 했다(이호영, 2000). 또한 미디어 이벤트는 신화적으로 구성된 이벤트를 기본적으로, 가장 강력한 순간에 텔레비전이 생중계하는 것이기 때문에 미디어 이벤트의 기능이 그 자체로 사회를 통합하는 것이라고 쉽게 단정 지을 수도 없다고 비판받기도 한다. 미국의 9·11 국제무역센터 테러 사건처럼 사전에 계획되지 않은, 돌발적인 사건들도 그 순간의 강렬함으로 얼마든지 사회통합 못지않은 큰 주목을 끌 수 있다는 것이다(Couldry, 2003).

하지만 생방송을 텔레비전이 갖는 특별한 기능으로 인식하고, 미디어 이벤트라는 새로운 장르를 독립적으로 확장시킨 성과는 의의가 매우 크다.

2장

텔레비전 생방송의 역사

텔레비전은 역사적으로 영화와 경쟁하며 커왔다.
큰 화면, 고화질의 영화를 이길 수 있는
유일한 무기는 생방송을 할 수 있는 기능이었다.

텔레비전이 등장하던 초기만 해도 편집기술 부족으로 대부분의 프로그램이 생방송으로 진행됐다. 생방송의 발전 의미는 초기 텔레비전 시절의 역사적인 배경에서 찾을 수 있다. 생방송은 텔레비전의 형식과 기능, 그리고 제작관습의 일반적인 기술적 요인뿐만 아니라 정치, 경제, 사회 등 복잡하고도 다양한 요소들의 이해관계 속에서 비롯되었다. 생방송이 비록 기술적 필연성이라는 역사적 요인에서 출발했다고는 하지만, 그 역사에는 텔레비전의 경제적, 권력적인 필요성과 편리성, 그리고 영리 추구의 요인이 복합적으로 얽혀 발전해왔다는 데서 그 정체성을 찾을 수 있다(Friedman, 2002).

1. 텔레비전 생방송의 등장

세계에서 처음으로 텔레비전 방송을 시작한 나라는 독일이었다. 1925년 '제국방송협회'를 설립하고 방송 전반을 통괄하였는데 1934년에 나치당이 방송을 국유화하면서 1935년부터 본격적으로 정규방송을 하게 된다. 생방송으로서의 텔레비전 기능이 주목받는 계기는 이듬해 1936년 베를린 올림픽을 생중계하면서부터다. 베를린 올림픽을 생중계함으로써 텔레비전은 '있는 그대로를 전달하는 미디어'라는 인식이 자리를 잡게 된다.

미국은 1939년에 뉴욕 세계박람회에서 공식적으로 처음 텔레비전이 일반인에게 공개되면서 비로소 생방송으로서의 텔레비전 시대에 대한 단초를 제공하게 된다(Tuggle & Huffman, 2001). 그러나 제2차 세계대전으로 텔레비전 동결령이 내려져 방송사의 인기가 중단되기도 하는데 1952년 미국 연방통신위원회(FCC: Federal Communication Commission)의 방송사 동결령이 해제되면서 텔레비전은 본격적으로 황금시대를 맞이하게 된다. 이 시기에 텔레비전은 대폭 늘어나 미국에만 1,500만 가구가 텔레비전 수상기를 갖게 되고, 1960년까지 미국 가정의 90% 이상이 최소한 텔레비전 수상기 한 대를 가질 정도로 비약적인 발전을 하게 된다(Lester, 1994).

초기 텔레비전 기술은 라디오를 많이 차용했는데 전파를 이용한 송·수신 방식이나 영상과 음성을 자기테이프에 기록하는 방식 등이 모두 라디오의 기술에서 온 것이었다. 그래서 텔레비전 제작자나 기술자도 라디오에서 온 경우가 많았는데 그렇다 보니 텔레비전 프로그램도 주로 라디오 프로그램을 변형 발전시킨 것이 대부분이었다. 그래서 초기에는 텔레비전이 '그림이 있는 라디오', 혹은 '보이는 라디오'로 여겨지기도 했다(Friedman, 2002).

기술과 스태프뿐만 아니라 텔레비전 연기자들도 대부분 라디오나 연극에서 활동하던 배우들이었다. 연극을 많이 차용해 프로그램화한 버라이어티와 코미디 형식들은 연극배우들이 많이 출연했지만, 그 밖에는 대부분 라디오에서 활동하던 성우들이 많이 출연했으며, 특히 실시간 소식을 전하는 뉴스는 그 형식 자체가 라디오 형식이어서 라디오 관계자들이 주로 출연하고 제작했다. 그래서 방송사 시설도 주로 뉴욕을 중심으로 형성되었는데 이는 라디오나 연극 연기자들이 모두 뉴욕에 있었기 때문이었다(Byrne, 1997).

라디오의 고유한 특성은 편집 없이 실시간 그대로 프로그램을 진행하는 생방송인데 텔레비전은 처음에 이러한 라디오의 특성을 그대로 차용해 프로그램을 만들고 방송을 내보내다 보니 텔레비전은 애당초 라디오처럼 생방송 미디어로 간주되었다. 1936년 베를린 올림픽을 생중계한 것과 같이 텔레비전은 '있는 그대로를 전달'하는 미디어로서의 태생적 기능이 처음부터 자리를 잡을 수 있었고, 텔레비전 제작자들도 이것을 깨닫고 이러한 기능을 한층 더 강조하고 발전시켰기 때문에 텔레비전은 초기부터 생방송 미디어라는 인식이 일찍 자리 잡히게 된다.

텔레비전 초기에는 편집기술과 야외 현장 중계기술이 아직 발달하지 않아 단지 스튜디오에서 여러 대의 카메라로 제작하는 스튜디오 제작을 주로 할 수밖에 없었는데 이러한 텔레비전 스튜디오 제작방식은 대개 한 대의 카메라로 신(scene)마다 장면을 나누어서 촬영하는 영화와 달리 텔레비전만의 고유한 제작기법으로 자리 잡게 된다. 당시 텔레비전 쇼를 위해 길고 얄팍한 스튜디오 세트를 배경으로 연기자가 위치하고, 방청객을 3~4대의 카메라 뒤에 배치하는 제작방식은 그 후 텔레비전 스튜디오의 전형이 되기도 했는데 이는 연극 공연장의 프로시니엄(proscenium) 구조를 그대로 옮겨놓은 것이었다. 눈에 보이지 않는 제4의 벽(forth wall)[5]이 존재하고 관객은 전체 혹은 부분적으로 카메라로 대체되는 구조였다(Byrne, 1997).

엄밀한 의미에서 초기 텔레비전 시절에는 생방송과 녹화방송이라는 구분 자체가 모호했다. 사실 1936년 독일 베를린 올림픽 생중계만 하더라도 완전한 생방송은 아니었다. 실제로는 영화필름으로 미리 촬영한 후, 곧바로 편집 없이 현상하여 텔레비전으로 방송한 일종의 딜레이 방송이었다(Friedman, 2002).

당시에는 스튜디오와 달리 야외 중계기술이 미비했기 때문에 야외에서 발생하는 사건은 영화처럼 필름으로 촬영할 수밖에 없었다. 또한 편집기술도 부족해 촬영한 그대로를 가감 없이 보여줄 수밖에 없었다. 초기 텔레비전 시절에 야외 방송의 의미는 단지 필름으로 녹화한 그대로를 편집 없이 조금 늦은 시간에, 가급적 오늘 일어난 일을 오늘 그대로 보여주는 것에 지나지 않았다. 비록 딜레이 방송이긴 했지만 당시에 시청자 입장에서는 텔레비전이 생방송을 하고 있다고 그저 받아들일 수밖에 없었다.

우리나라도 1970년대 2인치 헬리컬 테이프로 방송할 시절에는 편집기술의 부족으로 녹화한 테이프를 편집 없이 그대로 방송하기

5) 제4의 벽은 연극에서 객석을 향한 가상의 벽을 일컫는 말이다. 프랑스의 디드로(Diderot)가 주창하였는데 무대는 하나의 방으로 되어야 하고 여기에는 한쪽 벽은 관객이 볼 수 있도록 제거된 것일 뿐이며, 이것이 가상적인 제4의 벽이라는 것이다. 따라서 배우들은 이 속에서 관객을 의식하지 않고 실제는 방에서처럼 연기할 수 있게 된다(Byrne, 1997).

도 했는데 이러한 딜레이 방송을 당시 방송제작자들은 일종의 생방송 개념으로 여기기도 했다. 텔레비전 초기의 이런 기술적인 문제는 딜레이 녹화방송을 생방송과 같은 개념으로 받아들이게도 한 것이다.

근래 비디오테이프리코더가 출현하고 녹화방송이 발달했음에도 불구하고 텔레비전에서 방송되는 사건들을 아직도 '지금 일어나고 있는 일'로 받아들이는 시청자도 적잖은데 이는 생방송 혹은 생방송처럼 방송한 초기 텔레비전으로부터 습관처럼 굳어진 생방송의 인식이 여전히 남아 있기도 해서다. 실제 1960년대 텔레비전 시청자의 수용 특성 중의 하나가 비디오테이프에 실황제작을 담은 것도 비록 가정에 도달하기까지는 몇 시간이나 혹은 수일이 지체되었음에도 불구하고 일반 시청자들은 그냥 생방송으로 받아들였다는 사실이 이를 증명해준다(Vianello, 1994).

초기 텔레비전은 흑백이었고, 카메라의 해상도도 극히 낮았으며 화면 또한 작았다. 이것은 대형 스크린의 영화와 비교하면 대단히 불리한 조건이 아닐 수 없었다. 자연히 텔레비전 제작자들은 이러한 텔레비전의 한계를 극복하고자 영화가 따라올 수 없는, 있는 그대로의 전달성을 살릴 수 있는 생방송을 강조하게 되었고, 화질이 우수한 영화와 비교되는 것을 사전에 차단하면서 텔레비전만의 독특한 미학을 추구할 수 있는 유용한 수단으로 내세우게 된다. 제작비가 비싼 영화보다 저비용으로 제작하면서도 그 편의성과 효율성을 한층 살릴 수 있는 텔레비전 생방송의 기능이 영화에 비해 훨씬 유용한 강점으로 떠오른 것이다(Vianello, 1994). 그래서 비디오테이프리코더가 출현하고 그와 더불어 녹화방송이 실시된 이후에도 시청자는 여전히 텔레비전에서 방송되는 사건들을 '지금 일어나고 있는 일'로 받아들이게 되는 텔레비전만의 독특한 속성을 얻게 된다.

이러한 텔레비전의 동시성과 즉시성은 영화관에 모여서 보는 관객이 아닌, 널리 흩어져 있는 불특정 다수의 안방 시청자를 사로잡는 텔레비전의 우월적 특성으로 자리매김하게 되고, 방송 프로그램 제작자들도 그 특성을, 다른 미디어보다 우월적 경쟁성을 점할 수 있는 수법과 전략으로 더욱 활용 및 개발하게 된다.

스탬(Stam, 1983)에 따르면 1950년대와 60년대 미국과 유럽의 초기 텔레비전은 영화에 영향 받아 영화적인 스펙터클도 적잖게 도입했다. 마술, 극장, 서커스, 음악과 같은 기존의 대중오락에서 벌레스크(burlesque) 양식들을[6] 혼합해서 제작한 프로그램도 있었다. 그러나 텔레비전의 작은 화면과 낮은 화질은 영화적인 스펙터클의 느낌을 만드는 데 여전히 걸림돌이었기 때문에 이것을 극복하기 위한 가장 좋은 대체 방법은 역시 생방송 제작기술이었다.

슈드슨(Schudson, 1978)은 텔레비전 생방송의 기술적 가치의 중요성을 인류가 끊임없이 개발해온 커뮤니케이션의 역사에서 찾는다. 생방송의 가치는 단순히 기술적 요인에서 얻어진 부수적 결과물로서가 아니라 기술과 사회, 경제 등의 통합적인 상호 조정의 결과라는 것이다. 커뮤니케이션 기술의 역사는 전달 속도를 끊임없이 빠르게 만들어온 역사다. 인쇄술의 발달, 전신, 전보, 필름의 배급, 위성 송수신 기술의 속도 등 생방송은 이러한 상호 커뮤니케이션의

6) 벌레스크는 버라이어티쇼 등을 상영할 때 막간에 끼워 넣는 해학촌극이나 풍자극이다. 본래는 좀 더 넓고 성실한 것, 고귀한 것에 비속한 양식을 가해 양자를 대조시킴으로써 웃음을 유발하는 것으로 만화풍 또는 희화적인 수법으로 웃음을 자아내게 해 풍자의 효과를 얻으려는 예술의 한 장르다. 익살·야유·희롱을 뜻하는 이탈리아어 벌레스크(burlesque)에서 온 말로 프랑스어다(Byrne, 1997).

속도를 보다 빠르게 추구해온 미디어 정보기술의 결정체이며, 이것은 곧 현실의 바깥에서 일어나는 이벤트와 수용자 간의 간격을 줄이는 부단한 노력의 일환이라는 것이다. 전달자와 수용자 간의 속도를 줄이는 역사가 커뮤니케이션의 역사이며 그 과정에 텔레비전의 생방송 기능이 중요한 역할을 하며 발전해왔다는 것이다.

2. 텔레비전 생방송의 발전

텔레비전이 본격적으로 발전하게 되는 계기는 영화의 상업적 힘에 영향 받은 바가 크다. 사실 처음에는 텔레비전의 등장이 영화사에는 영화 시장을 빼앗는 대단히 위협적인 존재로 여겨졌었다. 워너브라더스의 경우에는 그들의 영화세트에서 텔레비전을 소품으로 사용하는 것을 수년간 금지할 정도였다. 그러나 이내 영화제작사는 텔레비전은 영화를 위해 매우 수지맞는 시장을 공급하고 이를 계속 확장시킬 것이며 이것은 결국 영화제작사에 이익이 될 것이라고 인식하게 된다.

1950년대 후반부터 영화제작사들은 텔레비전을 위한 사업에 참여하기 시작하고, 텔레비전은 이러한 영화제작사들의 도움으로 발전하게 된다(Byrne, 1997). 특히 컬럼비아 영화사는 1951년 '스크린 젬(screen gem)'이라는 텔레비전 프로그램 제작 부서를 영화사로는 최초로 설치하게 되는데 이를 효시로 다른 많은 영화사들도 텔레비전 제작 부서를 두게 된다. 나중에 ABC와 NBC를 위해 텔레비전 프로그램 제작 부서를 둔 월트디즈니도 그중의 하나였다.

영화사들이 대거 텔레비전 사업에 뛰어들기 시작한 1950년대 후반부터 텔레비전은 황금시대를 맞이하게 된다. 할리우드가 텔레비전에 대한 출연 금지를 해제하면서 텔레비전 프로그램은 더욱 인기를 얻게 되는데 반대로 영화관의 관객은 크게 줄어들고, 라디오는 뉴스와 음악미디어로 그 영역이 줄어들게 된다.

영화제작사들의 참여로 텔레비전이 비약적인 발전을 하게 되지만 그와 더불어 문제점도 곧 발생하게 된다. 그것은 텔레비전 드라마와 같은 시리즈물에 영화제작 기법을 사용하게 되면서부터다. 영화는 전체 장면을 한 앵글로 촬영하고 카메라를 움직여서 또 다른 앵글로 다시 촬영한다. 이러한 작업은 필요한 모든 앵글이 완성될 때까지 계속된다. 세트와 조명, 소품 등을 다시 수정하고 조명도 다시 맞추며 연기자도 상황에 맞게 촬영한 뒤 필요한 부분을 사후작업으로 다시 편집한다. 이런 과정은 대단히 많은 비용과 노력, 기나긴 제작기간이 드는데 이를 매일 방송해야 하는 텔레비전 프로그램에 적용해보니 그 제작의 효율성이나 수익성이 떨어진다는 것이다. 그래서 대안으로 떠오르게 된 것이 생방송이다. 즉, 녹화해서 편집해야 하는 극히 소수의 프로그램과 프라임타임에 방송할 전략적인 대형 프로그램을 제외한 나머지 방송은 모두 저비용 고효율의 생방송으로 대체하게 되었다는 사실이다.

상업성을 추구하던 영화사들에는 텔레비전 사업이라고 해서 다를 바가 없었다. 여전히 수지맞는 장사여야 했다. 그래서 텔레비전 방송사들은 광고수입을 늘리기 위한 방편으로 시청자들을 텔레비전 앞으로 끌어들여야 했고, 그래서 늘리게 된 것이 오락 프로그램과 더불어 저비용 고효율의 생방송이었다. 텔레비전 생방송은 이처럼 광고수입의 극대화를 위한 상업적인 전략에서 그 궤를 같이하며 진일보하게 된다(Lester, 1994).

이러한 생방송의 필요성으로 편집을 해야 하는 최소한의 녹화방송 프로그램을 제외하고는 저비용으로도 용이하게 제작할 수 있는 생방송을 늘리게 되는데 그래서 발달시키게 된 것이 생방송의 고유한 포맷들이었다(Vianello, 1994).

대표적인 포맷의 예가 텔레비전 뉴스다. 뉴스는 신속한 보도가 생명이다. 그래서 녹화방송처럼 포맷이 복잡하면 안 된다. 그날그날 정해진 방송시간에 빨리빨리 방송하려면 제작하기에 매우 용이한 포맷이어야 한다. 그래서 앵커가 그날의 기사를 나열식으로 보여주는 매우 단순하고 정형화된 포맷으로 출발했는데 오늘날까지 전형이 된 이러한 뉴스 포맷은 텔레비전 초기에 이미 굳어진 것이었다. 여기에는 그럴 수밖에 없는 당시의 시대적 상황이 있었다. 크게 세 가지를 들 수 있다(Heo, 2004).

첫째, 경제적인 효율성의 필요로 필름을 아끼기 위해 뉴스 포맷을 단순화시킬 수밖에 없었다. 초창기에 필름은 대단히 비싼 것이었다. 미국의 경우 주요 뉴스 공급원은 지역 방송사로서 전국 네트워크사는 지역 방송사의 뉴스를 공급받아 제작 및 송출하거나 다시 여타 지역 방송사에 재공급하는 시스템이었다. 전국 네트워크사든, 지역 방송사든 뉴스를 담아 공급받는 필름은 비싼 만큼 한정적일 수밖에 없는데 방송해야 할 분량은 이보다 훨씬 많았다. 게다가 빨리 보도해야 하는 시의성도 놓칠 수 없는 문제였다. 그래서 찾게 된 뉴스 포맷이 보다 짧은 단편뉴스를 강화하는 것이었다. 뉴스가 들어오는 대로 즉시 보도하기 위해 가장 적절하고도 현실적인 방법이 뉴스들을 단편들로 구성해 섹션화하는 방법이었다. 예를 들면 헤드라인 뉴스, 정치, 경제, 사회, 문화, 날씨, 주식 등으로 소위 쪼개서 짧게 많이 방송하는 것이다. 패키지화된 이러한 단편뉴스 보도방식은 오늘날까지 이어져 내려오게 되었는데 이는 한 사건을 여러 뉴스 프로그램에 필요한 장면을 조금씩 나누어 방송해야 하는 뉴스 프로그램의 특성상 더없이 효율적이고 경제적인 방법이었다.

둘째, 섹션화된 단편뉴스 포맷으로 인해 휴먼 기사의 인기가 높아지게 되었다. 휴먼 스토리는 뉴스의 단골 메뉴였다. 당일의 사건이란 뉴스 방송시간의 길이만큼 늘 발생하는 것은 아니다. 원활한 방송 진행을 위해서는 필요한 만큼의 짧은 뉴스들 외에 나머지 방송시간을 채울 기사가 항상 준비되어 있어야 한다. 방송 시 뉴스의 부족을 채우기 위한 대비책이 늘 있어야 하는데 이에 가장 유용한 것이 바로 미리 녹화해둔 휴먼스토리였다. 언제 방송해도 상관없는 휴먼 스토리는 패키지화된 단편뉴스들의 여백을 채우기 위한 가장 효율적인 방안이었고 무엇보다 시청자에게 호응이 좋았기 때문이기도 했는데 그래서 광고주들도 선호했다.

셋째, 텔레비전 초기와 달리 해를 거듭하면서 뉴스 방송기술도 발전하게 되고 더불어 제작기술적인 노하우도 쌓여가게 되었는데 이 과정에서 제작비를 절감할 수 있는 방안으로 인력과 역할을 감축하기 시작했다는 것이다. 초기 텔레비전 뉴스의 제작스태프는 앵커, 연출, 기자, 카메라, 편집, 작가, CG디자이너 등 그 역할이나 기능이 비교적 다양했고 1인 1역할로 분할되어 있었다. 그러나 방송사 간의 속보성 경쟁이 점점 가열되고 제작비도 축소할 필요성이 제기되면서 인력을 기동성 있게 축소하기 시작했다. 즉 다양한 기능을 단일한 기능으로 바꾸기 시작했다. 예를 들면 분리되어 있던 역할들을 앵커이자 작가, 혹은 카메라맨이자 편집자, 기자이자 작가, 뉴스캐스터이자 작가 등 여러 명이 나눠 하던 일을 점차 한 사람으로 일임하게 된 것이다.

특히 1980년대에는 방송사들의 M&A로 거대 미디어 기업들이 탄생하게 되는데 터너(Turner)의 24시간 뉴스채널인 CNN의 출범이라든가, 호주 타블로이드 신문계의 거물인 머독(Murdock)이 20세기 폭스사 경영권의 반을 매입하는 등 당시 방송사들이 경비절감 문제와 겹쳐 고도로 훈련받은 많은 저널리스트들을 대폭 감원하거나 다양한 기능을 한층 단일하게 바꾸게 된다(Lester, 1994). 이러한 배경으로 텔레비전 생방송 뉴스의 정형화되고 관습화된 단순 포맷은 방송사 간의 속보 경쟁과 경제적 요인이 복합적으로 맞물려 그 이후로도 더욱 굳어지게 된 것이다.

번(Byrne, 1997)은 뉴스뿐만 아니라 텔레비전 프로그램의 포맷 자체가 전통적으로 크게 변하지 않는 근본적인 이유로 텔레비전 광고에 근거한 배후산업에서 찾는다. 모든 상업 텔레비전의 배후에는 광고가 있다. 인기 프로그램은 많은 광고를 모은다. 이것은 바로 수치화되며 해당 광고시간대의 값을 결정하는 근거가 되고 직접적으로는 방송사의 수입을 결정짓는다. 어떤 특정한 포맷으로 인기를 누리고 있는 프로그램이 있다면 방송사는 그 포맷의 변화를 매우 꺼릴 수밖에 없다. 오늘날 뉴스, 토크쇼, 시트콤, 드라마, 쇼, 코미디 등의 포맷도 시청자와의 교감으로 관습화된 것이며, 그 배후에는 그런 다수의 시청자를 확보하고자 하는 배후세력으로서의 광고주를 눈여겨볼 필요가 있다는 것이다. 비누회사가 협찬했다고 해서 유래된 라디오 솝 오페라(soap operas)도 그 한 예다. 결국 텔레비전의 상업성은 텔레비전의 포맷마저 결정짓는데 생방송의 포맷에 대한 상업성도 이 점에서 예외가 아니라는 것이다.

콜드리(Couldry, 2003)는 생방송이 녹화방송보다 시청자를 보다 적극적으로 끌어들일 수 있는 장점이 있기 때문에 상업적으로도 매우 효과적이라고 주장한다. 그는 텔레비전의 상업성은 최근에 다양한 생방송의 형태로 계속 확장 및 변형되고 있다고 한다. 생방송은 지금 발생하고 있는 이벤트로서 다양한 시청자를 실시간으로 접속하게 하는 힘이 있는데 그만큼 시청자의 관심을 크게 할 수 있기 때문에 광고주들이 매우 가치 있게 여긴다는 것이다. 예를 들어 호주 올림픽 경기를 사실은 실시간 그대로 녹화한 후에 다시 자막을 입혀 딜레이 방송했으면서도 광고수입을 위해 생방송인 것처럼 방송한 NBC의 경우다. 또한 광고업체들이 핸드폰으로 불특정 다수에게 똑같은 홍보성 문자를 보내면서도 수신자에게는 마치 특정인에게만 특별히 보내는 것처럼 문구를 써서 특별하게 선택된 '즐거운 일'인 것처럼 강조하는 경우도 일종의 생방송이 변형된 한 형태라는 것이다. 실시간으로 접속해 얻는 생방송의 효과가 상업적으로도 효과가 있다는 것이다.

최근 미국은 Tivo 등 DVR(Digital Video Recorder)과 같은 보다 진화된 녹화기술의 발달로 광고 수입이 적잖은 타격을 입고 있다. DVR은 시청자들이 광고를 시청하지 않고 프로그램을 녹화해 시청할 수 있게 함으로써 광고를 주요 수입원으로 삼고 있는 미국의 지상파 방송사들에는 큰 위협이 되고 있다. 지상파 방송사들은 20년 전에 VCR이 처음 등장했을 때도 지금과 유사해서, 시청률이 떨어질 것이라는 전망이 있었으나 큰 변화가 없었다고 주장하면서도 이에 대한 대비책으로 생방송으로 진행하는 뉴스나 이벤트, 스포츠 프로그램을 늘려 시청자들이 광고를 건너뛰는 것을 최소화하는 대응책의 하나로 채택하고 있다(박남기, 2006).

3. 텔레비전 생방송의 확장

1930년대 말에만 하더라도 지금 일어나고 있는 사건을 그대로 전달하는 텔레비전의 초기 생방송은 대단히 신기한 현상이었다. 그러나 뉴스 시장에서 각 방송사의 경쟁력이 점점 더 치열해지고 특히 1990년대 초반부터 CNN, BBC, World News, Sky News 등 국제적인 차원으로 촉발된 뉴스채널의 등장은 온라인 신문들과 함께 그 속보성의 경쟁이 한층 가열되고 이른바 '최신 기술로 무장된 생중계'로서의 시의성 전쟁이 더욱 뜨거워지게 된다. 뉴스 시장에서 채널 간의 우월성을 점유하기 위한 경쟁은 정보의 즉시성과 생생한 영상과 음향을 총동원하는 고도의 생방송 테크놀로지 기법은 이제 뉴스가 전달하는 사건 자체만이 아니라 그것을 전달하는 보도 양식도 중요한 요소로 등장했음을 보여준다. 9・11 테러의 월드 트레이드 센터 붕괴라든가, 이라크 전쟁의 생중계, 우주선 챌린저호의 폭파 장면 생방송 보도 등은 바야흐로 뉴스의 즉시성과 현장성을 강조한 '시간과의 전쟁'이 한층 가열되고 있음을 보여준다(이종수, 1999).

1950년대 후반으로 접어들어 텔레비전 방송이 제도적으로 안전성을 확보하면서 텔레비전의 기능은 본격적으로 살아나게 되는데

이 과정에서 생방송도 다시 활기를 띠게 되고 실시간으로 중계된다는 생방송의 묘미는 한편, 실제 지금 발생하는 상황은 아니더라도 현재 일어나고 있는 사건을 시청하고 있는 듯한 생생한 현장감(liveness)을 전달하는 생방송적 가치가 최근에 더욱더 중요한 요소로 등장하게 된다.

런트(Lunt, 2004)는 텔레비전 채널이 늘어나고 그만큼 방송시간을 채울 콘텐츠가 필요해지면서 생방송이 녹화방송보다 한층 각광받게 되었다고 주장한다. 방송사들이 녹화방송을 제작하는 데 따른 고비용과 수고를 보충하기 위해 재방송의 편성을 늘려보지만, 시청자를 잡는 데는 여전히 장애요소가 강하기 때문에 상대적으로 제작이 효율적인 생방송을 선호한다는 것이다.

특히 다얀과 카츠(Dayan & Katz, 1992)는 오로지 생방송으로만 진행되는 미디어 이벤트의 생생한 현장감이 물리적으로 흩어져 있는 국민을 하나로 통합시키기도 한다며 생방송의 기능을 한껏 일으켜 세운다. 생방송은 일종의 국민의례(ritual)이며 이것을 시청하도록 강요하는 사회적 규범과도 같은 힘마저 있다는 것이다.

하지만 생방송에 대한 회의적인 시각도 등장한다. 1990년대 초 녹화 비디오가 가져온 시간의 변화가 텔레비전의 핵심적 요소인 생방송의 상징권력을 소멸시킬 것이라는 주장이 제기된 것이다.

카드웰(Caldwell, 1995)은 영국 위성방송 Sky Gold처럼 고전영화와 전통적인 프로그램을 재방송하는 케이블의 증가로 생방송되는 방송 콘텐츠는 점점 감소하고 있다고 주장한다. 그는 1980년대와 90년대 들어 생방송에 대한 가치를 지나치게 부각시키고 있다며 이러한 생방송 논의에 대해 의문을 제기한다. 이 시기는 생방송 미디어로서의 텔레비전이라기보다 더 중요하게 눈여겨볼 텔레비전의 역사적 변화가 따로 있다는 것이다. 그것은 과도한 경쟁 효과로 인한 경제적 위기, 지상파 텔레비전의 대량성 확보를 위한 텔레비전 양식의 변화, 그리고 디지털 제작물을 통한 화면의 질과 프로그램 제작자의 이슈 등인데 한마디로 말해 텔레비주얼리티(televisuality)이다. 문자나 청각 위주의 텔레비전에서 시각 스타일의 컴퓨터 그래픽과 영화적인 영상의 포장기술이 뛰어나게 발달함으로써 텔레비전 발달에서 그 중요성이 새롭게 부각되고 있는데 지나치게 생방송에 대한 논의로 정작 텔레비주얼리티로서의 텔레비전 변화는 간과하고 있다는 것이다. 지금 일어나고 있는 일을 지금 전달하는 텔레비전의 동시성보다는 그것을 새롭게 실현하고 더욱 발전된 형태로 구성하는 시각적인 양식에 눈을 돌려야 한다는 것이다.

그러나 이에 대해 부르동(Bourdon, 2000)은 카드웰의 텔레비전 양식으로서의 텔레비주얼리티에 대한 놀라운 발견은 인정하지만, 그것 자체도 생방송으로서의 본래 속성을 체계적으로 사용하는 하나의 장르로서 여전히 배제하지 않고 있음을 강조하는 것에 불과할 뿐이라며 비판한다. 그는 세계적으로 국가나 지역방송사에서 아직도 생방송을 전통장르로 광범위하게 사용하고 있으며, 미국 네트워크사도 생방송을 주요한 전략과 수단으로 사용하는 한, 카드웰의 시각적 양식의 변화에 대한 주목은 그 중요성에 있어 훨씬 못 미친다고 비판한다. 대부분의 케이블과 위성방송이 최소한 한 채널이라도 생방송 뉴스 전문채널을 포함하고 있으며, 생방송은 주요 황금시간대뿐만 아니라 전반적인 방송시간대에서 독특한 고유의 가치로 마케팅 되고 있다는 것이다. '세상과 함께 보자(Watch with the world)'나 '세계

프라임타임 프로그램의 첫 방송(World Prime Time Premiere)'과 같은 디스커버리채널의 슬로건만 상기해보더라도 오늘날 다채널의 환경에서도 여전히 생방송의 영역은 더없이 활기를 띠고 있음을 알 수 있다는 것이다.

3장

텔레비전 생방송의 구성요소

지금 방송되고 있는 저 프로그램이
녹화방송이 아니고 생방송이라는 걸 도대체 어떻게 알 수 있을까?

녹화방송 프로그램과 달리 생방송 프로그램만이 담고 있는 구성요소가 있다. 이러한 구성요소는 일차적으로는 생방송 제작자들이 현장에서 만들어내기 때문에 프로그램으로 나타난다. 즉 생산적 관점에서 동시성과 생생한 현장감이 일차적 구성요소다. 하지만 이렇게 만들어진 생방송 프로그램을 시청자가 보면서 생방송이라고 느끼며 깨닫게 되는 요소가 있으니 생방송 이데올로기로 작동된 내용의 연속성이다. 이를 수용적 관점의 구성요소라 할 수 있다. 또한 생방송은 생방송을 지켜보는 분산된 시청자를 생방송 프로그램을 통해 시간과 공간의 한계를 뛰어넘어 하나로 연결하고 나아가 프로그램에 참여시킬 수도 있다. 즉 시청자와 시청자 간의 연결과 다양한 형태의 일반인 참여로 녹화방송과는 다른 친근감과 자연스러운 리얼리티를 경험하게 하고 이를 통해 시청자는 사회적 구성원으로서의 유대감을 느끼게 되는데 이를 사회학적 관점의 구성요소라 할 수 있다.

1. 생산적 관점의 구성요소

텔레비전 제작자의 입장에서 텔레비전의 가장 큰 장점은 '지금 발생하고 있는 사건'을 '지금 있는 그대로 전달'하는 생방송의 기술이다. 이 기술은 제작자들에게 두 가지를 선물한다. 하나는 동시성이고 다른 하나는 생생한 현장감이다. 동시성은 비록 분산된 불특정 다수의 대중이지만 하나의 관심으로 통일시킬 수 있는 매우 유용한 수단이고, 생생한 현장감은 시청률에 늘 목말라 있는 제작자들에게 시청자의 이목을 끌 수 있는 매우 효율적인 수단이 되기도 한다.

'살아 있는 방송(live)'이란 이 두 요소가 불러일으키는 효과다. 그래서 제작자들은 동시성을 무기로 현장감을 살리려 매우 애쓴다. 생방송을 제작하면서 이 두 요소를 십분 살리고 발휘시킨다. 동시성과 생생한 현장감은 제작자들이 생방송을 만들면서 구성하는 가장 기본적인 요소다.

1) 동시성

텔레비전 경험은 인간의 삶 자체를 의미하기 때문에 인간의 삶이 있는 곳에는 어디에나 존재하는 현재성(omnipresence)을 지니고 있다. 기본적으로 텔레비전은 그 시대성을 벗어날 수가 없다. 오늘날 지구촌 문화가 인종과 이념의 차이, 국가 간의 민족적 특성의 차이에도 불구하고 전 세계적으로 동일한 의미와 행동으로 유행되는 형태를 가질 수 있는 것은 이러한 커뮤니케이션 문화의 본질과 연관이 있기 때문이다. 그리고 이 같은 현상은 바로 시・공간을 가로지르는 커뮤니케이션의 혁신, 즉 신속성, 즉시성, 상호성 등으로 가능해질 수 있어서다(Vianello, 1986).

생방송의 가장 큰 특성은 동시성(simultaneity)이다. 방송에서 동시성은 시간적 차원에서 두 가지 의미를 지니는데 하나는 방송할 만한 가치로서의 '시의성(timeliness)'이고, 다른 하나는 방송할 만한 가치를 방송수단으로 실현해내는 기술적 기능으로서의 '즉시성(immediacy)'이다.

시의성이 '요즘 다루어야 의미가 있는 장기적인 시간의 범위'를 뜻한다면, 즉시성은 '지금 방송되고 있는 연속적인 실시간의 순간'을 뜻한다. 시의성이 시기적절한 성격이라는 뜻의 넓은 의미에서 사용된다면, 즉시성은 사건이 1초, 1초 매순간 발생하고 있는 일련의 순간이라는 매우 좁은 찰나의 의미로 쓰인다.

시의성은 원래 영화와 차별성을 부각시키기 위해 강조되어 온 텔레비전의 일반적인 특성이다. 영화가 기록적인 매체라는 면에서 '그때 거기(there and then)'를 보여준다면, 텔레비전은 녹화해서 보여주더라도 현재 볼 필요가 있는 가치를 중시한다는 면에서 '지금 여기(here and now)'를 보여준다는 것이다(Heath & Skirrow, 1977). 영화의 생명이 작품성이라면 텔레비전의 생명은 시의성이다. 수십 년이 지나도 작품성으로 언제든지 다시 볼 가치가 있는 영화와 달리 텔레비전은 현재성(nowness)을 배경으로 하기 때문에 시의성이 없으면 방송될 명분도 사라지게 된다. 텔레비전의 시의성은 프로그램이 방송될 수 있는 가치와 '지금 볼 필요가 있다'는 당위성을 준다(이상철, 2002).

텔레비전에 동시성이 있다는 것은 생방송이나 녹화방송에나 모두 해당되지만 녹화방송은 시의성만을 가지는 데 비해 생방송은 시의성뿐만 아니라 '실시간 그대로 전달한다'는 즉시성도 내포하고 있다. 생방송만의 고유한 특성은 바로 이러한 즉시성으로 설명할 수 있다.

초기 텔레비전 시절의 역사에서 보듯이 즉시성은 텔레비전의 기술이 만들어낸 특성이다. 엘리스(Ellis, 1982)는 즉시성을 생방송의 고유한 특성으로 강조하면서 그 이유를 스튜디오에서 여러 대의 카메라를 복합적으로 운용하는 텔레비전의 전형적인 제작방식에서 찾는다. 한 대의 카메라로 장면을 나누어 촬영해서 편집하는 영화에 비해, 여러 대의 스튜디오 카메라로 동시에 보여주는 텔레비전의 제작방식은 생방송의 고유한 즉시성을 실현하기에 더없이 좋은 기술이라는 것이다.

1940년대 초기 텔레비전 시절에는 '실시간 그대로' 전달한다는 즉시성의 기술이 '있는 그대로' 전달한다는 것을 의미했다. 즉시성은 초기 뉴스 생방송에서 객관성을 줄 수 있는 핵심적인 요소로까지 인식되었다. 1940년대 텔레비전 뉴스 제작자들은 스트레이트 뉴스보도라는 '사실'로부터 기자의 주관적 가치를 배제할 수 있다고 믿었다. 당시에는 오로지 사실 전달만이 뉴스보도의 목표였고, 또 그것이 가능하다고 여겼기에 정보 전달을 보다 쉽고 흥미 있게 할 수 있는 다양한 제작기법들이 개발되었다. 뉴스 타이틀의 CG라든가, 사건을 재현하는 데 슬라이드, 뉴스필름, 스틸사진, 도표, 차트, 만화 등이 다양하게 화면에서 활용되었으며 이러한 노력들이 결국 뉴스로 보도되는 사건들을 보다 쉽게 이해하도록 해 그만큼 뉴스의 객관성과 정당성은 확보될 수 있다고 믿었다. 특히 스튜디오에서 여러 대의 카메라를 복합적으로 운용하는 텔레비전의 전형적인 제작방식도 즉시성과 생생한 현장감을 줄 수 있다는 환상을 주기에 충분했다(Ellis, 1982).

실제로 지금도 많은 언론인들이 공통적으로 가장 중요하게 인식하고 있는 것이 정보를 신속하게 국민에게 전달하는 속보의 기능을 거의 예외 없이 언론의 절대적인 역할로 손꼽고 있다.

'좋은 전달기술'이 '있는 그대로'의 전달을 보증한다는 초기의 믿음은 그 후 오히려 '좋은 전달기술'에만 치중하는 역기능을 초래하기도 했다.

슈드슨(Schudson, 1995)은 오늘날 즉시성에 급급해 채널 간에 지나친 속보경쟁이 벌어져 뉴스보도의 객관성을 어렵게 하는 폐해로 작용한다고 비판한다. 1분이라도 더 빨리 보도해야 한다는 뉴스보도의 형식에 급급한 나머지 오히려 취재의 질을 떨어뜨리게 한다는 것이다. 생생한 화면의 소재가 된다든가, 중계차가 갈 수 있는 장소라든가와 같이 뉴스 제작기법이나 보도형식에 적합한 기술이나 기법적인 가능성이 오히려 보도가치로 작용해 사실 전달보다 전달하는 보도형식을 우위에 두는 폐해를 낳게 했다는 것이다. 그는 객관성에 대한 믿음이란 다분히 주관적이기 때문에 저널리스트들이 객관성을 따로 분리한 채 기술적 개념으로 정치적 이슈화해서 정의하고 공약하는, 소위 객관성의 합법적인 힘을 주의하라고 경고한다.

윌리엄즈(Williams, 1965)도 텔레비전은 추상적인 과정으로서 중계되고 수용하기 위한 시스템으로 고안되었음에도 불구하고, 그림이 수행하는 내용에 대한 측면에서 정의되지 않고 분배와 기술력만 강조되고 있다고 지적한다. 텔레비전 방송사는 사회의 건강이나 성장과 같은 공중의 이해에 관심 있다기보다 미디어의 제반 경제적 이해관계에 보다 관심 있다는 것이다.

부르디외(Bourdieu, 1996)도 특종과 속보를 위한 취재경쟁은 시간과 속도의 문제로서 궁극적으로는 시청률로 인해 빚어지는 폐해적 결과라고 지적한다. 보도되는 내용이란 것도 단지 즉흥적 사유의 패스트푸드만을 양산할 뿐이며 유사성을 넘어 획일화, 표준화, 평준화된다고 주장한다.

케른(Kern, 2003)은 이러한 획일화와 표준화는 산업혁명 이후 텔레비전 편성이 시간의 테크놀로지라는 매개작용을 통해 일상생활을 규율한 결과로 빚어진 문제라고 지적한다. 방송 편성시간은 한 국가의 시간 사용에서 '동시성'의 생활 질서 규율을 만들었는데 전신, 라디오, 텔레비전으로 이어지는 테크놀로지의 발달은 커뮤니케이션을 통해 개별적으로 흩어져 있던 시간의 경험들을 하나로 모으는 행동통일, 즉 동시성의 중심기제로서 시간을 통제해왔다는 것이다. 방송사에서 초기에는 시청자들의 생활 형태를 반영하여 편성에 임하지만, 이러한 편성의 합리화가 곧 수용자의 시간의식과 일상생활 리듬에 영향을 미쳐 우리들의 생활패턴을 동시화(synchronization) 시킨다는 것이다.

그러나 부르동(Bourdon, 2000)에 이르면 이렇게 끊임없이 이어지는 텔레비전 편성의 문제가 텔레비전의 생방송에 대한 장점과 기대를 살리는 데 보다 희망적인 부분으로 바뀌게 된다. 텔레비전 프로그램의 편성은 사실 이미 계획된 흐름(flow)의 연속이다. 그렇지만 텔레비전은 만약에 '지금 놓쳐서는 안 될 뉴스 속보'가 있다면 편성에 관계없이 언제든지 즉시 보도한다. 비록 그 속보가 지금 보고 있는 프로그램에 방해가 될지언정 우리는 오히려 기분이 좋다. 왜냐하면 그것은 적어도 텔레비전을 시청하는 동안만큼은 세상과 단절되지 않을 수 있다는 안심을 보증하기 때문이다. 텔레비전의 즉시성에 기댈 수 있는 편안함. 그런 면에서 텔레비전은 어떻게 보면 쉴 새 없이 편성되어 방송된다는 자체가 이미 생방송일지 모른다. 시청자가 리모컨으로 이리저리 돌리는 이유도 지금 일어나고 있는 세상사에 대한 관심이기에 이러한 정서적인 시의성으로서의 텔레비전 시청욕구가 살아 있는 한 생방송에 대한 관심도 결코 사라지지 않을 것이라고 낙관한다.

2) 살아 있는 방송

'라이브(live)'란 생물학적인 개념에서 보면 '죽음'과 반대되는 뜻으로 '살아 있는 생명'을 뜻한다. 생방송(live, 프랑스어-direct, 이태리어-diretta, 독일어-direkt)이란 말 그대로 '살아 있는(live) 방송'이다. '생생하게 살아 있는 방송'이라는 면에서 'live'는 세 가지의 의미가 있다.

첫째, '가공되지 않은', 혹은 '실제로 벌어지는' 퍼포먼스라는 의미다. 연극이나 음악에서 배우나 가수들이 현장의 관객을 대상으로 무대 위에서 펼치는 공연을 '라이브 공연'이라 부른다. 또한 가수가 공연장에서 립싱크를 하지 않고 직접 노래를 부르는 것도 '라이브 뮤직'이라 부른다(Heo, 2004).

둘째, '계획되지 않은', 또는 '인위적이지 않은' 이미지라는 의미다. 예기치 못한 사건이나 장면을 포착한 아마추어들의 사진이나 비디오 같은 경우다. 교통사고현장, 화재현장, 대구 지하철 참사현장, 천진난만한 아기의 모습 등 전문가가 아닌 아마추어가 우연히 찍은 장면 등인데 숙련되지 않고 작위적이지 않은 솜씨라는 의미가 있기도 하다(이종수, 2004).

셋째, '사전에 녹화되지 않은' 방송이라는 의미다. 방송의 두 가지 전달양식 중 녹화방송이 아니고 생방송이라는 의미다.

라이브의 세 번째 의미가 시간적인 동시성의 요소라면, 첫 번째와 두 번째의 의미는 공간적인 현장감의 요소라 할 수 있다.

3) 생생한 현장감

동시성과 함께 또 하나의 생방송 구성요소는 생생한 현장감이다. 텔레비전 생방송의 생생한 현장감이 주는 효과에 대해 대표적으로 연구한 것이 다얀과 카츠(Dayan & Katz)의 미디어 이벤트 연구다. 미디어 이벤트는 생생한 현장감으로 사회통합 기능이라는 즉시적 효과마저 얻는다.

랑 부부(Lang & Lang, 1971)는 맥아더 장군의 귀환식에 관한 미디어 이벤트 연구를 통해 맥아더 장군을 환영하러 거리에 나온 군중의 분위기는 실제 그렇게 열광적이지 않았음에도 불구하고, 생방송으로 지켜본 시청자들은 현장의 분위기가 대단히 열광적인 것으로 받아들였음을 발견했다. 생방송으로 보여준다는 사실 자체만으로도 시청자에게는 생생한 현장감을 보증할 가능성이 있다는 사례다.

특히 1984년에 이산가족상봉으로 전 국민을 감동시킨 KBS <생방송 이산가족을 찾습니다>는 생방송으로 보여주는 텔레비전의 현장감이 얼마나 큰 효과를 불러일으키는지를 대표적으로 보여주는 미디어 이벤트다(Jun & Dayan, 1986).

윌리엄즈(Williams, 1974)는 텔레비전의 쌍방향적 수용 태도를 위해서는 현장감이 대단히 중요하다고 말한다. 텔레비전의 현장감은 '제작자-프로그램-시청자' 사이에 상호작용의 공존이라는 시간적 차원에서 정서적 구조가 형성되는 기초가 된다고 한다. 그래서 대부분의 텔레비전 뉴스 제작자들이 현장감을 살리려고 애쓴다는 것이다.

그라인드스태프(Grindstaff, 1997)는 생방송으로 진행되는 토크쇼의 제작과정에서 제작자와 일반 출연자들이 예측할 수 없는 상황에 대해 어떻게 대처해나가는지를 밝혀냈다. 그는 현장감을 '모든 행위가 정말로 실제라는 것을 증명하는 가공되지 않은 감정의 순간'이라고 정의한다. 그에게 생방송은 '미완'의 생방송을 완성해나가는 과정이다. 연출자는 생방송으로서 '가공되지 않은 감정의 순간'들을 살리기 위해 최선을 다한다. 생방송에 대한 연출자의 의도는 오직 대본에 없는 감정의 순간들을 증가시키는 것이다. 일반 출연자들 또한 현장의 분위기에 맞춰 자신들 나름대로 고도의 전술을 계산해 연출자가 의도하는 현장성의 장치에 대처해나가는데 토크쇼의 현장 분위기를 고조시키기 위해 자신들의 약점이나 선정적인 행위까지 서슴지 않고 수시로 보여준다. 그라인드스태프는 이렇게 매번 예측할 수 없이 터져 나오는 '가공되지 않은 감정의 순간'들을 도박에서 순간순간 터지는 머니(money)에 비유해 '머니샷(money shot)'의 증가라고 표현한다.[7] 그에 따르면 무슨 일이 벌어질지 예측할 수 없다는 면에서 생방송을 성공시키는 관건은 머니샷을 얼마나 많이 연출해내는가에 달려 있다.

갬슨(Gamson, 1998)에게도 생방송 토크쇼의 현장감은 고도로 통제된 세트가 있는 스튜디오에서 순수하게 통제되지 않은 무언가가 자연스럽게 터져 나오는 일련의 순간이다. 생방송에서 중요한 것은

7) 머니샷(money shot)은 포르노 산업에 등장하는 생산용어로서 계획 불가능을 뜻한다. 계획되지 않고 자연스럽게 터지는 포르노 장면들이 수입과 연결된다는 의미에서 그라인드스태프(Grindstaff, 1997)가 사용했다.

현장에서 수시로 터지는 현장감이 '진짜로' 리얼해야 하는, 최소한 리얼하게 보여야 하는 리얼리티의 확보다. 그래서 그는 생방송에서 현장감을 살리기 위해서는 임의적이고 인위적인 연출도 어느 정도의 수준에서는 필수불가결한 문제라고 본다. 녹화방송의 현장감은 창조된 허구세계의 그럴듯함(varisimillitude)에 불과하지만, 생방송의 현장감은 리얼한 실제 현장의 리얼리티라는 것이다.

생방송의 현장감은 시청자로 하여금 지금 전달되는 '사건'이 지금 발생하고 있는 '현실'임을 생생하게 확인시켜 준다. 킬본과 이조드(Kilborn & Izod, 1997)는 텔레비전이 보여주는 '사건'을 '현실'로 받아들이게 하는 관습, 믿음, 문화가 형성될 수 있었던 것은 거대 미디어 기업들이 20세기 내내 이러한 세 가지를 방송의 가치로 시청자에게 끊임없이 주입해왔기 때문이라고 한다. 생방송의 제작자가 현장감을 강조하는 이유도 이러한 거대 미디어 기업들의 상업성과 관련되어 있다. 텔레비전에서 보이는 것들이 생생한 만큼 그것들에 대한 시청자의 구매욕도 그만큼 커지게 된다는 것이다.[8)]

부르동(bourdon, 2000) 또한 생방송의 세 가지 구성요소로서 ① 화면의 크기, ② 안방에서 시청한다는 상황, 그리고 최종적이고 분명한 구성요소로서 ③ 생생한 현장감을 꼽는다. 그도 텔레비전이 현장감을 중시하는 배경에는 상업적인 유혹과 관련이 있다고 말한다. 그에게 현장감은 그 정도에 따라 허구성과 반비례한다. 초기 텔레비전 황금시대에는 '생방송으로서의 허구'였다면, 오늘날에는 녹화기술의 발달로 생방송의 정도가 점점 줄어들고 그와 더불어 '녹

---

8) 휴스톤(Houston, 1984)은 텔레비전을 소비의 욕망으로 본다. 영화는 이데올로기 차원에서 보면 한 사회의 세계를 재생산하고 사회를 하나로 만드는 것이 궁극적인 목적이다. 하지만 텔레비전은 그렇게 결정적이거나 한정적이지 못하다. 이미지가 흩어져 있고 항상 반복되면서 욕망의 틈을 열어주고 또 열어준다. 그래서 그 기능은 보다 소비와 연결되게 된다고 한다.

화방송의 허구'시대가 되었다고 진단한다. 그런데 문제는 구매력의 정도다. 구매를 하기 위해서는 현장에서 내 눈으로 직접 확인할 수 있는 요건이 갖추어져야 한다. 그러나 녹화방송으로는 부족하다. 그래서 시청자를 구매자로 연결하기 위해 텔레비전 제작자들은 현장감을 통한 직접성을 제작의 배후에 의도한다는 것이다. 다시 말해 생방송의 중요성은 여전한데 한편 프로그램에서 그 비율은 점점 줄어들고, 그래서 생방송의 장점인 현장감을 더욱더 살릴 수밖에 없다는 것이다. 이러한 경우로 특히 뉴스도 전적으로 현장감을 이용하는데, 그것은 제작비를 절감하고 소비를 진작시키고자 하는 경제적인 이유에서 그렇다는 것이다.

현실성을 보여주기 위해 생방송의 제작자들이 기울이는 노력은 오히려 역기능을 초래하기도 한다. 터글과 허프만(Tuggle & Huffman, 2001)은 텔레비전 뉴스에서 생생한 현장감을 지나치게 강조하다가 뉴스 의제를 왜곡시키는 폐해를 낳았다고 지적한다. 대표적인 예가 현장에서 생방송으로 생생하게 보여준다는 것을 강조하기 위해 사건이 끝난 불 꺼진 시청 앞에 기자가 서서 보도하는 블랙홀(black hole) 중계다. 또한 심지어는 얼마나 현장감이 살아있는가라는 현장성이 뉴스 가치가 되기도 하는데 터글과 허프만은 3개월간의 미국 저녁 뉴스 분석을 통해 녹화 편집한 기사보다 생방송적으로 보이는 기사들이 더 많다는 것을 발견했다. 그들은 뉴스가 보여주는 현실도 결국 '생방송을 위한 생방송'의 현실일 뿐이라고 주장한다.

4) 녹화방송의 현장감

생생한 현장감으로 현실성을 강조한다는 것이 생방송의 특성이기는 하지만 그렇다고 이것이 생방송만의 특성인 것은 아니고 녹화 방송에서도 추구되는 경우가 있다.

엘리스(Ellis, 2000)는 생방송을 결정짓게 하는 요소는 전송되는 것의 현실성이 아니라, 생방송으로 전송되고 있다는 사실 그 자체라고 했다. 즉 전송되는 사건이 현실성이 있기 때문에 생방송으로 받아들이게 되는 것이 아니라, 생방송으로 방송되고 있다는 프로그램의 상황이 사건의 현실성을 만들고 또 그렇게 받아들이도록 한다는 것이다. 생방송이 사건의 현실성을 보증하는 조건은 되지만, 그렇다고 사건의 현실성 때문에 생방송이 되는 것은 아니라는 것인데 그 이유는 현실성은 녹화방송에도 해당될 수 있는 유동적인 요소이기 때문이다.

녹화방송에서 생방송적인 느낌(liveness)의 현장감이 활용되는 대표적인 예는 리얼리티 프로그램이다. 리얼리티 프로그램은 허구다. 그러나 사실성을 강조하기 위해 그 수단으로서 생방송적인 느낌의 현장감을 극대화한다. 리얼리티 프로그램은 말 그대로 리얼리티의 극대화에 가치를 둔다(Lunt, 2004; Roscoe, 2004). 리얼리티 프로그램의 특성은 '벌어지는 사건'의 리얼리티뿐만 아니라 '전달하는' 제작자의 제작기법까지 노출시킨다는 것이다. 예를 들면 의도적으로 카메라 미스(miss) 컷을 연출한다든가, 화면을 빠르게 움직이게 한다든가, 음향을 거칠게 녹음한다든가, 조명을 미처 비출 수 없는 상황인 것처럼 어둡게 촬영한다든가, 편집을 거칠게 한다든가 해서 텔레비전으로 보여주는 상황을 그야말로 리얼하게 보여주는 것이다.

홍석경(2004)에 따르면 리얼리티 프로그램의 현장감은 현실효과를 극대화하는 한 장치다. 비록 아무리 사실적인 현실이라 하더라도 녹화를 하기 위해 선정된 이상 그것은 인위적으로 만들어진 현실이다. 현장감은 이러한 인위적인 현실을 사실적인 다큐멘터리 형식의 스펙터클로 보여주기 위해 현실효과를 부각시키는 장치의 일종이라는 것이다.

현실성을 강조하기 위해 녹화방송에서 현장감이 활용되는 또 다른 예는 다큐멘터리다. 코너(Corner, 1996)는 다큐멘터리가 영화적인 에세이이자, 확장된 보도기사의 또 다른 양식으로서 생생한 현장감을 재현할 필요가 있다고 역설한다. 그에 따르면 다큐멘터리란 시청자에게 현장에서 생생하게 녹화했을 뿐만 아니라 현장에서 그대로 녹음까지 했다는 사실을 느끼도록 하게 해야 한다. 다큐멘터리라는 말에 이미 '기록', 혹은 '과거'라는 의미가 포함되어 있지만, 현장을 전달하는 해설자는 '기록'이나 '과거'라는 의미를 굳이 표현할 필요가 없고 '지금 여기에 살아 있는 매개자'로서 생생한 현장감의 지표임을 강조해야 한다는 것이다. 이미 녹화한 기록이지만 '여기 있는 그대로를 시청자 여러분에게 보여준다'는 현장감을 강조해야 현실을 보여주는 다큐멘터리로서의 정통성을 살릴 수 있다는 것이다.

2. 수용적 관점의 구성요소

생방송 제작자가 생방송을 생방송답게 만들기 위해 프로그램 내에 구성하는 요소가 동시성과 현장감이다. 이 두 요소가 살아 있는 만큼 생방송은 생방송다워진다. 지금 방송되고 있는 무수히 많은 녹화방송 프로그램 속에서 시청자가 생방송 프로그램이라는 것을 구분해낼 수 있는 것도 바로 이러한 동시성과 현장감 때문이다. 이

두 요소가 얼마나 프로그램 내에 살아 있느냐가 생방송으로 보이게 하는 관건이자 녹화방송이 아닌 생방송이라고 차별화시키는 성공의 열쇠다. 그래서 PD는 시청자의 눈을 끌기 위해 이 두 요소를 한껏 살린다. 방송되는 내내 화면에 '생방송'이라 자막을 내보내는 것도 잊지 않는다.

사실 텔레비전 제작자가 생방송이라고 만들면 생방송이다. 적어도 그렇게 만든 이상, 생방송인 것은 분명 맞다. 하지만 부르동(Bourdon, 2000)은 이에 대해 의문을 제기한다. 과연 제작자가 생방송으로 만들었다고 해서 무조건 생방송인가라는 것이다. 이에 대해 부르동은 다음과 같이 질문을 던진다.

> 생방송 프로그램을 시청하는 한 가족이 있다. 그런데 나중에야 알고 보니 그것은 몇 주 전에 녹화되었던 프로그램이었다. 이 경우에 이 가족이 본 것은 무엇일까?
>
> \- 부르동(Bourdon)

이 가족이 본 것은 생방송일까? 녹화방송일까?

바르트(Barthes, 1977)는 수용자에 의해 비로소 텍스트가 의미를 갖는다고 했다. 수용자가 텍스트를 접하고 해독하기 전까지는 적어도 텍스트가 아니라고 했다. 텔레비전 프로그램도 마찬가지다. 제작자가 편집을 모두 끝냈다고 프로그램이 아니다. 결국 방송되어야 하고 그래서 시청자가 보고 받아들여야 비로소 프로그램이 된다.

그런데 만약에 제작자가 생방송이라고 만든 것을 시청자가 녹화방송으로 받아들이며 내내 시청했다면? 반대로 녹화방송이라고 만든 것을 생방송으로 내내 받아들였다면?

부르동은 생방송이란 텔레비전 제작자가 보여주는 그 자체로 완전한 것이 아니라 한편 그것을 받아들이는 시청자에게 달려 있다고 주장한다. 즉 그것을 생방송이라고 받아들이는 시청자의 '믿음' 그 자체가 생방송이라는 것이다. 지금 보고 있는 프로그램에 대해 시청자가 얼마나 생방송으로 인식하고 있는가라는 정도의 차이에 따라 생방송도 그 범위와 수준이 정해진다는 것이다.

현장감과 동시성만이 생방송의 구성요소가 아니다. 홀(Hall)의 '생산자-텍스트-수용자'라는 부호화/해독화 모델에서 동시성과 현장감은 '생산자-텍스트'라는 부호화의 구성요소라 할 수 있다. 하지만 홀은 부호화와 해독화를 동시에 볼 것을 주장하며 수용자의 다의적 해독의 힘에 의해 텍스트가 결정된다고 했다. 지금부터는 '텍스트-수용자'라는 해독화의 구성요소, 즉 수용적 관점에서 생방송의 구성요소를 살펴보고자 한다.

1) 생방송이라는 믿음

바쟁(Bazin, 1967)은 사진을 비롯한 모든 영상 미디어의 힘은 수용자들의 심리적 반응에 기초한다고 했다. 그에게는 수용자의 해독이 없으면 텍스트도 없다.

킬본과 이조드(Kilborn & Izod, 1997)는 텔레비전이 보여주는 사건을 현실로 받아들이는 세 가지 요인으로서, 첫째는 당대에 널리 반복적으로 사용되는 관습, 둘째는 거대 미디어 기업들이 20세기 내내 주입해온 가치로서 미디어는 끊임없는 기술적 진보를 통해 언제나 현실을 보다 직접적이고 분명하게 전달할 수 있다는 믿음, 셋째는 시청자를 그러한 가치와 이데올로기에 젖게 할 수 있는 문화라고 보았다.

따라서 생방송이라는 신화도 생산적 측면에서뿐만 아니라 수용적 측면에서도 이해되어야 할 필요성이 제기된다.

콜드리(Couldry, 2003)는 텔레비전 생방송을 실제 현실보다 더 높은 차원의 신화라고 규정한다. 그는 제작자와 수용자 사이에는 일정한 거리가 존재함을 지적한다. 미디어는 신화이자 일종의 의식(ritual)이기 때문에 미디어는 사회적 지위를 부여받는 권위를 갖게 된다. 미디어가 보여주는 현실은 사회에서 현재 일어나고 있는 현실의 일부라는 신화가 있기 때문에 미디어가 보여주는 현실은 미디어가 다루지 않는 현실보다 높은 지위를 갖게 된다. 현실이 매 순간 변하지만 그것은 미디어가 보도되는 범위 내에서만 의미를 갖게 되며 나아가, 미디어 보도 내용의 변화가 곧 현실사회의 변화가 되는, 텔레비전 생중계의 지위, 즉 '미디어 의식(ritual)'의 공간으로서 권위를 획득하게 된다는 것이다.

미디어 의식의 공간이란 미디어와 관련된 모든 범주의 사회조직의 행위를 뜻한다. 미디어가 재생산하는 인물, 사물, 공간, 시간, 세상뿐만 아니라 그것을 창조하는 미디어 제작자와 그 행위, 그리고 그 결과로 나타나는 사후 효과들까지 광범위하게 포함된다. 예를 들면 텔레비전 스튜디오, 영화 로케이션 장소, 미디어가 제작되는 공간 등 미디어가 아닌 세계에서 미디어의 세계로 사람들이 교차하는 곳이라든가, 미디어 밖의 사람들이 미디어 안의 사람과(혹은 사물을) 조우할 수 있는 곳이라든가, 형식화된 행위는 아니지만 일반인이 카메라 앞에서 포즈를 취하는 행위와 같이 미디어 밖의 사람들이 미디어와 관련된 행위를 하는 순간 등이다.

텔레비전은 끊임없이 현실을 재현하고 구성한다. 이것은 사실을 전달하는 텔레비전의 기술력으로 가능해진다. 또한 텔레비전의 우월적 특성이기도 하다.

그래서 텔레비전 제작자들은 특히 생방송인 경우, '생방송'이라는 자막을 통해서든 사회자의 진행 멘트를 통해서든 생방송이라는 사실을 가능한 모든 범위에서 강조한다. 그렇다고 텔레비전 제작자들은 단순히 생방송이라고 강조하는 기술적 수준에서만 또 머물지 않는다. 그들은 보다 특권적인 권위를 생방송 내내 부여하고자 한다. 왜냐하면 그래야 현실을 대변한다는 텔레비전의 자명성과 믿음을 줄 수 있기 때문이다.

브론슨과 몰리(Brunsdon & Morley, 1978)는 기술적인 영향력으로 그치지 않는, 보다 폭넓은 텔레비전 생방송의 영향력을 확보하기 위해 제작자들이 세 단계로 텔레비전 신화를 만든다고 말한다. 1단계로 나중이 아닌 현재의 접속이 가치를 지니는, 확장된 가치의 그 무엇인가에 의해 생방송으로서의 접근성을 획득하고, 2단계로 생방송으로서 접근성을 획득한 '우리'는 무작위로 선정된 사람이 아니라 대표적인 사회의 한 분류로 떠오르고, 마지막 3단계에서는 그 메커니즘의 성립에 미디어가 접근성을 획득하기 위해 특권적으로 작용한다는 것이다. 그래서 생방송은 제작자에 의해 만들어진 용어에 불과하다고 비판한다. 해설가로서 갖는 미디어의 특권적 지위와 일반 시청자가 그다음으로 말할 권위 사이에는 공간이 존재하기 때문에 생방송은 자연스러운 범주가 아니라 제작자에 의해 만들어진 용어일 뿐이라는 것이다.

그렇다면 이쯤에서 다시 던질 수 있는 문제가 과연 생방송은 어디에 있는가라는 보다 형이상학적인 질문이다.

이에 대해 부르동(Bourdon, 2000)이 명확히 대답한다. 그에게 생방송은 그 자체로 완전한 것이 아니라 차라리 시청자의 의문의 정도에 달려 있다. 즉 생방송으로 느끼게 하는 생방송적 요소의 최대치의 순간에 생방송이 위치 지어지게 된다. 그것은 바로 시청자가 생방송이라고 믿는 그 자체에 생방송이 존재한다는 수용적 위치에 생방송이 놓여 있다는 것이다. 생방송일지 모른다는 수용자의 감흥이 전체적으로 일련의 그것에 의해 결정되는 한 형태로서 '생방송이라는 믿음'이 곧 생방송이라는 것이다.

사실 생방송으로 진행되고 있다는 분명한 사실은 생방송 프로그램 제작자들만이 알 수 있다. 시청자들은 단지 뒤늦게 그 방송을 접하면서 복잡한 인지과정을 통해 생방송이라는 결론에 도달할 수 밖에 없다. 지금 방송되고 있는 프로그램의 조명이라든가 편집 상태, 생방송이라는 자막, 크로마키 등 텔레비전 자체를 통해서든, 아니면 프로그램이 방송되기 이전에 이미 배포된 프로그램의 홍보 잡지나 신문, 라디오 등으로부터 생방송이라고 들어온 정보나 기대, 인식의 정도로 생방송이라는 사실을 추측할 수 있을 뿐이다. 지금 방송되고 있는 저 프로그램이 얼마나 생방송으로 보이는지 그 믿음은 텍스트와 교육, 성, 사회적 환경 등의 시청자 특성, 그리고 시청 상황과 그 순간에 따라 시청자 개인마다 얼마든지 다르게 받아들일 수 있다는 것이다.

2) 생방송 이데올로기

생방송은 사회적으로 구성된 것이며 믿음의 대상이다. 텔레비전 프로그램 제작자들은 이러한 생방송의 믿음을 위해 미디어 의식(ritual)의 공간에서 생방송을, 즉 여느 녹화방송과는 다르다는 특성을 한껏 강조하며 만든다. 그리고 이러한 생방송으로서의 믿음과 착각은 생방송 중계의 우월적 지위만큼과 비례해서 더욱더 가능해지며 그만큼 미디어의 지위를 위한 텔레비전 제작자들의 노력도 한층 가열된다.

결국 생방송을 결정짓는 요소는 전송되는 것의 사실성이 아니라, 생방송으로 전송되고 있다는 사실 그 자체다(Ellis, 2000). 그래서 생방송은 그것을 구성하는 텔레비전 이데올로기가 작동되는 일종의 투쟁의 장이 된다.

박근서(2003)는 본다는 모든 것은 이데올로기적이라고 말한다. 우리가 감각에 대해 가지고 있는 순진한 생각, 아마도 그것은 자연적이며, 선천적이고, 따라서 가치중립적일 것이라는 생각은 더 이상 아무런 청중도 끌어모으지 못한다. 시각은 훈련되는 것이고 사회화되는 것이다. 본다는 것은 항상 무엇을 본다는 것이며, 그 무엇이란 늘 시각적 자극에 따라붙는 의미, 그리고 그것에 대한 해석을 포함한다. 그리고 그 해석이란 관점과 이데올로기의 문제다.

생방송의 즉시성이라는 의미는 제작자의 제작행위와 시청자의 시청행위가 동시에 일어난다는 것이다. 푸에르(Feure, 1983)는 제작자, 시청자, 그리고 현재진행형의 교섭과정인 생방송을 텔레비전 이데올로기라 규정한다. 푸에르는 영화의 리얼리즘, 마르크스주의, 그리고 다양한 텔레비전 비평 등을 배경으로 생방송을 구성하는 요소는 생방송으로 느끼고 인식하게 하는 프로그램과 시청 상황과의 관계에 놓여 있는 텔레비전 이데올로기 때문이라고 주장한다. 그래서 프로그램이 성공적인 생방송이 되도록 하기 위해서는 텔레비전 이데올로기를 얼마나 성공적으로 구현해내느냐가 관건이라고 본다. 생방송이란 제작자와 시청자 간에 작동된 텔레비전 이데올로기의 결과이기 때문이다. 텔레비전으로 재현되는 사건 자체는 단지 텔레비전에 의해 보이는 프레이밍일 뿐이다. 프레이밍이 프레이밍에 머무르지 않고 생방송으로 보이기 위해서는 '라이브니스(liveness)', 즉 '생방송적인 느낌'이라는 텔레비전 이데올로기가 작동되어야 한다는 것이다.

여기서 '라이브니스(liveness)'는 매우 중요한 개념인데 두 가지 의미가 있다. 첫째, 생방송의 구성요소라는 구체적 의미로서 '현장감', '현장성', '생생함', '생생한 현장감', '실재감' 등 생방송을 통해 얻을 수 있는 느낌 자체를 말한다. 둘째, 생방송과 유사한 형태, 즉 생방송적인 그 무엇이라는 추상적 의미인데 텔레비전 이데올로기로서 생방송과 유사한(live-like) 형태의 추상적인 제반 상황을 뜻한다. 생방송(live)이 아닌, 생방송의 유사 느낌(liveness)으로서 허구에 가까운 의미라고 할 수 있다. 그래서 '생방송적인 느낌', '생방송적인 분위기', '생방송적인 요소' 등으로 번역할 수 있는데 푸에르의 라이브니스는 바로 이러한 생방송적인 느낌을 뜻한다.

푸에르는 제틀(Zettl, 1973)이 영화의 기록성과 텔레비전의 동시성을 비교한 텔레비전 생방송에 대한 기술결정론적인 예찬을 비판한다. 기본적으로 제틀은 이벤트 자체와 텔레비전이 보여주는 그 이벤트에 대한 시청자의 지각으로 발생하는 결정에 관한 문제를 간과했다고 본다. 텔레비전으로 재현되는 이벤트는 텔레비전에 의한 프레이밍이며 이것은 궁극적으로 텔레비전 프로그램 제작자들이 조장하는 생방송적인 느낌(liveness)이라는 텔레비전 이데올로기의 결과일 뿐이다. 텔레비전이 생방송이라는 것은 텔레비전의 우월적 특성인 즉시성, 현재성, 자연스러움 등이 발휘된 결과이며 이로 인해 텔레비전이 보여주는 이벤트는 마치 실재라는 생방송적인 느낌의 이데올로기가 작동된 결과일 뿐인데 이를 제틀은 간과했다는 것이다.

3) 연속성

푸에르(Feure, 1983)는 생방송으로 보이기 위해서는 생방송적인 느낌(liveness)이라는 텔레비전 이데올로기가 작동되어야 하며 그렇게 텔레비전 이데올로기가 작동될 수 있게 하는 구성요소를 윌리엄즈(Williams, 1974)의 '흐름(flow)', 즉 '연속성(continuity)'의 개념에서 찾는다.

윌리엄즈는 텔레비전의 프로그램과 프로그램 사이의 연결성에 주목하면서 텔레비전 방송을 시퀀스의 '흐름'으로 본다. 비록 상이한 내용의 프로그램이 편성되어 있다 하더라도 프로그램과 프로그램 사이, 혹은 프로그램 내에는 시퀀스(광고, 예고편, 캠페인 등)로 연결되어 있기 때문에 텔레비전 방송은 개별 프로그램으로 분리되어 있는 것이 아니라 다른 프로그램들과의 연결로 이루어진 하나의 연속적인 흐름이라는 것이다. 수용자는 이러한 흐름의 '연속성'과 반복적인 일상에 함께 놓여 있기 때문에 텔레비전 방송을 자연스러운 것으로 받아들이게 된다는 것이다.[9)]

윌리엄즈의 이러한 흐름은 방송시간 내내 쉬지 않고 이어지는 텔레비전 편성의 흐름에 관한 것이지만 그가 이러한 흐름을 발견하게 된 이유는 비단 편성표만 분석한 것이 아니라 저녁 시간대에 생방송으로 진행되는 특정 뉴스 프로그램도 분석했기 때문이었다. 즉, 편성과 프로그램 모두에 적용할 수 있는 것이었다.

---

9) 박근서(2003)는 텔레비전의 편성적인 흐름을 다음과 같이 말한다. 텔레비전은 시간의 흐름 속에 있으며, 그 흐름은 단지 특정한 시간의 마디에 국한되지 않는다. 영화가 특정한 시간 마디에 국한되어, 리미널(liminal)한 의식에 따라 관객을 상대로 숭배의 의식을 치른 뒤, 그들을 일상으로 되돌려 보내는 것과는 대조적으로 텔레비전의 시간은 일상 속에 있으며, 그 안에서 끝도 시작도 없이 하나의 마디는 다른 마디의 꼬리를 물고 끊임없이 지속된다. 제한된 상영 시간 안에 모든 이미지를 완결해야 하는 영화와는 다르게, 텔레비전의 이미지는 단속적인 흐름으로 연결된다.

그는 저녁 뉴스 프로그램과 그 주변의 편성표를 세 가지 차원에서 분석했는데 그것은 원거리·중거리·근거리적 분석이다. 원거리적 분석은 편성의 흐름에 대한 것이고, 중거리와 근거리적 분석은 특정 프로그램 내 스토리의 흐름에 대한 것이다. 첫째, 원거리적 분석에서는 분석대상 프로그램이 배치된 저녁 편성 목록을 통해 일반적인 편성의 흐름을 찾아낸다. 둘째, 특정 생방송 뉴스 프로그램을 대상으로 한 중거리적 분석에서는 서로 연결성이 적은 다양한 개별 요소들이 상대적인 통합체를 이루는 과정을 통해 의도적으로 배열되고 있음을 발견한다. 예를 들면 서로 관련 없는 개별 사건들을 보도하는 주제에 맞게 일련의 시간적인 흐름으로 구성해내는 것이다. 셋째, 해당 프로그램의 뉴스 앵커가 사용하는 진행멘트를 근거리적으로 분석했는데 어휘와 이미지의 연속을 보여주는 네 가지의 상세한 흐름을 찾아낸다. 그것은 ① 뉴스 항목의 순서는 정해져 있음에도 불구하고 즉흥성을 강조하고, ② 뉴스 전달의 속도나 스타일이 보도내용을 압도하고, ③ 흐름의 주의를 끌기 위해 설명음성[10]을 계속 사용하고, ④ 생방송의 즉시성을 강조하기 위해 '오늘'이나 '지금'이라는 용어를 반복적으로 사용한다는 것 등이다.

푸에르에 의하면 시청자로 하여금 생방송으로 보이게 하는 것은 이러한 윌리엄즈의 '흐름' 때문이라는 것이다. 그녀는 ABC-TV의 아침 뉴스 프로그램에서 생방송적인 느낌을 강조하기 위해 스튜디오에 있는 앵커가 끊임없이 즉시성을 강조한다는 것을 발견했다. 즉, 앵커는 "지금 몇 시입니다", "○○ 사건은 어떻게 되었는지 지

10) 화면에는 보이지 않는 보이스 오버(voice-over)를 뜻한다. 텔레비전 뉴스에서 해당 사건을 녹화한 화면에 기자가 내레이션을 한다든가, 다큐멘터리에서 내레이터가 내레이션을 하는 경우다.

금 ○○ 기자를 불러보겠습니다”, “여러분은 지금 생방송으로 보고 계십니다” 등을 수시로 말하고 있다는 것과 전국 각지에 나가 있는 현장기자들의 코너들이 앵커를 중심으로 하나의 흐름으로 연결되고 있다는 것이다.

푸에르는 텔레비전 제작자들이 이렇게 연속성을 강조하는 이유는 시청자 여러분은 ‘지금 거기에 있다(being there)’라는 생방송적인 느낌(liveness)을 끊임없이 조장해 시청자로 하여금 텔레비전의 일상성 속에 묶어두고 이를 통해 텔레비전의 권위와 진정성(authenticity), 그리고 진실을 보증하기 위한 이데올로기적 기능을 수행하기 위해서라는 것이다.

코기(Caughie, 1984)는 텔레비전 프로그램에서 연속성이 살아 있는 이러한 진행자의 멘트는 프로그램 내용의 다양성을 하나로 단순화시켜서 흐름에 방해가 되는 모순들을 억누르고 내용의 통일성을 준다고 말한다.

이와 같은 흐름의 연속성은 부르동(Bourdon, 2000)에 의해서도 시청자로 하여금 생방송으로 보이게 하는 필수요소로 강조된다. 그에게 생방송은 시청자가 받아들이는 믿음의 정도에 달려 있다. 시청자가 생방송으로 느끼게 되는 생방송적인 요소가 어느 정도인가에 따라 얼마나 생방송적인가라는 수준이 결정되는데 이러한 요소가 연속성이라는 것이다. 부르동은 연속성을 ① 직접화법과 ② 진행음성이라는 두 가지를 예로 들며 설명한다.

①직접화법이란 프로그램 진행자가 카메라를 보면서 ‘나(I)’와 ‘당신(You)’이라는 특유의 직시어(deixis)를 사용하는 것인데 이를 통해 진행자는 화자와 청자 간의 거리를 좁힐 뿐만 아니라 “나는

당신에게 지금 생방송으로 말하고 있다"는 즉시성을 계속 강조하게 되고 그 결과 프로그램에는 생방송의 연속성이 주어지게 된다는 것이다.[11)]

②진행음성은 보이스 오버(voice-over)로 중계하는 내레이터의 음성을 말하는데 이를 통해 연속성이 주어지게 되는 경우는 두 가지가 있다. 첫째는 생방송으로 진행되는 사건에 대해 내레이션을 하는 경우로 이것은 영상의 연속성에 음향의 연속성을 부과하는 것이기 때문에 완벽한 생방송으로 보이게 한다. 둘째는 편집된 영상에 대해 내레이션을 하는 경우로 뉴스가 대표적인 예다. 편집된 사건의 장면에 기자가 내레이션을 녹음하는 경우인데 이것은 비록 편집된 영상이지만 내레이션 하는 기자의 음성에 연속성이 있기 때문에 이 역시 시청자에게는 마치 생방송으로 전달하는 것 같은 착각을 주게 된다.

이와 같이 음향의 연속성이 영상의 연속성도 주게 되는 것은 기본적으로 '보기 이전에 듣기가 먼저'라는 시옹(Chion, 1994)의 말처럼 음향이 영상의 성격과 내용을 규정하는 속성이 있기 때문이다. 텔레비전 뉴스를 예로 들면 영상 없이 음향만으로 내용을 이해하는 데는 별 무리가 없지만, 음향 없는 영상만으로 내용을 이해하기란 매우 어렵다. KBS, MBC, SBS가 저녁에 방송되는 메인뉴스를 자체 라디오 채널을 통해서도 모두 방송하는 것만 보더라도 이를 알 수 있다. TV 뉴스를 라디오 뉴스로 들어도 이해하는 데 전혀 무리가 없다는 것이다. TV 뉴스에서 영상이란 게 알고 보면 음향의 포장지

11) 직시어(deixis)는 언어학 용어로서 지시 대상이 발화 상황과 밀접하게 관련된 표현을 뜻한다. 예를 들면 인칭대명사(I, You, He), 지시 대명사(this, that), 장소 부사(here, there), 시간 부사(yesterday, now, then) 등으로서 발화자의 입장에서 표현하는 것이다.

에 불과한 것이다. 음향의 연속성은 분절적으로 편집된 영상이라고 하더라도 연속성을 부과하는 힘이 있다. 실제로 텔레비전 보도기사의 영상을 편집할 때 기자의 리포팅 음성을 먼저 녹음하고 난 후 그 음성의 내용에 맞게 그림을 하나하나 얹는 방식으로 편집한다. 기자의 음성기사가 중심이고 그림은 부가적이라는 것이다.

3. 사회학적 관점의 구성요소

지금까지 살펴본 생방송의 구성요소는 동시성, 현장감, 연속성이다. 홀(Hall)의 '생산자-텍스트-수용자'라는 부호화/해독화 모델에서 동시성과 현장감은 '생산자-텍스트'라는 부호화의 구성요소라 할 수 있고, 연속성은 '텍스트-수용자'라는 해독화의 구성요소, 즉 생방송 이데올로기가 작동될 수 있는 텍스트 내용의 구성요소라 할 수 있다.

한편 동시성과 연속성은 시간적인 차원의 구성요소이고, 현장감은 공간적인 차원의 구성요소라고도 할 수 있다. 생방송은 실시간으로 방송되기 때문에 공간적으로 분산되어 있는 시청자가 동시에 하나의 시간적인 차원으로 모이게 된다. 즉 시간과 공간, 이 두 차원은 생방송을 통해 하나가 된다.

지금부터는 시간과 공간이 하나로 만나는 시・공간의 차원에서 생방송의 구성요소를 살펴보고자 한다. 즉 '생산자-텍스트-수용자'라는 부호화와 해독화가 함께 동시에 일어나는 차원의 구성요소라 할 수 있다. 그것은 바로 사회와 연결되어 있다는 유대감이다.

1) 사회공동체로서의 유대감

윌리엄즈(Williams, 1965)는 '커뮤니케이션의 과정'은 '공동체의 과정'이라고 말한다. 그에 따르면 커뮤니케이션의 과정은 인간이 의미를 발생시키고 삶을 표현하는 과정이기 때문에 실제 살아 있는 인간의 경험이다. 인간은 타인과의 커뮤니케이션을 통해 진정 살아 있음을 느끼게 되고 또한 살아 있다는 커뮤니케이션의 의미가 사회적으로 실천될 때 문화는 '총체적인 삶의 방식'으로도 자리매김될 수가 있다.

콜드리(Couldry, 2003)는 생방송이 특별한 의미를 갖는 이유는 생방송이 현실을 전달하고 반영한다는 자체에 있다기보다 현실을 실제로 '연결'한다는 것을 보증하기 때문이라고 한다. 생방송이 보여주는 현실에 대한 해답도 생방송으로 보여주기 때문에 현실로 받아들인다는 사실에서가 아니라 현실을 현실로 받아들이게 하는 보다 광범위한 사회적, 공동체적 담론에서 찾을 것을 요구한다.

상호 소통의 방송으로서 생방송의 구성요소는 현실을 '연결'하고, 이러한 '연결'을 통해 사회공동체를 형성한다는 텔레비전의 보다 포괄적인 사회학적 관점에서 찾아볼 수 있다.

이러한 '연결'의 문제는 메이로비츠(Meyrowitz, 1985)가 일차적인 실마리를 제공해준다.

> 운전할 때 카세트테이프(녹화방송)를 듣는 것과 라디오(생방송)를 듣는 것의 차이는 무엇일까? 그것은 전자는 세상과의 단절이지만, 후자는 세상과의 연결이라는 것이다. 지역 라디오 방송을 청취하더라도 우리는 국내외에서 벌어지고 있는 모든 뉴스의 범위 안에 존재하게 된다.
>
> \- 메이로비츠(Meyrowitz)

메이로비츠에게 생방송은 텔레비전이 보여주는 현실에 나 자신이 연루될 가능성에 있다. 즉 텔레비전이 보여주는 현실이 '나 자신이 납득할 수 있고 그래서 나에게도 일어날 수 있는 현실'로 받아들여질 때 비로소 생방송으로 여겨지게 된다는 것이다. 이처럼 시청자로 하여금 사회공동체의 일 구성원임을 깨닫게 해준다는 면에서 메이로비츠는 생방송을 '우리가 공유하는 사회에서 발생하고 있는 그대로의 현실에 연루될 수 있는 가능성을 보장해주는 것'이라고 정의한다. 공간적으로 분산되어 있는 사회구성원들을 시간적으로 동시에 연결시킴으로써 그 범위 안에 있는 나 자신을 또 한 번 깨닫게 해주기 때문에 생방송이라는 것이다.

메이로비츠는 사회에 연루될 가능성을 위에서처럼 차 안에서 카세트테이프를 듣는 것과 라디오를 듣는 것의 차이를 예로 들며 설명한다. 전자는 세상과의 단절이지만, 후자는 세상과의 연결이다. 카세트테이프를 듣는다는 것은 현재 벌어지고 있는 사건을 듣는다는 것이 아니라 단지 과거의 기록을 재생하는 것일 뿐이기 때문에 재생하는 동안에는 오히려 지금 벌어지고 있는 세상사와는 단절된다. 이에 비해 라디오는 DJ가 지금 말하고 있는 생방송이다. 청취자가 이를 듣는다는 것은 현재 벌어지고 있는 세상사에 대해 사회공동체의 한 구성원으로서 관심을 두고 있다는 뜻이다. 지금 벌어지고 있는 사건 속으로 들어가고자 하는 참여의 한 형태이기 때문에 사회와 연결되는 의미를 가진다는 것이다(아마도 라디오를 듣는 사람은 생방송되는 내용이 자신과 강하게 연루될 경우 진행자에게 당장 전화를 걸지도 모른다).

비록 시청자나 청취자나 공간적으로 분산되어 있지만 생방송의 동시성, 현장감, 연속성을 통해 하나의 시·공간에서 만날 수밖에 없는데 이를 통해 결국 유대감이 형성된다는 것이다.

2) 텔레비전 리얼리티로서 공중의 상식

생방송이 시청자를 현재의 사회와 연결시켜 시청자로 하여금 사회공동체의 한 구성원으로서 자신을 재발견하게 만드는 특성은 텔레비전이 텔레비전만의 사회공동체를 재생산해 내는 포괄적인 속성과 연관되어 있다. 기본적으로 모든 기회는 사회적인 의미를 갖는다. 시청자는 텔레비전을 보면서 스스로가 사회화된다는 경험에서 벗어날 수 없으며, 그래서 점차 텔레비전에 구성되어 있는 그 사회 안에 속해 있다고 느끼게 된다.

스카넬(Scannell, 2000)은 생방송을 폭넓은 사회조직화의 일부로 본다. 텔레비전은 끊임없이 시청자와 열린 만남을 갈망한다. 그 과정 속에서 불특정 다수(anyone)의 우리는 부지불식간에 특별한 메시지의 특별한 의미를 만나게 되고 그래서 우리는 특별한 사람(someone)이 되는, '모든 대상에서 의미 있는 대상으로의 전이(for-anyone-as-someone)'를 경험하게 된다. 발생한 사건은 비록 과거이지만, 텔레비전을 통해 만남으로써 우리는 그것을 앞으로 펼쳐질 미래로 받아들이게 되고, 그러한 과거와 미래가 만나는 접점이 텔레비전 앞의 시청자 입장에서는 현재로 끊임없이 만나기 때문에 가능하다. 그리고 이러한 특별하고 의미 있는 만남(someone)들이 동시에 연이어 하나로 계속 모임으로써 시청자는 결국 우리(weness)라는 공동체, 즉 사회적이며 상징적인 하나로 구성된다. 텔레비전은 텔레비전만의 상징적 공동체를 따로 구성하고 만든다.

카피그나노는 이렇게 텔레비전을 통해 각자 서로 다른 공간에 있는 시청자가 하나의 공동체로 구성될 수 있는 이유를 '공중(public)'

의 개념에서 찾는다. 그에 따르면 텔레비전이 보여주는 사건과 실제 사건은 진실개념으로 구분될 수 있는 문제가 아니다. 텔레비전의 사건이 실제 진실이냐는 문제는 제작자가 아닌 이상 시청자의 입장에서는 궁극적으로 판단하기가 불가능하다. 시청자의 입장에서 판단할 수 있는 것은 단지 '얼마나 현실로 받아들일 수 있는가'라는 가능성의 여부일 뿐이다. 실제 사건들이 텔레비전 뉴스에 의해 사건으로 전달될 수 있는 것은 텔레비전의 즉시성과 현재성 때문이 아니라, 시청자가 '지금 거기에 있다(being there)'라는 느낌을 시청자에게 주기 때문이다. 즉 생방송으로서 진짜 사실이기 때문이 아니라, 사회적으로 이미 구성된 리얼리티 때문에 시청자가 그렇게 받아들이고 '시청되는' 것이다. 이러한 가능성의 정도는 텔레비전의 전달력 때문이라기보다 현실을 그대로 보여준다는 생방송적인 느낌(liveness)을 시청자가 얼마나 받느냐에 달려 있고 그렇게 받아들이도록 하는 것은 사회적으로 시청자에게 이미 구성된 사회적 리얼리티 때문이라는 것이다. 그는 이러한 리얼리티를 공중의 '상식(common sense)'이라고 말한다. 공중으로서의 시청자들은 보편적인 상식을 공유하고 있고 텔레비전은 이러한 상식에 기초해 방송하기 때문에 시청자들은 시청하는 동안에 또 하나의 사회적 공동체로 구성될 수 있다는 것이다.

상식이란 공적 영역에서 역사적으로 누적되어 발전해온, 앞으로도 발전해나갈, 당대를 지배하는 보편적인 사회 공유의 지식이다. 카피그나노는 텔레비전 제작자들이 바로 이런 상식에 맞춰 프로그램을 제작하기 때문에 시청자는 텔레비전이 보여주는 현실을 실제 현실로 받아들인다고 한다. 상식을 공유하고 있는 공중의 수준에 맞추어 제작을 하기 때문에 시청자는(바꿔 말하면 역시 공중이다)

그들이 이미 사회적으로 구성된 상식, 즉 현실로 받아들인다는 것이다. 그리고 이러한 상식 또한, 결국 역사적으로 그동안 미디어가 지금의 방식처럼 꾸준히 재생산해 온 미디어의 상식이기 때문에 시청자는 훨씬 더 용이하게 미디어가 구성하는 현실을 실제 현실로 받아들이게 된다는 것이다. 오늘날 '텔레비전이 공중에게 다가간다'는 말이 곧 '방송을 한다'는 말과 같은 의미로 받아들여질 수 있는 것도 이러한 이유에서라고 한다. 생방송은 상식적인 공중의 실제 현장을 상식적으로 보여주기 때문에, 시청자(공중)는 상식적으로 지금 거기에 있는(being there) 착각이 생기고, 그래서 그것을 공중의 실제 현장으로 받아들이게 된다는 것이다.

미디어 기관들은 미디어가 사회의 중심이고 당연한 대변인인 것처럼 보이게 하는 담론을 끊임없이 퍼트림으로써 이를 가능하게 하고(Couldry, 2003), 텔레비전이 만들고 보여주는 범위 안에 공중이 있기 때문에 텔레비전 제작자들은 공중의 상식 또한 보다 용이하게 만들어내며(Capignano et al., 1990), 그럼으로써 텔레비전 종사자들은 그들의 진정성과 당위성, 진실성 등의 우월적 지위를 더욱더 공고히 할 수 있게 된다(Feure, 1983).

한편 방송 제작자들이 이렇게 상식에 근거한다는 것은 여론을 수렴한다는 직업적 지위의 보증을 얻기 위한 일환으로 일반 사람들의 어떤 조잡한 생각까지 방송 프로그램에 참조하기도 한다는 뜻도 있다(Hall, 1974).[12] 그런 면에서 부르디외(Bourdieu, 1996)는 사회적

12) 홀(Hall, 1974)은 엘리트들은 다음과 같은 이유 때문에 사회적으로 합의를 얻어낼 수 있는 강력한 위치에 있다고 한다. 첫째, 쟁점을 구체화하는 과정에서 지배적인 역할을 하고 둘째, 자신들이 선호하는 해석을 뒷받침하는 자료와 정보를 제공하고 셋째, 기존의 공적 지식과 감정이 체계화되지 못한 상태에 있는 점을 이용함으로써 타성에 의해 기존의 상황이 지속되게 내버려 두도록 한다는 일종의 묵시적인 합의를 조성할 수 있기 때문이다.

으로 이미 받아들여지는 통념에 의존하는 담론은 구태의연하고 상투적이기 때문에 새로울 것이 없다고 단정 짓는다. 기존의 가치관이나 인지적 범주를 위반하거나 벗어날 수 없는 한계 속에서 텔레비전은 결코 전복적인 미디어가 될 수 없다고 한다.

상식에 맞춘다는 의미는 시청자 눈높이에 맞춘다는 의미라고도 할 수 있다. 언제나 지적되는 것이 시청률의 지나친 집착으로 인해 생기는 프로그램 내용의 상투성과 가벼움에 관한 것들이다. 광범위하고도 보편타당한 공중의 기준에 늘 부합하도록 노력한다고 항상 표방하는 방송 프로그램 제작자들의 겸손한 인사도, 뒤집어보면 한 명의 시청자라도 더 잡고자 하는 시청률의 욕망과 다름 아니라고도 할 수 있다.

텔레비전 제작자들은 공중의 상식에 근거해 프로그램을 제작하고 이를 통해 텔레비전의 진정성(authenticity)과 자명성(transparency)을 획득한다. 이는 시청자, 즉 공중을 텔레비전에 참여시킴으로써 최종 완성된다.

3) 시청자의 생방송 참여

로빈스(Robins, 1996)는 텔레비전이 보여주는 현실이 실제 현실이라는 믿음을 주기 위해서는 리얼리티의 확보가 관건이며 리얼리티를 주는 가장 큰 요소는 공중(public), 즉 일반 시청자들을 프로그램에 적극 참여시키는 것이라고 말한다. 그에게 리얼리티란 텔레비전이 보여주는 사건의 진실성에 있다기보다 일반인의 참여 경험을 통해 상식(common sense)이라는 일반인의 보편적 가치를 사회적인 현실로 구성해내는 데 있다. 일반 시청자들을 텔레비전에 출연시켜 그들의 자연스러운 연기를 보여주는 프로그램 제작방식은, 단순히 그들에게만 텔레비전 참여의 기회를 주는 것이 아니라 그것을 시청하는 또 다른 일반인들에게도 참여의 경험을 함께 준다. 나 자신과 동류인 일반인들이 텔레비전에 출연하는 모습은 나 자신과 동류이지만 개인적으로 또 다른 사적 경험에 참여할 수 있는 길을 열어주며, 그것을 시청하다 보면 어느덧 그 경험 속에 놓여 있는 나 자신을 발견하고 비교하게 된다는 것이다.

공중을 텔레비전에 참여시키는 것은 시청자 또한 텔레비전에 참여하고자 하는 욕구가 있기 때문이다. 역사적으로 증명된 커뮤니케이션의 속성은 다른 사람들과 끊임없이 연결되고 더욱 가까이 다가가고자 하는 것이다. 텔레비전에 대한 공중의 참여는 이러한 시청자들의 커뮤니케이션 욕구가 실현되는 과정의 하나이기도 하다 (Kilborn, 1994).

텔레비전 제작자들은 시청자들의 참여 욕구를 잘 안다. 모든 텔레비전 프로그램은 기획의도가 있고 제작하는 취지가 있다. 그것을 살리기 위해서는 이러한 시청자들의 욕구를 얼마나 충족시키느냐에 달려 있다는 점을 프로그램 제작자들은 잘 안다. 그래서 가능한 범위 내에서 최대한 일반 시청자들을 참여시키고 프로그램의 리얼리티도 한껏 살리고자 한다. 공중의 상식 속에서 사실적인 사회적 현실을 구성하고자 한다.

콜드리(Couldry, 2003)는 생방송의 가장 큰 특성은 텔레비전과 시청자를 단순하게 연결하는 데서 그치지 않고 직접적이고도 적극적인 행동을 보이게 한다는 데 있다고 말한다. 그에 따르면 이러한 적극적인 행동은 비단 생방송에서만 볼 수 있는 것이 아니라 일상생활 곳곳에 커뮤니케이션의 진화된 양식으로 나타나고 있다. 예를 들면 인터넷을 방문한다든가, 온라인 채팅방에서 접속한다든가 하는 행위들이다. 이것은 생방송의 변형된 한 형태이며 다른 사람들과 실제 접속하는 것은 잠재적으로는 현실성을 스스로 강화하고자 하기 위해서라는 것이다.

카피그나노(Capignano et al., 1990)는 생방송 토크쇼를 통해 생방송 제작자들이 '공중'을 대변한다는 권위를 획득하기 위해 일반인을 세 유형의 '공중'으로 참여시킨다는 것을 발견했다. 첫째, '들리는 공중(audible public)'으로서 박수와 환호처럼 소리로만 들리는 방청객의 호응이다. 둘째, '보이지만 알 수 없는 공중(visible but inarticulate)'으로서 실제 모습이 보이는 스튜디오 현장의 방청객이다.[13] 셋째, '편집된 공중(edited public)'[14]으로서 얼굴은 알지만 누군지 모르는 일반인의 출연이다. 예를 들면 프로그램의 VTR 코너에서 거리의 한 시민을 인터뷰한다든가, 토론되는 내용에 대해 방청석의 일반인으로부터 수시로 개인의 의견을 듣는다든가 하는 경우다. 그는 이 세 유형의 일반인을 통해 제작자는 시청자에게 "지금 생방송되고 있는 이슈가 지금 생방송될 만큼 중요한 가치가 있으니, 지금 시청하고 있는 시간을 전혀 아까워할 필요가 없다"는 것을 강조한다고 한다.

이러한 공중을 통해 토크쇼 프로그램 제작자들은 그들이 프로그램에서 전개해나가는 내용들의 공중성(혹은 공공성)을 확보해나가

13) 사실 토크쇼 프로그램에 출연한 방청객들의 열렬한 환호는 연출된 것이며, 생생한 생방송을 위한 하나의 장치일 뿐이다. 그렇다고 시청자가 이것을 모르는 게 아니다. 그러나 시청자는 원래부터 텔레비전 자체가 그런 장치로 고안되었다는 사실을 너무나 잘 인식하고 있고, 단지 거기에 응답만 할 뿐이다(Capignano et al., 1990).

14) '편집된 공중(edited public)'이란 제작기법적으로 편집된 일반인이라는 의미도 있지만 여기서는 프로그램의 내용을 강조하거나 보완하기 위한 보조수단으로서 '특별히 제작자들에 의해 선택된 일반인의 견해'라는 의미로 사용했다.

며, 또한 그것이 공중으로부터 열렬하게 호응 받고 있다는 당위성도 얻는다. 그래서 지금 생방송되고 있는 이슈가 지금 생방송될 만큼의 중요한 가치가 있으니, 지금 시청하고 있는 시간을 전혀 아까워할 필요가 없다는 안도감까지 준다. 이는 곧 공중의 일원으로서의 안도감이기도 하다.

공중의 일원이자 나와 동류인 일반인의 출연은 결국 프로그램에서 연출되는 내용을 자연스럽게 받아들이도록 한다. 동시대의 우리 사회에서 널리 이해할 수 있는 수준에서 프로그램을 제작하고 방송하기 때문에 '자연스럽고', 더불어 '친근하게' 받아들일 수 있게 한다는 것이다.

로스코에(Roscoe, 2004)는 호주의 생방송 프로그램 <Big Brother>에서 이를 발견해냈다. 그녀는 전국의 국민들에게 참여 신청을 받아 모집하고, 다시 시청자들의 투표를 통해 탈락시키고, 또다시 투표를 통해 탈락시키는 일련의 서바이벌 형식이라는 이 미디어 이벤트가 대단히 시청자 중심의 생방송 프로그램이라는 사실을 밝혀냈다. 사전에 시나리오로 구성된 미디어 이벤트로서 출연자들이 시뮬레이션화된 상황에서 매 순간 즉흥적으로 연기하는 것임에도 불구하고, 그들이 일반인이고 또 생방송 포맷이기 때문에 시청자들은 대단히 자연스러워하고 친근감을 느낀다는 것이다.

홀(Hall, 1980b)은 보편적이고 관습화된 상식이 자연스러움을 준다고 했다.

> 얼핏 '자연적인' 것으로 보이는 시각적 기호들도 문화에 따라 특유한 차이가 있다는 증거가 있지만, 단순한 시각적 기호들은 이러한 뜻에서 '거의 보편성'을 갖는 것으로 보인다. 그러나 그렇다고

해서 아무런 의미규칙도 개입하지 않는다는 것은 아니다. 의미규칙이 극도로 자연시 되었다는 것이다. 자연시 된 의미규칙이 작용한다는 것은 언어가 투명하거나 '자연스럽다'는 것이 아니라, 사용되는 의미규칙이 깊이가 있고 친숙해졌으며 거의 보편적 성격을 갖게 되었다는 뜻이다. 이로 인해 사람들은 사물을 '자연스러운' 것으로 인식하는 태도를 갖게 된다.

- 홀(Hall)

생방송은 시청하는 우리를 지금 일어나고 있는 사건의 현장으로 '자연스럽게' 끌고 간다. 우리는 그것을 역사의 한 순간으로 깨닫는 순간, 사회공동체의 한 구성원으로서 이상 없는 나 자신을 자각한다. 그와 동시에 이 세상에 대해 원인 모를 애정을 느낀다. 그것이 '친근감'이다.[15)]

지금까지 논의한 사회학적 관점의 생방송 구성요소를 요약하면 <그림 3>과 같다.

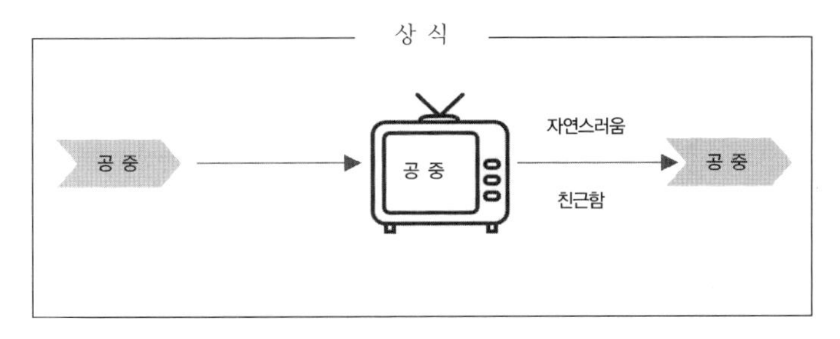

〈그림 3〉 사회학적 관점과 생방송 구성요소

15) 한편, 바커(Barker, 1985)는 텔레비전의 작은 화면에 대한 효과적인 통제와 조작이야말로 텔레비전의 친밀감을 주는 중요한 요소라고 말한다. 텔레비전은 귀납적이고 클로즈 업(close up)의 미디어로서, 영화가 피사체의 전체적인 모습에서 세밀한 부분을 보여주는 연역적 방법을 사용한다면, 이에 비해 텔레비전은 화면이 작기 때문에 세세한 부분까지 정밀하게 보여주기는 어렵다고 한다. 그래서 클로즈 샷이 주로 사용되는데, 영화에서 클로즈 샷이 관객에게 어떤 거리감을 준다면, 텔레비전은 친밀감과 동질감을 준다고 한다.

2부

텔레비전 생방송은 어떻게 제작하는가

"사실 녹화는 출연자를 중심으로 한 진행 중심의 대본이라면, 생방(송)은 시청자를 중심에 두고 수시로 '지금 보고 계시죠?', '지금 몇 시입니다', '잠시 후 영예의 대상이 곧 발표됩니다'라고 쓰게 돼요. 어떻게 보면 녹화방송은 '우리는 이런 프로그램이야'라고 아이템 속으로 깊숙이 들어간다면, 생방(송)은 중간중간 '이 사람들 보고 있지?', '잘 보며 따라와야 돼.' 뭐 이런 식으로 염두에 두며 대본을 쓰죠."

– 생방송 대본작가

4장

텔레비전 생방송의 제작

텔레비전은 시청(視聽), 즉 시각과 청각으로 즐기는 매체다.
그래서 영상과 음향이 제작의 기본 요소다.

지금까지 텔레비전 생방송의 개념, 유형, 구성요소들에 대해 생산적, 수용적, 사회학적인 측면으로 나누어 포괄적으로 살펴보았다. 지금부터는 이러한 구성요소들을 제작자들이 생방송 프로그램을 제작하면서 어떻게 실천해내는지 알아보도록 하겠다. 텔레비전 제작자의 속성, 텔레비전 생방송의 제작요소와 제작과정에 대한 것이다.

1. 텔레비전 제작자의 속성

1) 미디어 직종의 전문성

방송사의 프로듀서와 기자 등 미디어 종사자들을 전문 직종으로 분류할 수 있는가에 대한 논란은 적지 않다. 그러나 최근 다양한 직종의 직업군이 나타나면서 전통적으로 전문직 종사자로 분류되어 온 의사나 법률가뿐 아니라 디자이너, 사회복지사, 행정직, 그리고 기자와 PD 등의 언론 종사자들도 전문직의 범주에 포함되거나, 최소한 넓은 의미의 전문직 또는 '준'전문직으로 분류되고 있다(강철희 · 최명민, 2007).

김성훈(2006)에 따르면 전문 직종이 가지는 일반적인 특징은 다음과 같다. 첫째, 특정 분야에 대한 체계적 혹은 과학적인 지식을 필요로 한다. 그래서 장기간에 걸친 교육과 훈련이 필요하며, 이를 위한 교육기관이 설립되어야 하며, 공식적인 임명장으로 자격이 인정되어야 한다. 둘째, 고객에 대한 봉사 또는 이타주의에 기반한 내면적 보상을 중시하는 윤리적 소양을 갖추고 있어야 한다. 셋째, 전문조직을 설립하고, 이를 통해 강한 연대의식과 공통의 직업문화를 가지고 있어야 한다.

전문직의 이러한 특징을 고려할 때 언론 직종은 전문 교육기관, 언론윤리강령, 한국기자협회, 한국프로듀서협회 등의 전문조직 등 상당수의 제도적 조건을 갖추고 있기는 하지만 모든 조건을 완벽하게 충족하고 있다고는 볼 수 없기 때문에 '유사전문직'으로 분류하기도 한다(김영욱, 1999).

언론 직종이 여타의 전문 직종으로부터 가장 두드러지게 차별되는 점은 국가가 공인하는 임명장이나 자격증이 없다는 점이다. 그것은 언론활동의 특수한 성격에서 기인하는데, 국가공인 자격증은 언론인의 중요한 직업적 규범 중의 하나인 자유언론의 실천을 저해할 수 있는 소지가 있기 때문이다(윤영철, 2003).[16]

파이저(Peiser, 2000)는 언론인이 보도 내용을 만들어내는 과정에 영향을 주는 요인들로 다섯 가지를 지적한다. 첫째, 언론인의 조직 내 지위다. 언론사 내부의 지위에 따라 언론인 개인이 보도 내용에 끼칠 수 있는 영향력은 달라진다. 둘째, 언론인으로서 개인적 가치관과 세계관이다. 언론인의 성장 배경, 세계관, 가치관 등의 개인적 성향은 보도 내용의 판단과 결정에 영향을 미치고, 내용물에 포함될 가능성도 높다. 셋째, 성적(gender) 차이다. 언론 현장의 종사자들과 언론학자들은 제작부서의 성비가 보도 내용에 영향을 미친다고 주장해왔다. 이것은 국내 지상파 방송 종사자들을 대상으로 한 연구에서도 확인된 바가 있다. 전문화와 조직사회화라는 두 가지 차원에서 나타나는 언론인의 인식 차이를 비교한 결과, 남성 언론인과 여성 언론인은 전문직 종사자로서 언론인이 갖추어야 할 기준이나 조직의 특성에 대한 파악에서 큰 차이가 있음이 발견된다(손승혜 · 김은미, 2004). 미국의 경우에는 이러한 성비에 따른 차이에 더해 언론조직의 인종 구성 비율에 따라 보도 내용이 영향을 받는다는 점이 지적되기도 한다. 넷째, 세대의식의 차이다. 특정 사안이 대중매체를 통해 전해질 가치가 있는지를 결정하는 데 있어서 언론인의 세대의식은 영향을 줄 수가 있다. 마지막으로 언론인의 이념

16) 방송사의 인력 채용방식에 있어 공채시험이 방송사의 업무에만 특화된 전문적인 시험이 아니라는 점에서 방송직이 과연 전문직인가에 대한 의문은 매우 강하게 든다(Merrill, 1996).

적 성향성이다.

윤영철(2003)은 전문 직종으로서 언론직이 충족하고 있어야 할 조건으로 세 가지를 제시한다. 첫째, 전문적 지식을 획득해야 한다. 전문적 지식이란 외교, 경제, 스포츠 등과 같이 뉴스나 프로그램에서 다루고자 하는 특정 분야에 대한 지식을 말한다. 둘째, 숙련된 기술을 습득해야 한다. 취재, 편집, 촬영 등 뉴스나 프로그램의 제작에 필요한 기술을 의미한다. 셋째, 전문인으로서 사회적 책임을 다할 수 있는 윤리적 소양을 갖추고 있어야 한다. 공익과 사회 전체의 발전을 위해 봉사해야 하는데 예를 들면 취재와 제작하는 과정에서 인권침해가 없어야 한다는 점이다.

2) PD의 창의성

우리나라에서 PD[17]라는 직종의 위상은 독특하다. 프로듀서와 디렉터의 업무가 분리되어 있는 외국의 경우와 달리, 우리나라 PD는 대개 프로듀서와 디렉터, 즉 기획과 연출기능을 동시에 수행한다. PD는 기획에서부터 실제 제작에 이르기까지 프로그램 제작의 모든 단계를 총괄적으로 책임지는 독특한 위치에 있다(배종대, 2004).

주철환(2000)은 PD가 담당하는 장르에 따라 일선의 PD들이 스스로의 정체성을 규정하는 데도 다소 차이가 있다고 말한다. 드라마 PD들은 그들을 연출자 내지 아티스트로 규정하는 경향이 있고, 교양 PD들은 스스로를 저널리스트로 규정하는 경향을 보인다. 예능 PD들은 그 양자를 혼합하고 거기에다 엔터테이너로서의 기능을

17) PD의 어원이 무엇인지는 명확하지 않다. 플래닝 디렉터(planning director), 프로그램 디렉터(program director), 프로듀싱 디렉터(producing director), 프로듀서(producer) 등의 약자라고 보기도 한다.

포함해서 규정하는 경향이 강하다는 것이다.

이러한 PD들의 다양한 정체성은 그들이 가치관을 지향하는 데에도 영향을 미친다. 박인규(2004)는 설문조사와 면접조사를 통해 KBS 프로듀서들의 문화적 특성과 가치 지향성을 살펴본 연구에서, 프로듀서들이 공익성과 시청률이라는 두 개의 가치 지향성을 갖고 있다는 것을 밝혀냈다. 이러한 두 가지의 가치 지향성은 PD들이 담당하고 있는 프로그램의 장르와 채널에 따라 다르게 나타나기도 한다. 다큐멘터리, 시사 프로그램 등 교양물을 제작하는 기획제작국, 교양국, 위성방송국의 프로듀서들은 공익성을 중시하는 데 비해, 오락 프로그램을 제작하는 예능국의 프로듀서들은 시청률을 중시했다. 이는 광고방송의 실시 여부와도 관련이 있는데, 즉 기획제작국, 교양국, 위성방송국의 프로듀서들이 공익성을 중시하는 이유는 이러한 프로그램들이 주로 방송되는 KBS 1채널의 경우에 광고를 방송하지 않기 때문이며, 예능국의 프로듀서들이 시청률을 중시하는 이유는 이러한 프로그램들이 주로 방송되는 KBS 2채널의 경우에 광고를 방송하기 때문이라는 것이다.

쿵-생클만(Kung-Shanklemann, 2000)은 공익성이나 시청률과 같은 텔레비전 제작자들의 가치관이 다르게 나타나는 이유는 조직문화의 차이에서 비롯된 것이라고 한다. 그는 샤인(Schein, 1992)의 조직문화이론을 바탕으로 BBC와 CNN의 상이한 조직문화가 조직구성원의 가치관에도 각각 상이한 영향을 미치고 있음을 밝혀냈다. 조직문화이론에 따르면 조직문화란 조직구성원이 외부 환경의 변화에 적응하고 조직에서 마주치게 되는 다양한 문제들을 해결하는 데에 무의식적으로 작용하게 되는 가정(assumptions)이나, 신념의 체계(belief system)와 같은 일종의 체화된 원리다. 여기에는 ① 인공물, ② 지지하는 가치, ③ 기본적 가정이라는 세 가지의 조직문화가 존재한다.[18] 쿵-생클만은 BBC의 조직문화가 가지고 있는 기본 가치관은 '공적 재원을 사용하는 BBC는 다르다', '방송 부문에서는 우리가 최고다', 'BBC는 영국인 고유의 생활방식을 반영한다', '양질의 문화유산을 보호한다'라는 네 가지인데 이러한 네 가지의 가치관으로 인해 BBC의 조직구성원들은 재정적, 상업적 이익보다는 공익을 우선시하는 가치관을 보이게 되었다고 한다. 이에 비해 CNN 조직의 기본 가치관은 'CNN은 뉴스다', '시청자가 중요하다', '개척자 및 반체제 정신을 지향한다', '국외자에게도 뉴스를 제공한다'라는 네 가지인데 이러한 네 가지의 가치관으로 인해 CNN의 조직구성원들은 CNN의 뉴스가 전 세계 시장을 향한 글로벌 상품이라는 가치관과 좋은 보도라는 것은 광고주와 시청자를 만족시키는 데 있다는 신념을 중시하게 되었다는 것이다.

이처럼 PD는 조직문화에 영향 받는 조직구성원이긴 하지만, 기자와 다른 점은 조직 내에서 일정 부분 독립성을 가지고 있다는 점이다. 텔레비전의 제작과정에서 대부분의 의사결정은 제작진 간의 토의를 거쳐 담당PD가 내리는데 책임 프로듀서(CP)가 최종 추인하기는 하지만, 대체로 담당 PD의 결정을 존중한다(윤영철, 2004).

일반적으로 기자들은 객관성, 공정성, 사실성 등의 원칙을 중시

---

18) ① 인공물(artifacts)은 조직문화의 표면에 드러나는 것으로서 조직에서 개인들이 접할 수 있는 것들을 의미하는데 조직 내 커뮤니케이션의 방식, 예의, 의전, 물질적인 환경 등이 이에 해당된다. ② 지지하는 가치(espoused values)는 조직이 공적으로 표명하는 철학, 전략, 목표 등이고, ③ 기본적 가정(basic lying assumptions)은 조직의 가치관을 의미한다. 샤인(Schein, 1992)은 이러한 조직문화가 조직구성원들의 오랜 학습으로 이루어진 산물이지만 외부환경의 영향을 받아 점진적으로 변화해간다고 말한다.

하는 리포팅 규범을 가지고 있으며, 보도에 있어서 가치개입을 엄격히 통제하는 것을 원칙으로 여긴다. 반면에 PD들은 사실(fact) 이상의 사회적 본질을 보여줘야 한다고 생각하기 때문에 단순한 정보전달보다는 정보를 스토리로 재구성해서 보여준다(김연식 · 조성호, 2008)는 점에서 차별적이다. 기자가 객관성을 중시한다면, PD는 주관성을 중시한다는 의미인데 그래서 PD들은 창의성을 매우 중요하게 여긴다.

기자들도 그렇지만 방송사의 구성원, 특히 PD들은 늘 시간과 경쟁한다. 동시에 이들에게는 기존의 것과는 다른 무언가 새로운 창작물의 제작이 요청된다. 따라서 방송 프로그램의 제작환경은 자동차를 찍어내듯이 획일화된 작업과정을 가지고 있지는 않다. 시간에 쫓기며 동시에 끊임없이 새로운 아이디어를 만들어내기 위해서는 새로운 생각을 시험할 수 있는 환경과 여건이 필요하며, 제작자들의 운신의 폭도 그만큼 커야 한다(Carter & West, 1998).

문성철(2006)은 에이머빌(Amabile, 1988)이 밝혀낸 경영조직 창의성의 발현과정을 활용해, 방송 프로그램의 제작과정을 설명한다. 그는 먼저 프로그램의 제작과정을 프로그램 기획 → 아이디어 개발 → 제작방식 결정 및 제작 → 평가/수정의 4단계로 구분하고, 조직의 과업이 제시되는 프로그램의 기획단계에서는 직무동기가, 정보와 자원의 수집이 이루어지는 아이디어 개발 단계에서는 제작관련 전문지식이, 제작방식의 결정 및 제작이 이루어지는 과정에서는 창의적 사고기술이 각각 요구된다고 보았다. 즉, 직무동기, 제작관련 전문지식, 창의적 사고기술이라는 세 가지가 프로그램 제작과정에서 PD들이 갖추어야 할 요소인 동시에 프로그램의 내용에 영향을 미치는 요인이다.

프로그램을 제작하는 과정에서 제작자의 창의성에 영향을 주는 한 요소가 직무동기다. 직무동기는 제작자에게 자신의 업무에 대한 열정이나 즐거움, 업무에 대한 흥미, 도전의식 등을 준다. 직무동기는 한 번 생기면 상황에 따라 변하지 않고 오랫동안 지속되는 속성이 있기 때문에 제작자에게 일단 직무동기가 부여되면 창의성도 지속적으로 배가된다(Amabile, 1988). 새로운 프로그램에 대한 도전의식의 발휘, 다양한 채널을 이용한 의견의 교환, 방대한 자료 검토 등으로 이루어지는 창의적 시도는 프로그램에 영향력을 행사함은 물론 PD의 전문성을 가장 뚜렷하게 보여주는 부분이다(손승혜・김은미, 2004).

하지만 방송제작자들의 이러한 창의성은 무한한 것이 아니라 정치, 경제, 사회, 조직 등 다양한 요인에 의해 제약을 받는다.

> "우리는 지금 방송되고 있는 것에 대해 매우 광범위한 흥미를 가지고 있습니다. 우리는 창의성을 가진 사람입니다. 창의성? 히틀러도 창의성을 가졌었습니다. 그는 독가스실을 창조했죠."
>
> \- 미국 네트워크사 프로듀서(Gitlin, 1983)

기틀린(Gitlin, 1983)은 절제되지 않는 창의성은 파괴적일 수가 있기 때문에 방송제작자들의 창의성은 조직의 합리성으로 훈련되고, 규제되어야 한다고 말한다. 그에 따르면 시청자들에게 표방하는 방송의 대의명분과 방송사 내부적으로 의도하는 본능 사이에는 일정한 괴리가 존재한다. 방송제작자들은 그들이 의도하는 본질적인 아우라(aura)를 늘 숨기는 속성이 있다는 것이다.

홀(Hall, 1982)은 방송제작자들은 그들의 아우라를 숨기지만, 그들 또한 아우라를 모를 수도 있기 때문에 그들은 이데올로기적이라고 말한다. 말하는 사람이 의도는 전달할 수 있으나 문장론의 규칙은 어떻게 작동되는지 설명할 수 없듯이, 방송제작자들은 그들이 사용하는 제작기법에 대해서는 잘 알고 있을지 모르나 막상 그것이 만들어내는 특정 신화, 다시 말해 지배적-헤게모니적인 코드가 사회에서 어떻게 재생산되는지는 잘 모를 수 있다는 것이다.

일반적으로 미디어에 대한 통제요인은 외적으로는 정치적 통제요인, 경제적 통제요인, 정보원에 의한 통제요인, 수용자에 의한 통제요인이 있고, 내적으로는 미디어 기관의 자율적인 통제요인이 있다. 특히, 내적인 통제요인의 방법으로는 미디어 소유주의 제반 정책을 통한 통제방법, 미디어 조직구조 속에 존재하는 게이트키퍼에 의한 조정작용, 미디어 소유형태에 의한 통제방법 등이 있다(서정우 외, 1986).

방송제작자들에 대한 이러한 통제요인들은 창의성에 있어 한계로 작용한다. 문성철(2006)은 조직문화, 심의제도, 외주제도, 사업다각화 등의 제작환경요소가 프로그램 제작의 창의성에 영향을 주는 요인임을 밝혀냈다. PD는 제작환경요소가 주는 통제요인에 대해 스스로 예측하고 대비하는 수준의 범위 내에서 창의성을 발휘한다는 것이다.

황상재(1999)는 한국의 지상파 방송 3사의 조직문화를 분석한 결과 각각의 방송사가 가지고 있는 조직문화의 유형이 상이하며, 이러한 차이가 궁극적으로 조직몰입도와 직무만족도와 같은 방송사의 효율성에 영향을 준다는 점을 발견했다. 조직문화는 구성원들에게 암묵적인 규범으로 작용함으로써 프로그램의 내용이나 방향에 영향을 주게 된다. 텔레비전 제작자에게 필요한 것이 창의성이지만 이것은 결국 개인적 역량과 조직적 통제요인과의 절충 수준에서 결정된다.

2. 텔레비전 생방송의 제작요소

이남기(2006)는 텔레비전 프로그램 제작자를 <표 1>에서 보듯이 창조적 스태프와 기술스태프로 나눈다.

〈표 1〉 텔레비전 프로그램의 제작스태프

	구분	스태프
창조적 스태프	행정 executive	수석 프로듀서, 프로덕션 매니저
	아이디어 creative	감독, 작가, 미술감독
	연기자 performance	탤런트, 내레이터
기술스태프	기술 technical	무대감독, 기술스태프, 음향스태프
	제작현장 production	촬영감독, 카메라스태프, 녹화, 편집감독, 믹서, 조명스태프, 의상, 소품, 분장 등

창조적 스태프는 주로 작가나 연출 담당자들로서 아이디어를 창조하고 구성한다. 기술스태프는 무대, 촬영, 편집, 기술, 음향, 조명, 의상, 소품 등의 담당자들로서 창조적 스태프들이 구성한 아이디어를 실행한다.

텔레비전 프로그램은 기본적으로 내용과 형식으로 구성되어 있다. 텔레비전 프로그램의 제작이란 내용과 형식을 완성하는 작업이다(이동규, 2018). 그래서 창조적 스태프들이 내용을 구성한다면, 기술스태프들은 그것을 형식으로 담아 프로그램을 완성한다고 할 수 있다.

제작요소 또한 이와 관련되어 있다. 아이디어를 창출하는 창조적 스태프에게 가장 중요한 제작요소는 그것을 내용으로 구성하는 '연속성(continuity)'이며, 형식을 실행하는 기술스태프에게는 '영상(video)'[19]과 '음향(sound)'이 가장 기본적이란 것이 그 전제다. 즉 내용적 제작요소로서의 연속성과 기술적 제작요소로서의 영상과 음향에 관한 것이다. 그러면 먼저 기술적 제작요소부터 살펴보겠다.

1) 기술적 제작요소: 영상과 음향

홀(Hall, 1980b)은 부호화/해독화를 하는 커뮤니케이션 전체 과정에서 텔레비전이 보여주는 사건들은 텔레비전 담론의 시각과 청각적 형식 속에서만 의미를 갖는다고 했다. 바흐친(Bakhtin, 1981)도 사회적 경험을 외부에 의미로 표현하기 위해서는 시각과 청각적 기호의 형식을 사용해야만 한다고 했다.

여기서 기호가 인간경험과 연관되어 있다는 의미는 그것이 독립된 객체나 메시지로서의 단일한 의미를 갖는다는 것이 아니라, 기호는 인간경험과 연결되지 않고서는 의미를 발생시킬 수 없으며, 나아가 그것은 상징적 관계의 양식 내에 있는 수용자들에게 의미생산을 위한 경험을 준다는 뜻이다. 그런 면에서 텔레비전이 사용하는 기호들은 바흐친의 말처럼 시청자와 제작자 간에 체결된 일종의

19) '영상'은 영화에서는 'image', TV에서는 'video'로 흔히 사용되는데 'image'는 의미를 내포하는 상징적 기호라는 개념에 가깝고, 'video'는 있는 그대로를 보여주는 현실적 기호라는 개념에 가깝다고 할 수 있다. 기본적으로 둘 다 카메라가 잡는 그림이라는 면에서는 같다.

상징적 계약이라고 할 수 있다.

하틀리(Hartley, 1982)는 텔레비전 기호란 촬영 대상을 프레임 안에 어떻게 위치시키고 조명은 어떻게 사용할 것인지, 촬영 대상과 카메라의 움직임은 또 어떻게 처리할 것인지 등 현실 재현을 위해서 사용하는 일종의 포장방식이라고 했다.

텔레비전은 이렇게 시각적 요소와 청각적 요소, 즉 영상과 음향으로 시청자에게 소구한다. 이러한 영상을 구성하는 제작요소로는 세트, 조명, 의상, 소품, 자막, 분장, CG(Computer Graphics), 무대특수효과, LED(Light-Emitting Diode) 등과 그것을 모두 전달하는 카메라가 있으며, 음향을 구성하는 제작요소로서는 음악, 음향효과, 음향 등과 그것을 모두 전달하는 음향시스템이 있다.

영상과 음향은 텔레비전의 내용을 결정짓지만 중요한 것은 영상을 결정짓는 것은 음향이라는 사실이다. 음향은 영상이 없어도 되지만 영상은 음향이 없으면 의미해석이 어렵다. 텔레비전에서는 음향이 영상을 지배한다. 음향은 영상의 필요조건이다.

우레죠 노리오(1990)는 영상이란 대단히 복잡하고 애매해서 보기에 따라 불확실할 때가 많다며 영상의 유동성을 지적한다. 영상은 로고센트리즘(logocentrism)[20]의 문화적 맥락에서 음향의 도움으로, 그 예측할 수 없는 영상의 빈틈을 메우고 신비스러운 힘을 발휘한다고 한다. 감성적이고 불확실한 영상을 이성적인 음향이 바로 잡아 준다는 것이다.

텔레비전 화면은 영화에 비해 대단히 작다. 시청자들은 시청하기

---

20) 로고센트리즘(logocentrism)은 로고스(logos) 중심주의로서 문자언어보다 음성언어를 중시하는 풍조를 말한다(우레죠 노리오. 구종상, 최은옥 역, 1990).

에 장애요소가 많은 환경과 일상성 속에 놓여 있어서 텔레비전 화면에 꾸준히 집중하기란 실제 어렵다. 그래서 텔레비전은 특히 음향이 중요하다. 이것은 애초 텔레비전이 영화보다는 라디오에서 시작된 '보이는 라디오'의 의미가 강한 데에도 연유한다(Friedman, 2002). 예를 들어 텔레비전 뉴스에서 화면 없이 소리만으로도 내용을 이해할 수 있지만, 반대로 소리 없는 화면만으로는 그 내용을 이해하기 어렵다. 텔레비전은 소리가 없으면 그 존재가 불가능하다. 소리는 라디오처럼 그 자체만으로도 존재가 가능하다.

그런 면에서 텔레비전은 '보이는 소리'다(Hartley, 1982). 텔레비전 뉴스를 또 예로 들면, 현장의 기자들은 사건이 끝났음에도 불구하고 문 닫힌 시청 앞에서 블랙 홀(black hole) 리포팅을 한다. 그래서 기자의 음성은 보인다. 또한 보도기사는 사건이 발생한 현장 그림이나 그와 연관된 그림으로 편집되어 기자의 리포팅과 함께 방송된다. 그래서 다시 기자의 음성은 보인다. 하틀리는 기자가 비록 앵커에게 말하지만 보도되는 그림 때문에, 즉 보이는 음성 때문에 그렇게 느껴지지 않는다고 한다. 영상과 음성이 동시에 진행되면서 마치 이미지가 스스로 말하는 것 같은 착각을 준다는 것이다.

텔레비전의 소리는 이처럼 보이거나 볼 수 있다. 그 이유는 한편 그 음성의 주인공이 누구인지 시청자가 익히 알고 있기 때문이기도 하다. 스포츠 해설자, 프로그램 진행자, 노래 부르는 가수, 뉴스 앵커 등 목소리의 주인공이 누구인지 이미 알고 있기 때문에 음성을 볼 수도 있다는 것이다. KBS 다큐멘터리 <차마고도>에서 유명한 탤런트 최불암을 내레이터로 기용한 경우, 애니메이션 영화 <슈렉>에서 마이크 마이어스, 에디 머피, 캐머런 디애즈와 같은 유명한 영화배우들을 성우로 기용한 경우 등이 그 사례다.

텔레비전에서 소리가 없으면 거기엔 사건도 없다. 그것은 단지 장면의 흐름일 뿐이다. 보기 이전에 듣기가 먼저다(Chion, 1994). 그래서 텔레비전은 생생한 현장감을 살리기 위해 가능한 한 소리를 이용한다. 뉴스에서 보도되는 사건의 그림은 사실 과거의 스토리이지 지금 방송하는 순간에 일어나는 사건이 아니다. 그러나 이것을 보도하는 기자의 음성은 생방송적(liveness)이어서 마치 지금 일어나는 사건처럼 보이게도 한다. 즉 음성의 현장감 때문에 그림마저 생방송처럼 되어버린다. 음향은 현장감을 살려 영상을 결정짓는다(Bourdon, 2000).

2) 기술적 제작요소: 조명

영상을 결정짓는 중요한 요소는 음향 외에 하나 더 있다. 그것은 들리는 청각적 요소를 가능하게 하는 것이 음향이라면, 보이는 시각적 요소를 가능하게 하는 것은 바로 조명(light)이라는 사실이다. 영상은 소리와 조명(빛), 이 두 가지에 의해 구현된다. 영상은 소리와 조명으로 살아난다. 카메라를 들이대도 조명이 없으면 말짱 헛수고다.

조명은 세트, 의상, 인물과 같은 시각적 요소의 생사 여부를 쥐고 있다. 조명에 따라 모든 것은 달라 보일 수 있으며, 극단적으로 조명이 비치지 않으면 존재 자체가 없다. 텔레비전의 세계는 조명으로 이루어지는 조명의 세계다.

조명의 본격적인 기원은 르네상스 시대로 거슬러 올라간다. 당시 오페라, 가면극 등은 대부분 야외에서 낮에 상연되었다. 그래서 그리스와 중세 유럽에서 조명은 부수적이었다. 그러다가 극장으로 옮겨지면서 촛불 조명, 후에 가스나 기름 램프 등을 사용하기 시작했다. 이 당시 배우들의 크고 과장된 연기나 의상, 가면 등이 강조 혹은 주의 집중의 유일한 수단이었는데, 전기 조명이 발달하면서 이러한 강조의 역할은 조명의 역할로 넘어가게 된다. 텔레비전은 초창기에는 흑백이었기 때문에 그리 조명에 민감할 필요가 없었지만 컬러가 표준화되면서 조명 디자이너가 스튜디오로 입성해 드디어 단순 기술자가 아닌, 창조적 디자이너로 발돋움해 오늘에 이르고 있다(Byrne, 1997).

조명의 역할은 인물이나 대상에 대해 연출자의 의도를 드러낼 뿐만 아니라 그 외적 환경을 조성하는 분위기의 감정을 구성한다. 조명의 기법은 시청자로 하여금 자연스러움과 친밀감을 주는 이데올로기다(Caldwell, 1995).

조명은 서로 다른 구성요소들, 즉 내러티브 구조, 세트, 의상, 분장, 카메라 움직임, 편집, 현장에 대한 시각적 관점, 그리고 음향까지 연결하는 중심적 역할을 한다. 그래서 프로그램 제작(encoding)에서 시청자에게 다의적 해석(decoding)의 가능성을 열어주는 중요한 수단이 된다(Heo, 2004).

조명은 빛과 그림자를 조절한다. 조명을 통해 우리는 외부세계의 시·공간적 환경을 명료하게 접합, 혹은 구분할 수 있으며 내부적으로는 우리가 사람과 사건에 대해 어떤 감정으로 상대할지에 대해 영향을 준다(Zettl, 1992).

이처럼 텔레비전 영상은 음향과 조명에 의해 그 성격을 부여받는다. 음향과 조명은 인지적, 정서적 지각에 모두 영향을 미친다. 음향의 기능은 두 가지가 있다. 하나는 인지적 차원으로 원하는 소리만 픽업해 정확한 정보소통을 가능하게 하는 지향성(directional) 기능이며, 또 하나는 정서적 차원으로 모든 소리를 동등하게 픽업해 해당 장면의 분위기와 배경에 대해 현장성을 살리는 전지향성(omnidirectional) 기능이다. 또한 조명도 마찬가지로 원하는 특정 위치를 비추는 인지적 차원의 지향조명(directional light)과 넓고 잘 드러나지 않는 빛으로 상대적으로 광범위한 공간을 비추어 부드럽고 반투명한 그림자를 만들어내는 정서적 차원의 분산조명(diffused light)이다(Zettl, 1992).

영상과 음향은 코드들의 상호 조합으로 일련의 연속성을 유지해 하나의 프로그램을 완성해나간다.

3) 내용적 제작요소: 연속성

텔레비전 프로그램의 제작은 다양하고 복잡한 요소들이 복합적으로 얽힌 작업이다. 내용들을 구성하는데도 분절적이고 파편적인 여러 아이디어들을 대상으로 한다. 이러한 요소들이 선택, 혹은 배제되어 하나의 통일성 있는 대본과 큐시트로 완성되어, 결국 하나의 프로그램으로 완성되기 위해서는 필요한 절대 원칙이 한 가지 있다. 그것은 바로 '연속성(continuity)'을 유지하는 것이다.

홀(Hall, 1980b)은 어떤 역사적 사건이 담론의 기호가 되는 과정을 거치는 순간, 그 사건은 언어의 의미작용을 구제하는 모든 복잡한 공식적 '규칙'의 지배를 받게 되는데, 어떤 이벤트가 커뮤니케이션적인 이벤트로 되기 위해서는 먼저 '스토리'로 구성되어야 한다고 했다.

텔레비전 프로그램은 하나의 스토리다. 텔레비전의 스토리라는 개념은 윌리엄즈(Williams, 1974)의 '흐름(flow)'이라는 개념에서 찾을 수 있다. 그에 따르면, 방송 이전의 모든 커뮤니케이션 시스템은 기본적인 구성 항목이 본질적으로 비연속적이었다. 책이나 팸플릿은 개별적인 아이템으로 읽혔으며, 회의나 연극 역시 특정한 시간에 열린다. 그러나 송출을 가능하게 하는 텔레비전의 기술력이 등장하면서 이러한 '배분(distribution)'의 정적인 개념은 '흐름'이라는 유동적인 개념으로 진일보하게 된다.

> 모든 발달된 형태의 방송시스템이 갖는 독특한 구조와 그에 따른 특정한 경험은, 다름 아닌 연속(sequence) 또는 흐름(flow)이다. 계획된 흐름이라는 이 독특한 현상은 기술로서의 방송과 동시에 문화적 양식으로서의 방송이 갖는 특징을 결정적으로 이끌어내는 가장 차별적인 요소이다. [...] 원래 '프로그램'이라는 말은 전통적인 극장과 뮤직홀에서 유래한 용어이지만, 텔레비전 시대가 본격적으로 발달하면서 '시간별 단위들의 연속'이라는 새로운 의미를 얻게 된다. 각 프로그램 구성단위는 비연속적인 것이지만, 프로그램 편성은 개별 단위들의 연속조합이다. 따라서 방송정책의 핵심은 이런 단위들을 어떤 식으로 혼합하고 배분하느냐 하는 것이 되었다. [...] 또 이 흐름을 구성하는 것은 공표된 프로그램 항목의 연속이 아니라, 각 프로그램 항목의 연속이 또 다른 연속과 통합되어 이루는 변형된 약속이다.
>
> \- 윌리엄즈(Williams)

'흐름'은 기술로서, 그리고 문화양식으로서의 방송을 가능하게 한다. 이것은 앞서 텔레비전 프로그램의 제작요소로서 기술스태프와 문화양식을 구성하는 창조적 스태프로 구분한 것과도 일맥상통한다. 텔레비전 프로그램은 문화양식이 방송기술로서 완성되는 것과 다름 아니다.

윌리엄즈는 저녁 시간대의 프로그램들을 사례로 해서 세 가지 '흐름'으로 분석한다. 첫째, 연속(sequence)과 흐름(flow)에 관한 원거리적 분석을 통해 편성 목록에 일반적인 흐름이 있음을 찾아낸다. 둘째, 특정 뉴스 프로그램의 중거리적 분석을 통해 다양하고 서로 연결성이 적은 개별요소들이 상대적인 통합체를 이루는 과정이 의도적으로 배열되어 있음을 발견해낸다. 셋째, 뉴스 아나운서의 진행멘트에 대한 근거리적 분석을 통해 어휘와 이미지의 연속을 보여주는 상세한 흐름을 찾아낸다. 여기서 ① 뉴스 항목의 순서는 정해져 있음에도 불구하고 즉흥성을 강조하고, ② 뉴스 전달의 속도나 스타일이 보도내용을 압도하고, ③ 흐름의 주의를 끌기 위해 설명음성[21]이 계속 사용되고, ④ 생방송의 즉흥성을 강조하기 위해 '오늘'이나 '지금'이라는 용어를 반복적으로 사용한다는 사실을 구체적으로 열거한다.

윌리엄즈의 '흐름'은 앞서 수용적 관점의 생방송 구성요소에서 살펴본 바와 같이 푸에르(Feure, 1983)에 와서 텔레비전 제작자들이 시청자들의 주의를 끌고, 생방송이라는 텔레비전 이데올로기를 강조하기 위해 사용되는 수단이라는 개념으로 발전된다. 푸에르는 몰리(Morley, 1980)의 '이데올로기적 문제(ideological problematic)'와 '언변양식(mode of address)'의 두 개념으로[22] ABC-TV의 아침 뉴

21) 화면에는 보이지 않는 보이스 오버(voice-over)를 뜻한다. 부르동(Bourdon, 2000) 또한 이것이 텔레비전의 연속성 효과를 준다고 했는데, 그는 '들리지만 보이지 않는 존재로서의 목소리가 가지는 신비스러운 힘의 목소리'라는 시옹(Chion, 1994)의 '어쿠스마틱 보이스(accousmatic voice)' 개념을 차용해 생방송의 연속성을 유지하는 한 요소로 설명한다.

22) 몰리(Morley, 1980)가 <The Nationwide>의 수용자를 분석하면서 사용한 개념이다. '이데올로기적 문제(ideological problematic)'가 '그것이 재현되는 가능성들의 영역과 범위'에 관한 내연적인 문제라면, '언변양식(mode of address)'은 그것을 가능하게 하는 '텍스트 수용자들의 입장과 관계에 관한 외연적인 방식'이다.

스를 통해 이러한 '흐름'을 분석한다. 그것은 점잖은 말투와 현재적 시각을 끊임없이 강조하는 앵커의 능수능란한 '언변양식'을 통해 시청자들로 하여금 앵커와 함께 지금 뉴스 보도현장에 있는(being there) 듯한 생방송의 이데올로기를 조장하며, 이 모든 것은 각 시퀀스들(전국 각지에 나가 있는 현장기자들의 코너들)을 앵커가 스튜디오에서 연결하는 흐름의 '연속성'으로 가능하게 한다는 것이다.

코기(Caughie, 1984)도 텔레비전 프로그램의 진행멘트가 연속성을 유지한다고 말한다. 그는 '언변양식'이 프로그램 내용의 다양성을 하나로 단순화시켜 흐름에 있어 통일성을 쉽게 하고 모순들을 억누른다고 한다.

부르동(Bourdon, 2000)은 텔레비전 흐름의 연속성이 생방송을 결정짓는 중요한 요소라고 특히 강조한다. 연속성을 유지하는 요소로 두 가지가 있다고 파악하는데 ① 직접화법과 ② 진행음성이다. ①직접화법의 측면은 프로그램 진행자가 말하면서 카메라를 바라본다든가, '나(I)'와 '당신(You)'이라는 특유의 직시어(deixis)를 사용해 "나는 당신에게 지금 말하고 있다", "나는 당신에게 생방송으로 말하고 있다"고 말하는 듯한 착각을 주며 생방송의 연속성을 끊임없이 강조하는 것이다. ②진행음성의 측면에서는 비록 화면은 녹화되었다 하더라도 진행음성을 생방송으로 진행하면서 녹화된 화면 속의 인물과 사건들이 지금 시청자와 같은 시·공간에 존재하는 것처럼 착각하게 해 연속성의 느낌을 주게 하는 것이다.

이처럼 텔레비전 프로그램의 연속성은 음향이 중심적 기제로 작용한다. 특히 제틀(Zettl, 1992)은 영상의 연속성을 유지하는 데 음향이 중요하다고 강조하면서 그것을 위한 네 가지 방법을 제시한다. 첫째, 가급적 현장에서 녹음할 것, 둘째, 화면에 나오든 나오지 않든 정확히 똑같은 마이크를 사용할 것, 셋째, 그러한 음질도 일치시킬 것, 넷째, 촬영 후 설명음성을 입히더라도 현장음과 믹스시킬 것을 제안한다.

번(Byrne, 1997)은 음향 외에도 조명, 의상, 세트, 소품, 분장 등과 같은 제작의 다양한 요소들이 모든 파트에 각 해당 분야별로 세부적인 연속성의 책임이 있다고 강조한다. 그것은 하나의 프로그램이란 궁극적으로 다양한 제작요소들의 결합이고 그래서 프로그램 전체를 통틀어 일관성이 유지되어야 하기 때문이다. 일관성이란 단순히 장면의 연속성만을 의미하는 것이 아니라 한 프로그램이 계속적으로 추구하고 노력해야 할 정체성의 문제이기 때문이다.

이 모든 제작요소들은 최종 편집으로 완성되는데 편집의 최종 목표는 프로그램 전체에 연속성을 부여하는 데 있다. 편집의 기본원칙은 세 가지인데 ① 연속성(continuity), ② 복합성(complexity), ③ 연관성(context)이다. ①연속성이 주체의 위치, 움직임, 색, 소리 등의 연속성을 유지 확립해야 한다는 뜻이라면 ②복합성은 단순한 연속성의 부여보다 가끔 장면이나 상황에 강렬한 인상도 삽입하는 것이며, ③연관성은 상황과 장면의 상호 관련성을 유지하는 것이다(이남기, 2006).

3. 텔레비전 생방송의 제작과정

텔레비전 제작은 전달양식에 따라 녹화방송과 생방송 제작으로 나눌 수 있다. 이 두 제작방식은 '제작한 것을 전달하는가', 아니면

'제작하면서 전달하는가'라는 차이로 그 제작과정이 다르다.

1) 녹화방송의 제작과정

텔레비전 프로그램 제작과정은 매우 복잡하고 총체적인 망에 얽힌 작업이다. 그래서 그 과정을 들여다보는 관점에 따라 제작단계가 체계적으로 정리되지 않고 다소 상이하다. 특히 녹화방송 제작과정은 일반적으로 텔레비전 제작과정이라 부르며 통용되는데 이는 녹화방송이 현재 프로그램 제작의 가장 기본이기 때문이다.

우선 국내 지상파 3사가 규정하는 제작과정부터 살펴보면, SBS 방송아카데미(1999)는 ① 편성, ② 기획구성, ③ 사전 준비, ④ 녹화, ⑤ 편집, ⑥ 프로그램이 완성된 이후의 6단계로 구분하고 있다. KBS <교양 프로그램 제작편람>(1992)에는 ① 사전계획, ② 설치 및 연습, ③ 제작, ④ 편집의 4단계로 구분하고 있다. MBC 방송아카데미(1992)는 드라마 제작과정으로 텔레비전 제작의 전형적인 과정을 대신 제시하고 있는데 ① 계획, ② 촬영준비(setting), ③ 촬영(production), ④ 편집의 4단계다.

가우린스키(Gawlinski, 2003)는 텔레비전 프로그램 제작과정을 ① 기획개발, ② 사전제작, ③ 제작, ④ 사후제작, ⑤ 방송의 5단계로 나눈다. ①기획개발단계는 아이디어를 개발하고, 아이디어에 대한 조사와 핵심적인 콘셉트를 구성하는 단계다. ②사전제작단계는 프로그램의 구조가 만들어지는 단계로 제작팀 구성, 예산, 제작일정, 촬영장소 헌팅, 대본 및 스토리보드가 완성되는 단계다. ③제작단계는 녹화를 하는 단계이며, ④사후제작단계는 편집, CG, 특수효과 작업으로 프로그램을 최종 완제작하는 단계다. ⑤방송단계는 그야말로 방송을 하며, 홍보와 마케팅을 하는 단계다.

에이머빌(Amabile, 1988)은 <그림 4>에서 보는 바와 같이 프로그램 제작을 제작자들의 창의성이 발휘되는 과정으로 분석해 ① 프로그램 기획, ② 아이디어 개발, ③ 제작방식 결정 및 제작, ④ 평가 및 수정의 4단계로 구분한다.

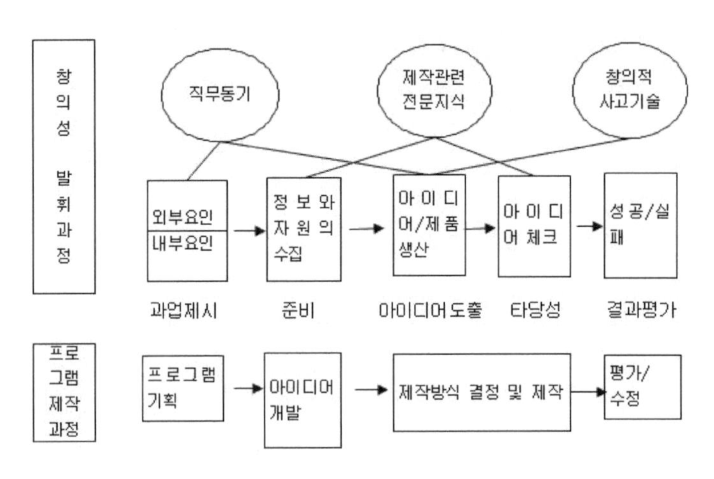

〈그림 4〉 창의성 발휘과정과 프로그램 제작과정(Amabile)

여기서 직무동기는 초기 자극단계와 아이디어를 도출하는 단계에서 작용하는데, ①프로그램 기획단계라 할 수 있다. ②아이디어 개발단계는 준비과정과 타당화 과정으로 다각도로 정보와 자원을 점검하는 단계인데, 프로그램 제작과 관련해서는 전문지식과 경험이 중요하게 작용하는 단계다. ③제작방식 및 제작단계는 프로그램 제작에 대한 동기뿐만 아니라 프로그램 제작경험, 창의적 제작방식 등 창의적 역량의 각 구성요소가 모두 작동하는 단계이며, ④평가 및 수정 단계는 또 다른 직무동기를 유발할 수 있는 사후과정이다.

비록 관점에 따라 이처럼 텔레비전 제작과정이 다소 상이한 게 사실이기는 하지만, 표준화할 수 있는 공통점은 있다. 이를 제틀(Zettl, 1992)이 <그림 5>와 같이 촬영(제작, production)을 기준으로 촬영 전과 후로 나누어 텔레비전 프로그램의 제작 3단계로 정리했다. 즉 (1) 사전제작단계(preproduction), (2) 제작단계(production), (3) 사후제작단계(postproduction)다.

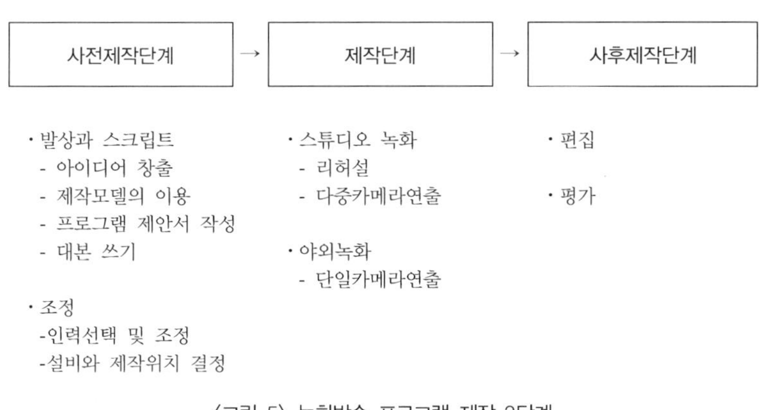

〈그림 5〉 녹화방송 프로그램 제작 3단계

제틀은 텔레비전 프로그램 제작을 '가치 있는 아이디어를 가치 있는 텔레비전 쇼로 만드는 것'이라 정의한다. 제작의 3단계도 이러한 가치를 실천하는 작업의 일환으로 본다.

(1)사전제작단계는 ① 아이디어를 발상해서 스크립트화하는 작업과 ② 조정하는 작업으로 나눈다. ①아이디어를 발상하고 스크립트화하는 작업은 구체적으로 네 가지가 있다. 첫째, 아이디어에 대한 브레인스토밍과 그것을 조직화해 효과를 극대화시키는 작업인데 일정한 공식이 없는, 완전 자유로운 상태의 작업이다. 둘째, 제작모델

을 이용하는 작업인데 기본 아이디어를 실현하는 예측작업으로서, 과연 시청자에게 소구될 수 있는지, 만약에 그렇다면 제작인력과 설비는 어느 정도 필요한지 프로그램으로 현실화시키기 위해 기존 혹은 새로운 제작 모델을 찾는 작업이다. 그래서 확신이 서면, 세 번째로 프로그램 제안서를 작성한다. 여기에 프로그램 제목, 목적, 타깃 시청자, 간단한 내용, 형식, 제작방식, 예산, 견적서 등이 포함된다. 넷째, 영상과 음향의 연속성을 살리는 대본이나 스토리보드를 쓰는 작업이다. 그리고 ②조정하는 작업은 제작인력을 선택 및 조정해서 제작설비, 제작위치, 제작일정 등을 결정 및 수립하는 것이다.

(2)제작단계는 ① 스튜디오 녹화와 ② 야외녹화를 하는 작업이다. 여기에는 사전 리허설작업도 포함된다. 이 단계에서 카메라 작업은 ① 다중카메라 연출과 ② 단일카메라 연출로 나눈다. ①다중카메라 연출(multi-camera directing)은 스튜디오나 중계차에서 녹화하는 경우로, 텔레비전 부조정실이나 중계차 조정실에서 2대 이상의 카메라를 PD가 즉석에서 선택(switching)하며 녹화하는 작업이다.[23) ②단일카메라 연출(single-camera directing)은 야외에서 ENG 카메라 한 대로 신(scene)을 하나하나 나누어 촬영하는 작업이다.

마지막으로 (3)사후제작단계인데 편집 및 방송을 하고 사후 평가 및 방송테이프를 보관하는 작업이다.

---

23) 스튜디오 부조정실이나 중계차 조정실 안에서 여러 대의 카메라를 즉석에서 PD가 선택하며 녹화, 혹은 생방송하는 방식은 오랫동안 영화와 차별화되는 텔레비전만의 제작방식이다. 이 과정에서 PD는 기술스태프들과 방송전문 용어를 사용하며 연출한다. 예를 들면 '스탠바이', '큐', '풀 샷(full shot)', '컷', '디브이 인(DV in)', '투 디졸브(two dissolve)', '뮤직아웃', '스모그 인(smog in)' 등인데 여러 대의 카메라 그림 중에 재빨리 한 그림을 선택해야 하고, 또 기타 연출적, 기술적, 미술적 여러 사항들을 수시로 요구해야 하기 때문에 최단시간에 지시 콜을 하기 위함이다.

간단히 (1) 기획, (2) 녹화, (3) 편집으로 말하기도 한다.

2) 생방송의 제작과정

녹화방송이 과거에 일어난 일을 편집으로 재정리해 보여준다면, 생방송은 지금 일어나는 일을 편집 없이 실시간 그대로 지금 보여준다. 생방송은 프로그램 제작자와 시청자가 동시에 만나는 접점이다. 그래서 생방송의 제작과정도 단계별로 진행된다는 점에서 녹화방송의 제작과정과 공통적이지만 가장 큰 차이는 사후제작단계가 없다는 점이다. 그래서 생방송은 <그림 6>에서 보듯이 (1) 사전제작(preproduction)과 (2) 제작(production)의 2단계로 나눌 수 있다 (Zettl, 1992).

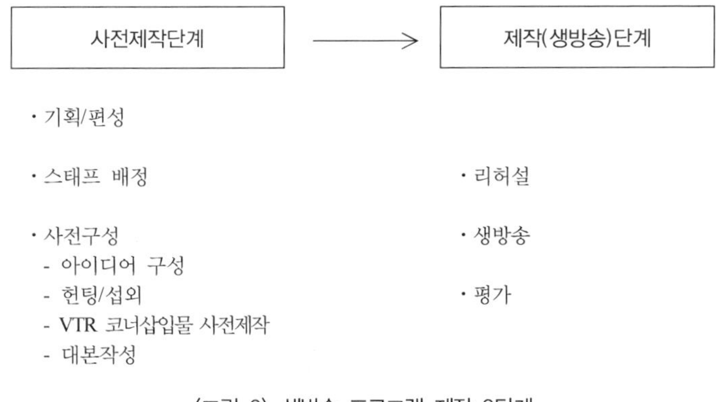

〈그림 6〉 생방송 프로그램 제작 2단계

(1)사전제작단계에서는 기획 및 편성, 스태프 배정, 아이디어 수집, 헌팅 및 섭외, VTR 코너 삽입물 사전제작, 대본작성 등 생방송을 위한 모든 준비 작업들이 수행된다. (2)제작단계에서는 리허설,

생방송, 평가 등 생방송과 그와 관련된 작업이 수행되는데 통상 생방송 당일에 모두 수행된다.

간단히 (1) 기획, (2) 생방송으로 말하기도 한다.

생방송은 제작과 송출이 동시에 이루어진다. 이에 비해 녹화방송은 제작과 송출이 분리되어 있다. 녹화방송이 사후 편집을 마친 완성된 파일이 텔레비전 주조정실(master control room)에서 송출된다면, 생방송은 PD와 기술스태프들이 스튜디오 부조정실(studio control room)에서 제작과 송출을 동시에 수행한다.[24)]

그리고 생방송은 여러 대의 스튜디오 카메라로 제작하는 스튜디오 제작방식으로만 가능하다. 그래서 카메라 연출은 다중카메라 연출로 제작할 수밖에 없다.

생방송은 생방송되는 시간 동안에 모든 작업이 최종 완성되는 매우 위험하고 어려운 작업이다. 하지만 녹화방송은 녹화할 때 생방송보다 상대적으로 느긋하다. 미스(miss) 샷이 나든, 연기자가 대사를 틀리든, 그 어떤 NG가 발생해도 사후제작단계(편집)에서 얼마든지 수정할 수 있기 때문에 그만큼 위험부담이 적다. 그러나 생방송은 그렇지 않다. 사전 준비 후 곧 생방송을 하는 2단계의 작업이

---

24) 텔레비전 스튜디오는 크게 세 가지 센터로 나눌 수 있는데 스튜디오 자체, 부조정실(studio control room)과 주조정실(master control room), 스튜디오 지원센터다(Zettl, 1992). 스튜디오 지원센터는 스튜디오 제작을 위한 소품, 의상, 세트, 카메라 등의 보관소를 가리킨다. 부조정실은 대개 스튜디오 바로 위층에 위치하는데 PD와 기술감독, 음향, 음악, VTR, 비디오, 자막 담당 등의 기술스태프들이 여러 대의 카메라 모니터를 보며 영상과 음향을 선택하는, 모든 제작이 결집되는 곳이다. 주조정실은 각 방송국의 본사 내 한 곳밖에 없는 방송국의 중추신경이다. 부조정실이 제작 개념의 기능을 한다면, 주조정실은 프로그램 편성표대로 이상 없이 방송을 내보내는 편성 개념의 기능을 한다. 스튜디오 한 곳마다 부조정실은 하나씩 딸려 있다. 여기서 녹화방송과 생방송의 차이가 발생한다. 만약에 스튜디오 녹화방송이라면, 스튜디오 부조정실의 작업은 일반적인 프로그램 제작 3단계 중에 (2)제작단계에 해당한다. 그리고 편집이 이루어져 그것이 완료된 테이프를 송출하는 주조정실의 작업은 (3)사후제작단계에 해당한다. 그러나 생방송은 이와 판이하게 다르다. 스튜디오 부조정실의 제작 작업과 방송국 본사 내에 있는 주조정실의 송출작업이 동시에 이루어진다. 즉 생방송의 2단계 제작 작업 중, (2)제작단계의 작업에서 부조정실의 제작과 주조정실의 송출이 동시에 이루어진다는 것이다.

기 때문에 생방송하는 단계에서는 매우 긴장할 수밖에 없다. NG가 나면 안 된다. 그 어떤 실수도 용납할 수 없다. 그래서 생방송은 사전제작단계, 즉 사전 준비 작업이 매우 중요하다. 사전제작단계에서 준비한 모든 수고와 노력들이 생방송되는 그 순간에 모두 판가름 나기 때문이다. 철저한 사전 준비가 무엇보다 중요한 것이 생방송이다.

5장

텔레비전 제작의 연구

텔레비전에 대한 연구는 부지기수로 많다.
다큐멘터리, 드라마, 코미디, 토크쇼, 시트콤, 리얼리티 등.
하지만 알고 보면 대부분 녹화방송에 대한 것이다.
생방송 연구는 좀체 찾기 어렵다.

텔레비전에 대한 생산적 차원의 제작 연구는 홀(Hall)의 부호화/해독화 모델에서 부호화에 대한 연구로서 그동안 다양하게 이루어져 왔다. 지금부터 이를 살펴보고자 하는데 다음 장에서 텔레비전 생방송의 실제 제작사례를 통해 생방송의 특성을 알아보는 디딤돌로 삼기 위함이다.

1. 텔레비전 제작의 연구경향

텔레비전 프로그램은 제작에 참여하는 구성원들의 창조적 요소와 이를 제약하고 통제하는 방송사 조직의 내·외적인 요인이 합쳐져 그 내용과 수준이 결정된 산물이다(Ma, 1993). 텔레비전 제작자들이 주로 당면하는 문제는 크게 두 가지다. 첫째는 정치·문화·경제·사회 등의 다양한 외적 요인들을 기반으로 설정된 조직의 목표를 어떻게 달성해낼 것인가이고, 둘째는 프로그램의 제작자로서 부여된 제작의 자율성과 창의성을 개인적으로 어떻게 실현해낼 것인가에 관한 것이다.

텔레비전 연구와 관련, 다양한 논의가 있어 왔지만, 제작에 관해 주된 논의는 개인과 조직이 역동적으로 상호작용하는 활동에 관한 것으로 집약된다. 텔레비전 제작에 관한 연구는 우선 조직의 구조적 통제요인들을 극복해나가는 제작자 개인의 역량에 주목한 연구와 조직의 구조적 요인들이 제작자 개인에게 미치는 영향에 주목한 연구로 구분된다.

1) 제작자의 개인 역량에 관한 연구

먼저 제작자 개인의 역량에 주목한 연구는 주로 텔레비전 제작에 대한 초기 연구들에서 발견된다(Cantor, 1971; Hirsh, 1972; New comb & Alley, 1982).

최초로 오락 프로그램을 연구했던 캔터(Cantor, 1971)는 대부분의 기존 미디어 연구들이 텍스트 내용에 대한 수용자의 효과 연구에만 치중했다는 점을 비판하고, 제작 및 생산 영역에도 관심을 가져야 한다는 점을 지적했다. 특히 텔레비전 제작자들이 프로그램 창조자로서 어떤 기능과 역할을 하는지 살펴봐야 한다고 주장했다. 캔터는 59명의 텔레비전 제작자들을 인터뷰해서 그들이 비록 조직의 통제를 받기는 하지만 프로그램을 제작하는 데 일정한 자율성을 갖고 있다는 사실을 밝혀냈다.

허쉬(Hirsh, 1972)는 이러한 캔터의 개인역량에 대한 문제에서 더 나아가 제작자 개인들이 서로 상호작용하는 역동적인 관계에 관심을 가졌다. 허쉬는 프로그램 제작과정에 영향을 미치게 되는 경제적인 압력과 문화적인 요인들이 서로 어떻게 조합되는가를 보다 구체적으로 제시하였다.

뉴콤과 앨리(Newcomb & Alley, 1982)는 텔레비전 제작자들이 창의성과 내적 다양성을 가지고 있기는 하지만, 예산, 기술, 사회 등의 내·외적 통제요인으로부터 제작자들이 예술가로서의 완전한 자유를 가지는 데는 기본적으로 한계가 있음을 밝혀냈다. 특히 방송사는 경제적 요인에 의해 그 목표가 설정되는 구조적 특성을 가지고 있기 때문에 프로그램 제작과정에서 개인의 독립성을 확보하기가 쉽지 않다는 것이다.

이 연구들은 한마디로 텔레비전의 문화적 산물을 생산해내는 과정에서 개인의 위상과 역할에 주로 관심을 기울였다고 할 수 있다.

2) 제작 구조에 관한 연구

다음은 개인에서 구조로 시각을 돌린 연구로서 조직의 구조적 요인들이 제작자 개인에게 미치는 영향에 주목한 연구들이다. 방송사 간의 경쟁구조, 시청률, 재정적 통제, 문화적 규범, 구성원 간의 갈등, 기술적인 효율성, 수용자의 선호도, 편성, 방송의 가치, 미디어 시장 등 다양한 구조적 요인들이 조직 내부에서 어떻게 작동하는지를 보고한 연구들이다(Becker, 1982; Gans, 1974; Gitlin, 1983; Gray & Seeber, 1996; Meehan, 1984; Tuchman, 1978).

대표적인 연구가 뉴스가 제작되는 과정에서 조직의 규범과 가치관에 맞게 뉴스가 어떻게 재생산되는지 그 메커니즘을 밝혀낸 터크만(Tuchman, 1978)이다. 터크만은 조직의 복잡한 통제요인들을 통해 생산된 뉴스의 현실은 '사실 그대로의 현실'이라기보다 '구성된 현실'이라고 보았다. 뉴스 제작에 개입되는 여러 요인들은 뉴스가 사회 내의 행위자와 아무런 관계도 없이 독립적으로 존재하는 '사실'이 아니라, 사회 내 행위자와 사회적 활동, 다양한 자원, 제도 등과 끊임없이 교류하면서 '구성된 현실'이라는 것이다. 사회의 다양한 규칙과 자원, 권력 등은 이러한 뉴스의 구성과정을 통해 사회적으로 재분배되며, 그 과정에서 불공평을 초래한다고 지적했다.

엘리엇(Elliot, 1979)은 텔레비전 프로그램은 내적인 제작요소들뿐만 아니라 경제와 문화, 수용자 등과 같은 외적인 요소들까지 포함하는 총체적인 매트릭스의 결과라는 사실을 밝혀냈다. 엘리엇은 미디어의 생산과정에서 미디어의 조직문화를 결정짓는 요인으로 ① 미디어 조직의 구성요인, ② 미디어 시장의 경쟁구조, ③ 과잉생산 현장, ④ 경제적인 이완성, ⑤ 소유주의 특권, ⑥ 미디어 종사자의 전문가주의, ⑦ 보조와 후원, ⑧ 참신하고 진기함에 대한 지향적 풍조, ⑨ 수용자의 욕구 등을 꼽았다.

기틀린(Gitlin, 1983)은 프로그램의 제작과정에 대한 참여관찰과 제작자들과의 인터뷰를 통해 거대 방송사 조직이 경제적 요인과 조직・문화적인 성향, 편성의 통제, 내용의 규제 등이 제작자 개인들과 어떻게 상호작용하는지 연구했다.

미한(Meehan, 1984)은 방송사 조직이 관료적인 특성을 가지고 있는 반면 시청률을 중시하는 상업적인 특성도 동시에 가지고 있기 때문에 텔레비전 제작자들 역시 이러한 조직 통제의 조건들에서 벗어나기가 어렵다고 주장한다.

갠스(Gans, 1974)는 텔레비전 제작자들이 그들의 상업성을 정당화하기 위해 텔레비전은 중립적이라는 기술적 속성을 전면에 내세운다는 제작자들의 직업적 특성을 밝혀냈으며, 그레이와 시버(Gray & Seeber, 1996)는 미디어 조직의 역학관계에 주목해 노동관계의 불공평성과 한계를 밝혀냈다.

한편 베커(Becker, 1982)는 프로그램을 조직의 역동적인 상호작용으로 만들어진 예술로 규정했다. 그는 텔레비전 제작과정을 제작 스태프들의 전문성과 창의성, 그리고 예술성이 어우러진 종합예술의 완성과정으로 보았다.

3) 텔레비전 미학에 관한 연구

텔레비전 제작에 관한 이상의 두 연구 경향은 개인과 조직이 상호 타협해나가는 과정이라는 공통점이 발견된다. 그런데 이렇게 제작활동을 하는 사람에 관한 연구와 달리 프로그램을 어떻게 미학적으로 제작해낼 것인지, 제작 그 자체에 대해 새롭게 연구하기 시작하는데 그것은 문화와 경제 간의 상호 복잡성을 텔레비전 제작에서 미학적으로 어떻게 구체화해낼 것인가에 관한 문제다.

제틀(Zettl, 1973)이 대표적인데 그는 기존 연구들이 텔레비전 제작기법에 대한 미학적인 요소들을 소홀히 했다고 비판하고, 현상학적인 분석을 통해 시청자 개인의 반응을 일반화함으로써 텔레비전의 제작기법을 미학적인 영역으로 끌어올렸다. 제틀의 이런 연구는 텔레비전 제작자들의 제작행위를 프로그램의 미학에 대한 독특한 실천으로 이해하게 하는 데 기여했다는 평가를 받는다. 하지만 텔레비전 문화가 함유하고 있는 비판적 이데올로기의 측면을 간과한 채 지나치게 기술결정론적으로 텔레비전 매체를 이해했다는 비판을 동시에 받는다(Feure, 1983).

제틀과 뜻을 같이해 뉴콤(Newcomb, 1974)은 문예 비평주의의 분석방법을 통해 텔레비전 프로그램이 지니고 있는 미학적인 형식들을 찾아냈다.

텔레비전을 미학적으로 이해하고자 한 이러한 노력은 텔레비전 제작요소들이 가지고 있는 특성과 의미를 탐구하고자 하는 연구로 이어졌다. 가령, 텔레비전 영상의 재현에 관한 연구(Barker, 1985)나 텔레비전의 음향기법에 대한 연구(Altman, 1986), 텔레비전의 제작과정과 저작권에 관한 연구(Thompson & Burns, 1990) 등이다.

여기서 특히 주목할 필요가 있는 것이 바커(Barker, 1985)의 연구다. 그는 홀(Hall, 1980)의 부호화/해독화(encoding/decoding) 과정을 재해석해 텔레비전의 제작에 대한 개념을 재정립했다. 그는 홀이 부호화/해독화 과정에서 강조한 것은 제작자의 부호화 과정과 수용자의 해독화 과정을 동등한 수준에서 보아야 한다는 것이었는데 정작 기존 연구들은 수용자의 해독화 과정에만 지나치게 치우쳐 제작자의 부호화 과정에 대한 연구는 상대적으로 소홀히 했다고 비판한다. 수용자와 수용자의 해석에 대한 연구가 중요한 만큼, 제작자와 제작자의 제작에 대한 연구도 중요하다는 것이다. 그는 텔레비전 연구에서 제작자의 의도와 제작기법에 대한 탐구를 매우 중요하게 여겼다. 제작자의 부호화와 수용자의 해독화는 상호 별개로 일어나는 것이 아니라 프로그램이라는 접점을 통해 동시에 중층적으로 결정된다는 것이다.

4) 제작과정의 갈등에 관한 연구

텔레비전 제작자의 부호화 영역, 즉 제작과정에 대한 연구는 텔레비전 미학을 탐구하는 영역과 별개로 또 한 줄기로 분리되어 발전한다. 그것은 프로그램의 제작과정을 제작에 참여한 다양한 구성원들 간의 상호 갈등과 타협으로 보고 이를 통해 역동적으로 완성되는 과정에 주목한 연구들이다.

프로그램에 대한 기득권을 두고 출연자와 제작자가 벌이는 투쟁에 대한 연구(Carpentier, 2001; D′Acci, 1994; Gamson, 1998; Grindstaff, 1997)와 제작자와 조직 내 상관이나 여타 반대 세력과 벌이는 투쟁에 대한 연구(Dornfeld, 1998) 등이 그 예다.

먼저, 프로그램 제작과정에서 출연자와 제작자 간의 투쟁에 대한 연구다.

다찌(D′Acci, 1994)는 CBS 텔레비전 수사극 <Cagney & Lacey> 사례 연구를 통해 출연자와 제작자가 벌이는 투쟁의 과정을 밝혀냈다. 그는 이 연구에서 출연자와 제작자가 프로그램에서 다루는 여성성의 주제에 대해 서로 자신들의 견해를 프로그램에 주도적으로 반영하기 위해 충돌하고 타협하는 과정을 밝혀냈다.

갬슨(Gamson, 1998)과 그라인드스태프(Grindstaff, 1997)는 실제 인턴사원으로 제작과정에 참여해 생방송으로 진행되는 텔레비전 토크쇼에 출연한 일반인들이 프로그램에서 중심적인 역할을 하기 위해 연출자와 끊임없이 충돌하거나 타협해나가는 과정을 확인했다.

카펜티어(Carpentier, 2001)는 텔레비전 토론 프로그램에서 시청자가 제작자와 어떻게 대립하며, 그들의 주장을 어떻게 이끌어내는지에 관한 투쟁의 과정을 연구했다.

둘째, 조직 내부의 반대를 어떻게 극복해나가는지에 관한 연구다.

돈펠드(Dornfeld, 1998)는 제작자와 조직 내 구성원들과의 충돌과 타협 과정에서 어떻게 프로그램을 만드는지 탐구했다. 그는 PBS 다큐멘터리 <Childhood>의 PD들이 방송사 내에 퍼져 있는 조직적 관행과 가치 등의 제반 통제요인들을 극복하고 프로그램을 진보적으로 만들어가는 제작과정을 연구했다.

이상에서 보듯이 텔레비전 프로그램은 진공 상태에서 그냥 만들어지는 것이 아니다. 개인과 개인, 개인과 조직, 조직과 조직 등 이해 주체들 간의 역동적인 상호작용으로 만들어진다. 텔레비전 제작과정에 대한 연구는 제작갈등, 제작의도, 제작환경, 제작특성, 제작한계, 제작기법, 수용자의 영향 등 제작과정에 영향을 미치는 다양한 요소들을 중심으로 이루어져 왔다.

5) 텔레비전 제작에 관한 국내 연구

텔레비전 제작에 관한 국내 연구는 근래 다소 늘어나고는 있으나, 많은 편은 아니다.

김상근(2006)의 연구에 따르면 텔레비전에 관한 국내의 문화연구가 텍스트 연구와 텍스트를 소비하는 수용자 연구, 그리고 하위문화연구 형태의 팬 연구에 집중되는 반면, 매체생산 측면의 텔레비전 프로그램 제작과정에 대한 연구는 희박하다고 지적한다.

원용진(2000)도 송신자 연구에 대해 국내 언론매체 조직의 패쇄성으로 인해 연구의 어려움이 있어 활발하지 못하다고 말한다. 따라서 원용진은 전체 미디어 문화의 전향적인 개선을 위한 방안 마련을 위해서라도 생산자 중심의 연구가 반드시 필요하다고 강조한다.

정재철(2002)은 1990년대 이후의 한국 방송학 연구를 분석한 결과 전체 290건의 논문 가운데 제작에 관한 질적 연구는 단 3건에 불과하다는 사실을 보고했다. 국내 방송 연구의 대부분은 이론적인 논의나 사례연구, 설문조사, 내용분석과 같은 양적인 분석방법에 주로 의존하고 있어, 급변하는 방송 현상을 새롭고 다양한 각도에서 바라보기 위해서는 좀 더 진일보된 질적인 방송연구방법 등을 개발하고 적용할 필요성이 있음을 제기한다.

물론 국내 방송연구 가운데 프로그램 제작자를 대상으로 수행된 심층인터뷰, 참여관찰 방법 등이 전혀 없는 것은 아니다. 이오현(2005)은 KBS <인물현대사> 프로그램을 대상으로 참여관찰과 심층인터뷰 방법을 통해 제작과정에 개입되는 PD의 성향, 상관, 조직 외부의 비판적인 시선, 시청자의 관심 등의 복잡한 요인들이 프로그램에 미치는 영향에 대해 연구했다. 윤영철 등(2005)은 MBC <PD수첩>의 제작팀이 탐사보도팀으로서 보여주는 개혁 성향의 제작관행이 PD저널리즘에 어떻게 구현돼 나타나는지를 연구했으며, 유세경(1996)은 KBS 토크 프로그램인 <아침마당>을 소재로 참여 시청자의 특성, 참여과정, 메시지 생산과정 등을 분석했다. 그리고 김혁조(2007)는 푸코(Foucault)의 권력이론을 중심으로 텔레비전 드라마의 제작과정에서 나타나는 규율권력의 습관적 침윤양식과 행사양식을 분석했으며, 김상근(2006)은 KBS <스펀지>의 제작과정을 통해 텔레비전 탈장르 프로그램의 제작특성에 대해 분석을 시도했다. 또 최충웅(1991)은 참여관찰을 통해 드라마의 제작과정을 상징적 상호작용과 게이트키핑 관점에서 분석했다.

또한 심층인터뷰로만 이루어진 연구로는 뮤직비디오의 텍스트가 가지고 있는 일정한 규칙성이 제작자의 관행에 미치는 영향을 분석한 양정혜(2004)의 연구와 PD와 작가들이 담론 주체로서 인식하고 있는 자신의 위치, 노동과정, 노동생산물에 대한 이해와 방식을 분석한 김예란(2003)의 연구 등이 있다. 그럼에도 국내 방송 연구의 대부분은 여전히 이론적인 논의나 사례연구, 설문조사, 내용분석과 같은 양적인 분석방법에 주로 의존해왔으며, 프로그램의 주체인 방송사 내부 구성원의 제작과정을 보여주는 참여관찰 연구가 흔한 편은 아니다.

2. 텔레비전 생방송 연구의 제작사례

1) 연구대상

지금까지 텔레비전 생방송은 무엇이며 제작은 어떻게 하는지 기존 연구들을 통해 살펴보았다. 생방송의 다양한 구성요소들은 제작자들의 제작 실천을 통해 구체적으로 재현된다. 지금부터는 이러한 구성요소들이 생방송으로 제작된 프로그램에서는 어떤 특성으로 나타나는지 알아보고자 한다.

이에 생방송으로 제작된 프로그램의 대표 사례를 연구대상으로 선정했는데 그것은 2007년 12월 31일, 밤 9시 50분부터 다음 날 2008년 1월 1일, 자정을 넘긴 12시 50분까지 3시간 동안 생방송된 SBS-TV 연말특집 프로그램 <연기대상>의 제작과정이다. 약 2개월 간의 <연기대상> 제작과정을 들여다보고 이를 사례로 생방송의 특성은 무엇인지 구체적으로 알아보겠다는 것이다. 무엇보다 이 프로그램은 저자가 SBS 직원으로서 직접 연출한 담당 메인PD이었기 때문에 누구보다 그 제작과정을 잘 이해하고 있기도 해서다. 즉 저자가 이 프로그램의 연출자이자 연구자다.

<연기대상>은 한 해 동안 방송된 자사 드라마 출연자들에 대한 시상식으로서 방송사가 연말특집 중에 가장 의의를 두는 미디어 이벤트다. <연기대상>은 KBS, MBC, SBS 지상파 3사가 모두 편성한다. 보통 한 해가 마감되는 날부터 새해를 맞이하는 다음 날 자정을 넘겨, 평균 3시간 내외가량 특집 생방송으로 편성하는데, 관례적으로 MBC는 12월 30일 밤에 편성하고, KBS와 SBS는 12월 31일 밤에 동시간대에 편성해 서로 치열한 시청률 경쟁을 벌인다. <연기대상>은 한 해를 정리하고 새해를 맞이한다는 점에서 해당 방송사에서 가장 중점을 두는 대형 특집 프로그램이다.

<연기대상>을 텔레비전 생방송의 유형에 따라 구분해보면 다음과 같다.

주창윤(2004)은 텔레비전 장르를 상위장르와 하위장르로 나눈다. 상위장르는 (1) 뉴스와 (2) 시사보도, (3) 다큐멘터리, (4) 생활정보, (5) 토론, (6) 교육, (7) 문화예술, (8) 어린이 프로그램, (9) 드라마, (10) 버라이어티쇼, (11) 음악쇼, (12) 퀴즈와 게임쇼, (13) 인포테인먼트, (14) 영화, (15) 코미디, (16) 스포츠, (17) 광고와 기타의 17개다.

이에 따르면 <연기대상>의 상위장르는 버라이어티쇼에 해당하는데 연예시상식은 버라이어티쇼의 하위장르로 포함되기 때문이다. 버라이어티쇼의 하위장르로는 ① 토크 버라이어티쇼와 ② 연예 정보쇼, ③ 토크쇼, ④ 연예시상식, ⑤ 시청자 비디오 모음집, ⑥ 위에 속하지 않는 오락쇼 프로그램 등이 있기 때문이다.[25)]

<연기대상>은 또한 생중계되는 시상식이기 때문에 미디어 이벤트라 할 수 있다. 다얀과 카츠(Dayan & Katz, 1992)는 미디어 이벤트를 ① 경쟁형(contest), ② 정복형(conquest), ③ 대관형(coronation)의 세 유형으로 분류한다. ③대관형은 영국 여왕 즉위식, 미국 맥아더 장군 개선식, 케네디 대통령 장례식, 오스카상 시상식 등이 해당된다.[26)] 따라서 <연기대상>은 오스카상 시상식과 같은 미디어 이벤트이기 때문에 ③대관형에 해당된다.

프리드만(Friedman, 2002)은 생방송의 유형을 ① 재현, ② 기념식, ③ 비구조화된 이벤트, ④ 미대본 이벤트의 네 가지로 구분하면서 미디어 이벤트를 ②기념식으로 분류한다. 또한 부르동(Bourdon, 2000)은 ① 완전 생방송, ② 연속성이 있는 방송, ③ 편집된 방송, ④ 허구의 방송으로 텔레비전 유형을 분류하는데 여기서 미디어 이벤트는 ①완전 생방송으로 분류한다.

이렇게 다양한 분류방식에 적용해볼 때 SBS-TV <연기대상>은

---

25) ① 토크 버라이어티쇼는 토크, 게임, 음악, 퀴즈 등을 함께 다루면서 3~5개 정도의 꼭지로 구성되는 프로그램이고, ② 연예 정보쇼는 연예계 소식을 전하는 프로그램이고, ③ 토크쇼는 오락이나 흥미 위주로 가벼운 일상생활을 소재로 스튜디오에서 제작되는 프로그램이고, ④ 연예시상식은 각종 연예시상식을 중계하는 프로그램이고, ⑤ 시청자 비디오 모음집은 시청자 비디오를 중심으로 만드는 프로그램이고, ⑥ 기타 오락쇼는 위에 속하지 않는 오락쇼 프로그램이다(주창윤, 2004).

26) 경쟁형은 스포츠 중계가 대표적이고, 정복형은 시디트 이집트 대통령의 이스라엘 방문이나 미국의 달 착륙 중계 등이 대표적인 예다(Dayan & Katz, 1992).

텔레비전 장르로는 '버라이어티쇼'의 하나인 '연예시상식'에 해당하며, 텔레비전 유형으로는 '완전 생방송'되는 '기념식'으로서 '대관형'의 미디어 이벤트라 할 수 있다.

생방송의 특성을 알아보기 위해 <연기대상>의 제작과정이 갖는 연구 가치는 크게 두 가지로 요약할 수 있다.

첫째, <연기대상>은 완전 생방송으로 진행되는 미디어 이벤트이기 때문이다. 사실 생방송으로 진행된다고 하는 대부분의 텔레비전 프로그램들을 막상 들여다보면 미리 녹화해둔 코너들을 단지 MC의 진행으로만 생방송으로 보여주는, 즉 내용은 녹화방송이고 진행만 생방송으로 하는 경우가 많다. 하지만 <연기대상>의 경우 시상식으로서 생방송되는 당일에 수상결과가 드러나는 거의 완전 생방송이다. 프로그램의 내용이 생방송되면서 스토리가 하나하나 전개되는, 그야말로 실시간으로 써 내려가는 한 편의 드라마라고 할 수 있다. 따라서 <연기대상>은 프로그램의 내용과 진행 모두가 방송되는 동안에 완성되는 전형적인 생방송이기 때문에 생방송의 특성을 알아보고자 하는 의도와 매우 부합한다.

둘째, 제작과정의 시작과 끝이 명확한 특집 프로그램이라서 제작과정을 고찰하기에 더없이 적절하기 때문이다. <연기대상>의 제작기간은 약 2개월이었는데 연출팀과 여타 스태프로 구성된 별도의 전담팀에 의해 제작되었기 때문에 한 프로그램에 대한 제작스태프와 제작과정의 모든 과정을 밀도 있게 탐구하고자 하는 본 연구의 의도와 매우 부합한다. 즉 연구의 접근 가능성이 대단히 용이하고 효율적이기 때문이다.

2) 연구방법

SBS-TV 프로그램 <연기대상>의 제작과정을 통해 생방송의 특성을 탐구하고자 참여관찰과 심층인터뷰로 연구를 진행했다. 다양한 제작요소들이 복잡하게 얽혀 하나의 프로그램으로 완성되어 가는 총체적인 통합과정의 연구이기에 질적 연구가 적절하리라 보았기 때문이다.

연구자는 전문성 수준에서 용이한 연구조건에 있었는데, 그 이유는 연구자, 즉 저자가 <연기대상>의 담당 PD로서 제작과정에 직접 참여했기 때문이다. 저자는 당시 SBS 예능국 소속 15년 경력의 차장급 PD로서 다양한 예능 프로그램들을 경험했다. 연구대상인 <연기대상>의 제작에도 실제 중심적인 역할을 했기 때문에 제작과정에 참여한 대부분의 스태프들과 친밀도가 높은 상태였고, 그들의 작업방식이나 특성에 대해서도 익히 잘 알고 있었다. 또 저자는 친숙하고 숙련된 제작경험을 바탕으로 <연기대상>을 제작하는 약 2개월 동안 거의 매일 제작일지를 작성해 분석의 주요 수단으로 삼았다.

윌리엄즈(Williams, 1965)는 문화연구의 목적은 특정한 시기에 발생되는 모든 실천과 유형 간의 상호작용들이 총체적으로 어떻게 체험되고 경험되는지를 파악하는 것이라고 말한다. 문화연구는 어떤 특징적인 유형들의 관계를 밝혀내는 것이 중요한데 유형들의 관계는 개별적인 활동으로 취급되는 예술, 생산, 거래, 정치, 가족 양육 등에서 개별적으로 발견될 수 있는 것이 아니라, '특정한 사례 속에서 일반적인 조직을 연구할 때' 가능하다는 것이다.

팀버그(Timberg, 1987)는 텔레비전 제작에 관한 질적 연구는 제작과정의 한 단면에 밀착해 그 문화와 주요 구성원들, 결정되는 과정, 장르와 담론 실체들의 공식적인 영향, 프로그램 생산과정에 개입되는 경제적, 조직적, 정치적 통제 등에 대해 끈기 있게 탐구가 이루어져야 하기 때문에 장기적인 참여관찰과 제작과정의 중심에 있는 구성원들의 심층인터뷰가 복합적으로 조합되어야 한다고 한다. 뉴콤(Newcomb, 1992)도 방송사 조직에 대한 연구의 실효성을 거두기 위해서는 문헌자료들의 수집 및 분석, 제작과정에 대한 참여관찰, 그리고 다양한 인터뷰 방법들이 필요함을 지적한다.

텔레비전 프로그램 제작과정의 연구에서 참여관찰은 관찰하는 대상에 집중할 수 있고, 관찰대상의 조직 내에서 구성원들 간에 발생하는 다양한 결정요인들의 상호작용을 면밀하게 밝혀낼 수 있다는 장점이 있다. 그래서 연구를 진행한 저자는 참여관찰하면서 <연기대상>의 각종 제작 자료도 참고하고 심층인터뷰도 병행했다. 저자가 <연기대상>의 담당 PD로 선정된 10월 23일부터 12월 31일 생방송되기까지 약 2개월 동안 이루어진 제작스태프들의 모든 작업에 대해 선택 혹은 결합되는 통합과정의 세세한 연결망들을 면밀히 분석했다. 또한 연구의 정밀성을 배가시키기 위해 제작회의 일지, 큐시트, 대본, 각종 코너물 구성안, 제작업무 분담표, 방송운행표, 제작진행 시간계획표 등 제작관련 자료들도 분석의 보조수단으로 활용했다.

바커와 팀버그(Barker & Timberg, 1992)에 의하면 텔레비전 제작에 관한 질적 연구는 네 가지 측면이 요구된다. 첫째, 관찰한 제작과정에 대해 기본적으로 이해(comprehensive)하고 있어야 하고, 둘째, 이해가 전문적인 수준에 닿아 기록하는 용어도 전문성에 입각해 제작 공동체의 기능을 인류학적으로 심도 있게 들여다보아야 하고(inside view), 셋째, 그런 관점 위에서 관찰결과를 이론적 모델로 구축하고, 넷째, 연구결과는 기존 연구의 검증이기보다 일종의 헌사하는 칭찬(complement)이 되어야 한다는 것이다.

하지만 질적 연구의 한계도 여전히 상존하는데 연구자의 관찰과 기록에 의존하기 때문에 연구자의 주관성을 배제하기는 어렵다는 것이다. 연구자의 일관된 관점이 현상들의 세세한 정밀성을 미시적으로 관찰하는 데는 효과적일 수 있지만, 연구자의 주관성을 벗어나 다양한 시각에서 거시적인 관점으로 조합하고 분석하는 데는 일정부분 한계가 있다. 이 연구에서 <연기대상>의 주요 구성원들에 대한 심층인터뷰를 병행한 것은 연구자 이외의 다양한 시각들을 보충함으로써 연구자의 주관성을 다소나마 극복하기 위함이다.

일반적으로 텔레비전 프로그램 제작팀은 해당 분야의 기능에 따라 ① 연출팀, ② 기술팀, ③ 미술팀, ④ 지원팀의 네 유형으로 나누어지는데 <표 2>에서 보듯이 <연기대상>의 제작팀도 마찬가지였다. <연기대상>의 제작팀에 대한 각 구성원들을 보다 자세히 살펴보면 다음과 같다.

첫째, 연출팀의 구성원은 PD와 작가였다. <연기대상>은 드라마 연기자들에 대한 시상식이기 때문에 예능국과 드라마국의 협업으로 제작된다. 예능국 소속은 담당 CP와 담당 PD(본 연구자), 공동연출 PD, 외주PD, FD 등이고, 드라마국 소속은 담당 CP와 AD 등이다. 예능국과 드라마국의 협업이지만 프로그램에 대한 총괄책임은 예능국 소속 담당 PD(본 연구자)가 진다. 담당 PD는 프로그램 전체의 콘셉트와 방향을 잡고 아이디어가 구성되고 실행되는 모든 사항에

〈표 2〉〈연기대상〉 제작스태프 구성

분야	담당 제작스태프	심층인터뷰 대상
연출	· 예능국: 담당CP, 담당PD(본 연구자), 공동PD(1명), 외주PD(2명), FD(3명) · 드라마국: 담당CP(1명), AD(3명) · 작가: 선임작가(1명), 대본작가(1명) 구성작가(3명), 자료수집작가(2명)	· 예능국: 공동PD, 외주PD, FD · 드라마국: 담당CP · 작가: 선임작가, 대본작가
기술	· 기술팀: 기술감독(1명), 음향감독(1명) 음향담당(여러 명), 비디오맨, VTR담당, 기타 여러 명 · 카메라팀: 카메라감독(1명), 카메라맨(7명), 기타 보조요원 여러 명 · 프리랜서: 음악 및 음향효과감독(1명), 음악 및 음향효과맨(여러 명)	· 기술팀: 기술감독, 음향감독 · 카메라: 카메라감독 · 프리랜서: 음악 및 음향효과감독
미술	· 세트디자이너(1명) · 조명감독(1명), 조명담당(여러 명) · CG디자이너(1명), CG보조디자이너(여러 명) · CG-PD(가상스튜디오 담당PD, 1명) · 전기효과담당(여러 명) · 분장, 의상, 소품담당(여러 명) · 프리랜서: 자막담당(1명) LED 오퍼레이터(여러 명) 무대진행 특수효과담당(여러 명) · 기타 해당 분야를 보조하거나 추가 분야담당 인원 수십 명	· 세트디자이너 · 조명감독 · CG디자이너 · CG-PD · 프리랜서: 자막담당, LED 오퍼레이터
지원	· 편성PD(여러 명) · 광고, 홍보, 행정, 심의담당(여러 명) · 기타 생방송 당일 행사지원 아르바이트: 행사진행 도우미, 경호 및 안내 담당 업체 등 수십 명 · 기타 추가 보조인원 여러 명	· 편성PD · 광고담당

대해 세밀한 부분까지 총괄하고 통제한다. 예능국 CP는 방송사 조직 내에서 상부와 연결되는 중간 결재라인으로서의 역할을 담당하고, 드라마국 CP는 시상자와 수상자를 섭외할 책임만 진다. AD는 외주PD와 함께 프로그램의 내용 중 사전에 녹화하거나 편집해야 할 VTR 구성물을 제작하거나 제작비 정산, 각종 준비 사항을 챙기는 조연출업무를 담당하고, FD는 프리랜서 PD로서 연출팀 내 부

수적인 제반 잔일을 수행하고 AD를 보조한다.[27)]

작가는 <연기대상>의 경우에 ① 선임작가, ② 대본작가, ③ 구성작가, ④ 자료수집작가로 나누어진다. 선임작가는 작가팀이 수행하는 전체 일을 총괄하고, 대본작가는 프로그램의 전체 내용을 구성하고 대본을 작성한다. 구성작가는 코너물들을 나누어 맡아서 해당 구성대본도 작성하고 각종 섭외를 하고, 자료수집작가는 막내작가로서 연출에 필요한 제반 준비 사항과 부수적인 일을 담당한다.

둘째, 기술팀은 기술감독과 음향감독, 음향 담당, 비디오맨, VTR 담당, 카메라감독, 카메라맨, 음악 및 음향효과감독 등이 있다. <연기대상>의 경우 직간접적으로 참가한 스태프가 많아 기술팀의 경우에 정확한 인원을 파악하기는 어려우며 대략 서른 명 내외 정도로 파악된다.

셋째, 미술팀으로 세트디자이너와 조명감독, 조명 담당, 자막 담당, CG(Computer Graphic)디자이너, 전기효과 담당, CG-PD(가상스튜디오 담당 PD), 무대진행 특수효과 담당, LED(Light-Emitting Diode) 오퍼레이터, 분장, 의상, 소품 담당 등인데 기술팀과 마찬가지로 정확한 인원을 파악하기가 어렵고 대략 50명가량으로 추정된다.

넷째, 지원팀은 제작을 직접 담당하지는 않지만 제반 관련 사항을 외곽에서 협조 혹은 지원하는 부서로 편성, 광고, 홍보, 행정, 심의 담당 등이 있다.

---

27) FD(Floor Director)는 텔레비전 프로그램이나 스튜디오 CM 등의 제작과정에서 스튜디오 플로어(Floor)를 담당하며, 실제 연출을 진행하는 직종이다. 대개 헤드폰으로 스튜디오 부조정실과 연결이 되어 연출자의 지시를 받는데 역할은 극장의 무대감독과 같다(방송문화진흥회, 1997). 국내에서는 이러한 FD의 기능이 실제 스튜디오에서 드라마를 녹화할 경우에는 해당되지만, 교양이나 예능 프로그램을 제작하는 경우에는 다소 다르며 대개는 AD의 제반 보조 역할을 담당한다.

〈표 3〉 심층인터뷰 대상자

	인터뷰 대상자	직급	성별	나이	담당 분야 경력
1	드라마 CP	부장급	남자	40대	21년
2	공동 연출 PD	사원급	남자	30대	11년
3	외주 PD	프리랜서	남자	30대	11년
4	FD	프리랜서	여자	20대	3년
5	선임작가	프리랜서	남자	50대	30년
6	대본작가	프리랜서	여자	30대	13년
7	기술감독	부장급	남자	50대	23년
8	음향감독	차장급	남자	40대	30년
9	카메라감독	부장급	남자	40대	24년
10	음악/음향효과감독	프리랜서	남자	50대	26년
11	조명감독	차장급	남자	40대	25년
12	세트 디자이너	차장급	남자	40대	14년
13	CG 디자이너	차장급	여자	40대	24년
14	CG-PD	사원급	남자	30대	8년
15	자막 담당	프리랜서	여자	40대	17년
16	LED 오퍼레이터	프리랜서	남자	30대	15년
17	편성 PD	사원급	남자	30대	5년
18	광고 담당	차장급	남자	30대	13년

심층인터뷰의 대상자는 <표 3>과 같이 해당 분야의 역할에 있어 비중이 큰 대표급 스태프 18명을 선정했다. 분장, 의상, 소품 담당은 제외했는데 생방송에 대한 이 연구의 취지와 특별한 관련성이 적다고 판단되었기 때문이다.

심층인터뷰는 2008년 3월 5일부터 4월 6일까지 약 한 달간에 걸쳐 실시하였고 심층인터뷰가 이루어진 장소는 주로 연구자와 연구 대상자가 편안하게 대화할 수 있는 SBS 건물 내 밀폐된 공간이나 1층 로비 카페, SBS 건물 밖의 조용한 카페 등이었다. 인터뷰시간은 대상자 한 명당 대략 1시간에서 2시간가량이 소요되었고, 대화내용은 모두 녹음하였다. 인터뷰방식은 사전에 준비된 질문 항목이 있었지만 연구대상자들과 연구자와의 친분을 고려하여 질문과 대답에 있어 특별한 구분이 없이 이루어지는 반구조화된 방식(semi-structural interview)으로 실시되었다.

주요 인터뷰 내용은 <표 4>와 같이 생방송의 제작의미, 생방송의 여건과 제약, 생방송의 제작특성, 생방송의 전문성 분야로 구분하여 질문하였다. 심층인터뷰의 결과를 서술함에 있어서는 감탄사나 약간의 접속사, 일부 반복되는 부분 외에는 가급적 그대로 싣고자 노력했다.

〈표 4〉 심층인터뷰 주요 내용

분야	심층인터뷰 주요 내용
생방송의 제작의미	· 자신의 담당 역할로 봤을 때 생방송을 정의한다면 무엇인가? · <연기대상>의 성격은 무엇인가? - 생방송으로서의 가치와 의의는 무엇인가? · 생방송과 녹화방송의 포맷상 차이는 무엇인가? - 내용, 형식, 예산, 조직의 인식 등 생각나는 대로 말한다면? · 생방송과 녹화방송에 대한 직종 간의 차이는 무엇인가? - 담당하고 있는 분야의 기능과 역할에 있어 차이는 없는가? · 생방송과 녹화방송의 일반적인 장점과 단점은 무엇인가? - 생방송과 녹화방송 중 시청자는 어느 것을 즐겨 본다고 생각하는가? · 방송사는 어떤 경우에 생방송을 하는가? - 시청자는 생방송을 왜 본다고 생각하는가? - 방송사에서 생방송은 왜 하는가? · 생방송 제작에 관한 특별한 일화가 있다면? · 생방송을 결정짓는 요소는 무엇인가? - 생방송임을 드러나게 하는 요소는 어떤 것이 있는가?

생방송의 여건과 제약	· 생방송을 제작하면서 개인적으로 가장 힘든 점은 무엇인가? · 텔레비전 제작이 영화와 다른 장점과 단점은 무엇인가? · 생방송으로서 <연기대상>이 여타 녹화방송 제작과 다른 어려운 점, 혹은 좋은 점은 무엇인가? - 예산, 조직(부서 내 인식 등), 전문성 발휘, 생방송 자체, 부담감, PD와의 관계 등에서 생각나는 대로 말한다면? · 프로그램 제작에서 가장 큰 압력을 주는 사람은 누구인가? - 만약에 담당 PD라면 왜 그런가? - 본인과 PD는 어떤 관계라고 보며, 바람직한 관계는 어떠해야 된다고 생각하는가?
생방송의 제작특성	· 녹화방송과 다른 생방송만의 제작, 혹은 구성 테크닉이 특별히 따로 있는가? - 만약에 있다면 왜 그렇게 하는가? · 시청자가 생방송이라고 느끼게 되는 이유는 무엇인가? · 실시간 방송에 따른 가장 큰 제작특성은 무엇인가? - 실시간 방송과 녹화방송의 차이는 무엇인가? · 생방송되는 무대현장과 텔레비전으로 보이는 현장 간에 현장감의 차이는 있는가? - 만약에 있다면, 혹은 없다면 이유는 무엇인가? · 생방송의 묘미는 무엇인가? - 제작자의 묘미와 시청자의 묘미는 각각 무엇인가? · 생방송 제작이나 구성에 있어 기준을 두는 것은 무엇인가? - 시청자 눈높이를 염두에 두는가? - 만약에 그렇다면 구체적인 방법은 무엇인가? · 생방송에 대한 본인만의 특별한 제작 테크닉은 무엇인가? · 생방송과 녹화방송의 시청자 참여방식의 차이는 무엇인가? - 생방송의 참여방식 종류는 무엇인가? - 생방송에서 시청자는 왜 참여시키는가?
생방송의 전문성	· <연기대상>에서 맡은 본인의 전문적 역할과 의의는 무엇인가? · <연기대상>에서 자신이 맡은 전문성이나 예술성의 창의력이 발휘된 수준은 어느 정도인가? - 본인의 창의력이 발휘되는 데 가장 어려운 점은 무엇인가? · 하나의 프로그램이 완성되기까지 가장 중요한 요소는 무엇이라 고 생각하는가? · 생방송과 녹화방송 제작에 있어 제작스태프의 전문성이나 경륜 등이 특별히 다르게 요구되는 바가 있는가? - 있다면, 혹은 없다면 이유는 무엇인가?

3부

텔레비전 생방송의 특성은 무엇인가

"사람의 실수는 용서받을 수 있어도 기술의 실수는 용서받을 수 없어요. […] 생방송을 한마디로 정의하자면 나는 '떨림'이라고 봐요. 생방(송) 전의 긴장감. 스탠바이 하고 있는 카메라 그림 하나가 준비되어 있잖아요. 그걸 생방(송) 시작과 동시에 온에어 시킬 때의 그 첫 느낌, 그건 정말 굉장한 떨림입니다."

– TV 기술감독

6장

텔레비전 생방송의 제작특성

생방송 제작의 성공 여부는
사고냐, 무사고냐 둘 중의 하나에 달려 있다.

생방송인 SBS-TV <연기대상>의 제작과정은 2단계로 나누어진다. 먼저 2007년 10월 23일부터 12월 30일까지 약 두 달간의 (1) 사전제작단계(preproduction)와 12월 31일 실제 생방송이 된 당일의 (2) 제작단계(production, 생방송)다. (1)사전제작단계는 하위단계로 ① 기획 및 편성, ② 스태프 배정, ③ 사전구성과정으로 나눠 진행되었고, (2)제작단계는 ① 리허설, ② 생방송, ③ 평가의 과정으로 나눠 진행되었다.

녹화방송은 (1) 사전제작(preproduction), (2) 제작(production), (3) 사후제작(postproduction)의 3단계로 제작된다. 그래서 녹화하면서 NG나 방송 사고에 대한 걱정 없이 마음껏 녹화한다. 왜냐하면 사후편집을 통해 다시 정리할 수 있기 때문이다. 하지만 생방송은 (3)사후제작단계, 즉 편집단계가 없다. 그냥 생방송이다. 그래서 생방송 제작과정의 가장 큰 특성이 NG나 방송 사고에 대한 우려다. <연기대상>도 이러한 제작특성이 나타났다. 즉 사후 편집단계의 부재로 나타나는 제작적, 즉 생산적 측면의 특성이다.

1. 생산적 특성

"<연기대상>은 올 한 해 가장 큰 특집이니까 잘해야 돼. 근데 알지? 생방송은 잘해야 본전인 거. 무사고야, 무사고. 일단 안전이 우선인 거 알지? 부담 가지라고."

- 예능국장이 담당 PD를 정하며 건넨 한마디

<연기대상> 제작팀이 생방송을 제작하면서 나타나는 특성은 크게 다섯 가지로 요약할 수 있었다. 첫째, 편집이라는 사후제작과정이 없는 만큼 사전제작 준비가 철저해야 한다는 것, 둘째, 생방송 제작의 모든 성패는 생방송 당일에 판가름 난다는 것, 셋째, 생방송은 내용의 연속성과 그것을 유지하기 위한 진행의 연결성이 중요하다는 것, 넷째, 생방송의 가장 큰 의의는 송출기능이라는 것, 마지막으로 다섯째, 생방송은 기본적으로 방송 사고의 위험을 안고 있다는 것이다.

1) 사전제작의 완벽성

외주PD: "생방송은 사후편집이 없기 때문에 큐시트든, 사전작업이든, 기술적이든 훨씬 더 디테일하게 준비해야죠. [...] 예를 들어 VTR 하나를 사전에 만들더라도 시간 길이를 정확히 해야 하고, 말미에 스틸(still)도 길게 잡아야 하고,[28] 리허설도 실제처럼 꼼꼼하게 해야 되고...."

다얀과 카츠(Dayan & Katz, 1992)는 미디어 이벤트는 생방송이

28) VTR 코너에서 다음 스튜디오 코너로 화면이 넘어갈 경우, 연결의 자연스러움을 위해 VTR의 끝 화면을 길게 정지(still)시켜 두는 편집기법을 말한다. 그래야 스튜디오 화면으로 넘어가는 동안, VTR 끝 화면이 짧아서 튀게 되는 사고도 방지할 수 있다.

기 때문에 사전에 철저히 시나리오화될 수밖에 없다고 했다. 이것은 사전에 준비된 만큼 생방송은 완벽하게 방송될 수 있기 때문이다. '준비 없는 결과는 없다.' 이것이 생방송 제작의 제1원칙이다.

여기에 대해서는 우선 녹화방송과 생방송 제작의 차이를 통해 알 수 있다.

> 대본작가: "대본을 쓸 때 녹화방송에서는 사회자나 출연자의 질문과 대답을 포인트만 요약해서 정리를 해준다면 생방송 때는 그 길이마저도 초를 재서 써가면서 다 써줘요. 심지어 '그랬습니다', '그런데' 이런 포인트까지 다 잡아주면서 그냥 읽어도 될 정도로 말이죠. 시간이 너무 중요하니까요."
>
> FD: "<연기대상> 큐시트에는 몇 명이 어느 순서에 등장하고, LED 화면은 뭘 깔고, 마이크는 몇 개를 쓰고, 그 시간까지 다 적잖아요. 대략 수상 인터뷰는 몇 분 하고, 시상은 1분 걸릴 거고, 정말 세세하게 다 표시하잖아요. 근데 녹화방송 큐시트 보세요. 간단하잖아요. 제가 <스타킹>[29]을 할 때 보면, 녹화이기 때문에 큐시트를 보면 간단해요. 한 파트 끝나면 녹화 끊고 가고, 일단 많이 녹화 뜨고 편집 때 잘라내잖아요."

사전제작과정에서 녹화방송과 생방송 제작의 가장 큰 차이를 엿볼 수 있는 것이 큐시트와 대본이다. 큐시트는 연출과 구성, 기술, 미술, 지원을 담당하는 모든 제작팀이 공유하고 잣대로 삼는 작전지도라고 할 수 있다. 여기에는 제작에 관한 모든 지시 사항들이 기록된다. 생방송은 사후제작과정이 없는 대신에 그만큼 사전 준비에 만전을 기해야 한다. 그래서 나타나는 특성이 녹화방송보다 큐

---

29) <스타킹>은 SBS-TV에서 토요일 오후 5시 15분부터 6시 35분까지 80분간 일반인들의 묘기나 장기자랑을 방송하는 버라이어티쇼 프로그램이다. 이 프로그램은 오로지 스튜디오 녹화로 제작되었다.

시트가 대단히 복잡할 수밖에 없다는 것이다.

<표 5>는 생방송인 <연기대상>의 큐시트이고, <표 6>은 녹화방송인 <스타킹>의 큐시트다. 이 둘을 비교해보면 그 차이를 확연하게 발견할 수 있다.

〈표 5〉〈연기대상〉의 큐시트

2007 SBS 연기 대상 (1부)

no	실시각	시간	항목		출연	무대	음향	Center	L-Top	L-Bottom	L-Side	특효/소품/기타
1	21:50:00	0'30"/ 0'30"	전 타이틀									
2	21:50:30	4'00"/ 4'30"	전 CM									
3	21:54:30	1'30" 1'00" 1'30" 4'00"/ 8'30"	**1부 <왕과나> 개막공연**	검무팀 등장 및 검무	내시팀(검무팀8, 기수4, 고수6, 엑스트라 10)	무대 상,하수 무대아래->중앙	개막 성우 off	왕과나 분위기 영상	개막공연 자막	ISO	분위기 영상	북6, 깃발4 (적색2, 청색2) 호위내시관복 (청색- 9벌) 호위내시관복 (적색 -9벌) 일반내시복 10벌 부채 (전광렬 등장 부채) 5초불꽃, 불꽃, 레이저트로피
				전광렬 등장, 개막선언	내시팀, 전광렬, 도금표 호위무사 4	무대 뒤->중앙	도금표 off 전광렬,pin 2	태극문 + 로고	타이틀	ISO	로고	
				MC등장 및 전광렬 인터뷰	내시팀, 3MC, 전광렬	무대 뒤->중앙	MC등장BG H/M 3	다른문 (등장) + 로고	타이틀	ISO	로고	
4	21:58:30	2'00"/10'30"	**MC 오프닝 멘트**		3MC	중앙		다른문 (등장) + 로고	타이틀	ISO	로고	
5	22:00:30	2'00"/12'30"	**2007 SBS 연기대상 10대스타 소개VTR**				수상자용 S/M IN	VTR		트로피	로고	
6	22:02:30	1'00"/13'30"	**MC 멘트**		3MC	MC석		로고	타이틀	트로피	로고	
7	22:03:30	7'00"/20'30"	**시상 1 조연상 <미니시리즈>**	시상자등장+소개	임현식 / 오윤아	무대 뒤->중앙	등장BG	로고	자막 +타이틀	트로피	로고	트로피3, 시상카드2
				남 후보 VTR			- *시상자off*	VTR	타이틀	트로피	로고	
				시상 및 소감		중앙	시상BG *-MC off*	로고	타이틀	트로피 (얼굴)	로고	
				시상자 멘트								
				여 후보 VTR			- *시상자off*	VTR	타이틀	트로피	로고	
				시상 및 소감		중앙	시상BG	로고	타이틀	트로피 (얼굴)	로고	

no	실시각	시간	I T E M		출연	무대	음향	Center	L-Top	L-Bottom	L-Side	특효/소품/기타
8	22:10:30	1'00"/21'30"	MC 멘트		3MC	MC석		로고	타이틀	트로피	로고	
9	22:11:30	6'00"/27'30"	**시상 2 조연상 <연속극>**	시상자 등장+소개	전노민 / 김지영	무대 뒤->중앙	등장BG	로고	자막 +타이틀	트로피	로고	트로피2, 시상카드2
				남 후보 VTR			- *시상자off*	VTR	타이틀	트로피	로고	
				시상 및 소감		중앙	시상BG *-MC off*	로고	타이틀	트로피 (얼굴)	로고	
				시상자 멘트								
				여 후보 VTR			- *시상자off*	VTR	타이틀	트로피	로고	
				시상 및 소감		중앙	시상BG	로고	타이틀	트로피 (얼굴)	로고	
10	22:17:30	6'10"/33'40"	**VCR 1 2007 SBS 드라마 <Something New>**		진행 : 구혜선			VTR	타이틀	트로피	로고	
11	22:23:40	1'00"/34'40"	**MC 멘트**		3MC	MC석		로고	타이틀	트로피	로고	
12	22:24:40	7'00"/41'40"	**시상 3 아역상**	시상자 등장+소개	남지현	무대 뒤->중앙	등장BG	로고	자막	트로피	로고	트로피3, 시상카드2
				남 후보 VTR			- *시상자off*	VTR	타이틀	트로피	로고	
				시상 및 소감		중앙	시상BG *-MC off*	로고	타이틀	트로피 (얼굴)	로고	
				시상자 멘트								
				여 후보 VTR			- *시상자off*	VTR	타이틀	트로피	로고	
				시상 및 소감		중앙	시상BG	로고	타이틀	트로피 (얼굴)	로고	
14	22:32:40	3'00"/45'40"	**시상 4 우정상**	시상자 등장+소개	김명진/ 변정민	무대 뒤->중앙	등장BG 시상BG *-MC off*	로고	자막 + 타이틀	트로피 (얼굴)	로고	트로피1, 시상카드1
				시상 및 소감		중앙						
15	22:35:40	0'30"/46'10"	**MC 멘트**		3MC	MC석		로고	타이틀	트로피	로고	
16	22:36:10	3'00"/49'10"	**시상 5 제작 공로상**		시상자 등장+소개	구본근 드라마총괄 CP / 김 청	무대 뒤->중앙	등장BG 시상BG *-MC off*	로고	자막 + 타이틀	트로피 (얼굴)	로고

no	실시각	시간	I T E M		출연	무대	음향	Center	L-Top	L-Bottom	L-Side	특효/소품/기타
17	22:39:10	1'00"/50'10"	**MC 멘트**		3MC	MC석		로고	타이틀	트로피	로고	
18	22:40:10	3'00"/53'10"	**[축하공연] 최여진♬"Love effect"**		최여진+댄서9명	중앙	AR, Head set 1	패턴	자막 + 타이틀	패턴 +ISOL shot	패턴 로고	불꽃, 레이저
19	22:43:10	0'40"/53'50"	**MC 멘트**		3MC	MC석		로고	타이틀	트로피	로고	
20	22:43:50	0'20"/54'10"	**2007 SBS연기대상 네티즌 최고 인기상 후보 VTR ①**				3MC off	VTR	타이틀	트로피	로고	
21	22:44:10	1'00"/55'10"	**MC 멘트**		3MC	MC석		로고	타이틀	트로피	로고	
22	22:45:10	6'10"	**시상 6 베스트 커플상**	**2007 SBS Drama "베스트 커플 어워즈"**		김용만 MC석->중앙		VTR	타이틀	트로피	로고	
		4'00" 10'10"/65'20"		시상	MC김용만	중앙	시상BG -*MC off*	로고	자막	트로피 (얼굴)	로고	트로피4
				MC 인터뷰	MC김용만	중앙	H/M 1	로고	타이틀	트로피	로고	김용만 MC석 이동
23	22:55:10	1'00"/66'20"	**MC 멘트**		2MC(하희라, 구혜선)	MC석		로고	타이틀	트로피	로고	
24	22:56:10	1'00"	**시상 7 공로상**	시상자 등장+VCR소개	박시연	무대 뒤->중앙	등장 BG pin 1	로고	자막	트로피	로고	트로피1
		1'00"		공로상 VTR			- 박시연off	VTR	타이틀	VTR	로고	
		2'00" 4'00"/70'20"		시상 및 소감	박시연	중앙	등장BG 시상BG -*MC off* 소감BG	수상자 얼굴	타이틀	수상자 얼굴	로고	
25	23:00:10	1'00"/71'20"	**MC 멘트**		3 MC	MC석		로고	타이틀	트로피	로고	
26	23:01:10	2'00"	**시상 8 뉴스타상**	뉴스타 발표 및 등장	뉴스타 10명 (남5 / 여5)	수상자 1명씩 무대 뒤->중앙	- 성우OFF 등장BG -*MC off*	- 뉴스타 수상자	자막	VTR	로고	트로피10
		8'30" 10'30"/81'50"	**뉴스타 시상소감 인터뷰**	2MC (김용만, 하희라)	2MC MC석->중앙	H/M 2	VTR 10분할	타이틀	트로피	로고		
27	23:11:40	3'00"/84'50"	후 CM									
28	23:14:40	0'30"/85'20"	후 타이틀									

2007 SBS 연기 대상 (2부)

no	실시각	시간	ITEM		출연	무대	음향	Center	L-Top	L-Bottom	L-Side	특효/소품/기타
29	23:17:40	0'30"/0'30"	전 타이틀									
30	23:18:20	3'30"/4'00"	전 CM									
31	23:21:50	3'00"/7'00"	**2부 오프닝 [황금신부팀]** **황금신부 드라마** **OST ♬ '그대지기' 합창**		임채무, 이영아, 송창의 (김미숙), 김청, 견미리 송종호, 최여진, 김경식 한여운	피아노 1대 (송창의) 출연진 스탠바이	*-성우off용* 오프닝BG 코러스S/M 3 합창용S/M 2 임채무, 이영아 H/M 2 피아노MIC1 *-MC off*	황금신부 하이라이트 VTR	자막 + 타이틀	패턴 + CAM ISO (one shot)	로고	코러스3 (무대 밖) 드라이, 레이저
32	23:24:50	2'00"/9'00"	MC오프닝 + 황금신부팀 인터뷰			MC석->중앙	3MC H/M 3	로고	타이틀	트로피	로고	
33	23:26:50	0'30"	**시상 9** **특별상**	수상자 소개 VTR			성우OFF	VTR	타이틀	트로피	로고	트로피1
		3'00" 3'30"/12'30"		시상 및 소감	(황금신부팀) 임채무, 이영아 통역 1명(상수등장)	수상자 무대 뒤->중앙	3MC H/M 3 등장BG *-MC off* -통역H/M 1	로고	자막	트로피	로고	통역 1명
34	23:30:20	0'20"/12'50"	**2007 SBS연기대상** **네티즌 최고 인기상 후보 VTR ②**			중앙->MC석	수상자용 S/M IN	VTR	타이틀	트로피	로고	황금신부팀 퇴장
35	23:30:40	1'00"/13'50"	**MC 멘트**		3MC	MC석		로고	타이틀	트로피	로고	

no	실시각	시간	I T E M		출연	무대	음향	Center	L-Top	L-Bottom	L-Side	특효/소품/기타
36	23:31:40	7'00"/20'50"	**시상 10 연기상 <미니시리즈>**	**시상자 등장+소개**	이계인 / 심혜진	무대 뒤->중앙	등장 BG	로고	자막	트로피	로고	트로피3, 시상카드2
				남 후보 VTR			*- 시상자off*	VTR	타이틀	트로피	로고	
				시상 및 소감		중앙	시상BG *-MC off*	로고	타이틀	트로피	로고	
				시상자 멘트								
				여 후보 VTR			- 시상자off	VTR	타이틀	트로피	로고	
				시상 및 소감		중앙	시상BG	로고	타이틀	트로피	로고	
37	23:38:40	1'00"/21'50"	**MC 멘트**		3MC	MC석		로고	타이틀	트로피	로고	
38	23:39:40	8'00"/29'50"	**시상 11 연기상 <연속극>**	**시상자 등장+소개**	이 훈 / 김사랑	무대 뒤->중앙	등장 BG	로고	자막	트로피	로고	트로피4, 시상카드2
				남 후보 VTR			*- 시상자off*	VTR	타이틀	트로피	로고	
				시상 및 소감		중앙	시상BG *-MC off*	로고	타이틀	트로피	로고	
				시상자 멘트								
				여 후보 VTR			*- 시상자off*	VTR	타이틀	트로피	로고	
				시상 및 소감		중앙	시상BG	로고	타이틀	트로피	로고	
39	23:47:40	6'40"/38'30"	**2007 SBS 드라마 D(rama)- WAR**		진행 : 김경식, 이영은	MC김용만 객석 테이블로 이동		VTR	타이틀	트로피	로고	
40	23:54:20	1'00"/39'30"	**MC 멘트**		2MC (하희라, 구혜선)	MC석		로고	타이틀	트로피	로고	
41	23:55:20	3'10"/41'00"	**테이블 연기자 인터뷰**		MC 김용만	연기자 테이블	H/M 2	로고	타이틀	트로피	로고	

no	실시각	시간	I T E M		출연	무대	음향	Center		L-Top	L-Bottom	L-Side	특효/소품/기타
42	23:58:30 ★ **자정 12:00**	0'30"	**★2008년 새해시보 보신각 중계차 연결**	크로스토크	MC김용만 / 김일중 ANN	★중계차 연결	H/M 1 현장오디오	김용만	김일중	타이틀	트로피	로고	
		1'00"		**보신각 연결**	김일중 ANN	★중계차 연결	현장오디오	보신각 현장			트로피	카운트다운 + Happy new year	보신각현장 10초 카운트다운
		1'00""			보신각 종	★중계차 연결	-현장오디오 -신년축하 팡파르	ST	현장	Happy new year	트로피		에어샷+레이져
		2'30"/43'30"			김일중 ANN + 시민가족 1팀 인터뷰	★중계차 연결	현장오디오	현장		타이틀	트로피	로고	
43	24:01:00	1'40"/46'40"	**아역들의 새해소망 VTR**					VTR		타이틀	트로피	로고	
44	24:02:40	1'40"	**축하공연 2008 희망사항**	**♬ '희망사항'**	맹세창, 주민수, 이민호 조정은, 박보영	중앙 스탠바이		AR Head set 5	패턴 + 연기자 그림	타이틀	패턴 + CAM ISO	로고	당일 사전 녹화 -비누방울
					하희라 등장	상수 ->중앙		H/M 1					
		2'40" 4'20"/51'00"		**♬ This is the Moment'**	오만석	무대 뒤->중앙		MR H/M 1	겨울느낌 영상	타이틀	CAM ISO	로고	당일 사전 녹화 - 드라이, 눈
45	24:07:00	1'00"/52'00"	MC 멘트		3MC	MC석			로고	타이틀	트로피	로고	

no	실시각	시간	I T E M		출연	무대	음향	Center	L-Top	L-Bottom	L-Side	특효/소품/기타
46	24:08:00	7'00"/59'00"	**시상 12 최우수 연기상**	시상자등장+소개	송재호 / 손예진	무대 뒤->중앙	등장BG 수상자용 S/M IN	로고	자막	트로피	로고	트로피3, 시상카드2
				남 후보 VTR			- *시상자off*	VTR	타이틀	트로피	로고	
				시상 및 소감		중앙	시상BG -MC off	로고	타이틀	트로피 (얼굴)	로고	
				시상자 멘트								
				여 후보 VTR			- *시상자off*	VTR	타이틀	트로피	로고	
				시상 및 소감		중앙	시상BG	로고	타이틀	트로피 (얼굴)	로고	
47	24:15:00	1'00"/60'00"	**MC 멘트**									
48	24:16:00	4'00"/64'00"	**시상 13 프로듀서상**	시상자 등장+소개	제작본부장 홍성주/ 김미숙	무대 뒤->중앙	등장BG	로고	자막	트로피	로고	트로피2, 시상카드1
				발표 (남,녀 각 1명)		중앙	시상BG *-MC off*	로고	타이틀	트로피 (얼굴)	로고	
				시상 및 소감								
49	24:20:00	1'30"/65'30"	**2008 Drama Coming soon**				VTR	타이틀	트로피	로고		
50	24:21:30	1'00"/66'30"	**MC 멘트**		3MC	MC석		로고	타이틀	트로피	로고	
51	24:22:30	5'00"	**시상 14 10대스타상**	시상자 등장 /시상소감	이순재	무대 뒤->중앙	등장BG	로고	자막	트로피	로고	트로피10
		7'00" 12'00"/78'30"		수상자 발표		객석->중앙	- *성우off* 시상BG *-MC off*	10대 스타 로고	타이틀	트로피 (얼굴)	로고	
				시상	이순재 + 10대스타 10명	중앙						
			10대 스타 인터뷰		2MC (김용만,구혜선) + 수상자 10명	중앙	2MC H/M 2	수상자 10명 분할 화면	타이틀	트로피	로고	

no	실시각	시간	I T E M		출연	무대	음향	Center	L-Top	L-Bottom	L-Side	특효/소품/기타
52	24:34:30	0'20"/78'50"	**2007 SBS연기대상 네티즌 최고 인기상 발표 VTR**				*-MC off*	VTR	타이틀	트로피	로고	하희라 무대 중앙으로 이동
53	24:34:50	3'00"/81'50"	**시상 15 네티즌 최고인기상**	시상 및 소감	3MC 수상자 남1, 여1	중앙	-팡파르 -시상BG	로고	자막	트로피 (얼굴)	로고	트로피2, 시상카드1
54	24:37:50	1'30"/83'20"	역대 대상 수상자 브릿지			10대스타 테이블 퇴장		VTR	타이틀	트로피	로고	
55	24:39:20	1'00"/84'20"	**MC 멘트**		3MC	MC석		로고	타이틀	트로피	로고	
56	24:40:20	5'00"/89'20"	**시상 16 대상**	**시상자 등장 및 신년사**	SBS 하금열사장 +3MC	무대뒤-> 중앙	등장BG 트레몰로 시상BG 소감BG	대상 로고	자막 + 타이틀	트로피 (얼굴)	로고	트로피2, 시상카드1 -에어샷
				발표 및 시상		중앙						
				소감+MC 인터뷰	3MC	중앙						
57	24:45:20	0'20"/89'40"	**MC 클로징 멘트**			중앙						
58	24:45:40	3'45"/93'25"	**후 CM**									
59	24:49:25	0'30"/93'55"	**후 타이틀**									

〈표 6〉 SBS-TV 〈스타킹〉의 큐시트

놀라운대회<스타킹StarKing> 50회

녹화일시: 2008년 01월 08일(화) 16시 00분
장 소: 탄현E-ST
출 연: 강호동/조형기/하하/붐/팀
김나영/FT아일랜드(홍기,재진,원빈,민환,종훈)/소녀시대(태연,티파니,윤아,효연,유리,수영)

순서	ITEM	내용	무대	음향 / 음악	조명	소품 및 특효	LED
오프닝	*오프닝*	MC&심사위원 16명 착석 ***셋째줄*** *써니/효연/재진/원빈/민환* ***둘째줄*** *수영/유리/윤아/종훈/홍기* ***첫째줄*** *붐/김나영/조형기/팀/하하*	***MC*** 무대중앙 ***심사위원*** 심사석	W/P16			타이틀 로고
1번 도전자	*고물밴드*	1번 도전자 등장+소개/공연	무대중앙	마이크세팅		특효:CO2 악기세팅, 소주병	고물밴드
		스타킹세트 도전	무대중앙				고물밴드
		인터뷰	무대중앙				고물밴드
2번 도전자	*딸랑 이거?!*	2번 도전자 등장	무대중앙	W/P5 <딸랑딸랑 BG>		특효:CO2	딸랑이거
		'꼼지락 발가락' 공연	무대중앙			테이블 or 연단	꼼지락 발가락
		스타킹세트 도전	무대중앙				꼼지락 발가락
		필살기	무대중앙				꼼지락 발가락
		'4인승 자전거' 공연	무대중앙				4인승 자전거
		스타킹세트 도전	무대중앙				4인승 자전거
		인터뷰	무대중앙				4인승 자전거
3번 도전자	*나팔맨*	3번 도전자 등장+공연/자기소개	무대중앙	S/T1 W/P1(통역) <등장BG-재미, 경쾌>		특효:CO2 악보대,지휘자단	나팔맨
		나팔맨 연주+팀 노래	무대중앙	W/H1			나팔맨
		풍선쇼+호동도전	무대중앙				나팔맨

순서	ITEM	내용	무대	음향 / 음악	조명	소품 및 특효	LED
4번 도전자	***돌아버린 女子***	4번 도전자등장 +소개/공연	무대중앙	W/P1 <돈돈>		특효:CO2 라인	돌아버린 女子
		도전자 vs 스타킹세트	무대중앙			의자,빵 테이블,오징어	돌아버린 女子
		머리 따기	무대중앙				돌아버린 女子
		필살기	무대중앙				돌아버린 女子
		도전자+ 소녀시대막춤	무대중앙	<댄스BG>			돌아버린 女子
5번 도전자	***장윤정과 이영애***	'장윤정' 등장+공연/소개	무대중앙	W/P1 W/H1 <짠짜라/첫사랑-MR>		특효:CO2	장윤정과 이영애
		인터뷰+태연노래	무대중앙	W/H1			장윤정과 이영애
		'이영애' 등장+소개/공연	무대중앙				장윤정과 이영애
		즉석연기 with 형기	무대중앙				장윤정과 이영애
		인터뷰	무대중앙				장윤정과 이영애
6번 도전자	***엄마는 암산왕***	6번 도전자등장+ 자기소개	무대중앙	W/P1 <어머니>		특효:CO2	엄마는 암산왕
		문제①풀기	무대중앙			패널,스톱워치, 대형이젤, 매직	엄마는 암산왕
		문제②풀기 vs 은행직원	무대중앙	W/P1			엄마는 암산왕
		문제③풀기	무대중앙				엄마는 암산왕
		인터뷰	무대중앙				엄마는 암산왕
지난주 우승자	***지난주 우승자***	지난주 우승자 등장+ 공연/소개	무대중앙	W/H1 <댄스BG-본인>		특효:CO2	아빠와 함께 춤을
		필살기	무대중앙	<퐁퐁퐁> <텔미>			아빠와 함께 춤을
		인터뷰	무대중앙				아빠와 함께 춤을

순서	ITEM	내용	무대	음향 / 음악	조명	소품 및 특효	LED
최종 도전자	*최종 도전자*	최종 도전자 선발 (도전팀 중 한 팀 선발)	무대중앙	W/H? W/P?			최종 도전자
이번 주 스타킹	*이번 주 스타킹*	아빠와 함께 춤을 vs.최종도전자	무대중앙	W/H? W/P?			3D점수
클로징	*이번 주 스타킹*	이번 주 스타킹 후토크	무대중앙				로고

기본적으로 생방송인 <연기대상>의 큐시트는 출연자의 동선, 무대, 음향, LED, 소품, 기타 유의 사항 등을 구체적으로 지시하면서 대단히 세밀하고 복잡하다면, 녹화방송인 <스타킹>의 큐시트는 이에 비해 매우 간단하다. 특히 생방송의 큐시트가 <표 5>에서 보듯이 맨 좌측에 매 코너마다 실시각과 시간을 초 단위까지 기록해둔 반면, <표 6>에서 보듯이 녹화방송의 큐시트에는 아예 이러한 시간 계획 자체가 없다. 이것은 바로 편집이라는 사후제작과정의 유무에 따른 것이다. 즉 녹화방송의 큐시트는 오로지 녹화작업만을 위한 것이다. 사후에 작업할 편집에 대한 것이 아니다. 하지만 생방송의 큐시트는 그야말로 생방송을 위한 것이다. 여기에는 한편 '편집'이라는 의미가 포함되어 있다. 제틀(Zettl, 1992)이 말한 다중카메라 연출이란 '2대 이상의 카메라가 동시에 사용되고 PD가 스위처(switcher)와 함께 즉석에서 편집하는 일'이라고 정의했듯이, 스튜디오 부조정실에서 생방송을 진행하는 작업이란 사실 영상과 음향 등 모든 제작요소들을 동시에 편집도 해가면서 진행하는 작업과 다름 아니다. 그래서 큐시트도 이런 편집 사항까지 포함되어 있다고 볼 수 있다는 것이다.

녹화방송 제작은 녹화를 하고, 다시 그 녹화된 테이프를 가지고 편집을 통해 내용이나 시간을 재배분하는, 일종의 '녹화와 편집이 분리된 이원적 제작방식'이다. 그래서 그 큐시트에는 단지 녹화에 관한 진행 사항들만 기록되어 있을 뿐, 편집에 대한 사항들은 빠져 있다. 그러나 생방송은 생방송되는 자체가 곧 편집으로서 제작(녹화 방송의 녹화작업에 해당)과 편집이 합쳐진 일종의 '일원적 제작방식'이다. 그래서 큐시트 또한 이 두 과정을 합친 것이기 때문에(예를 들면 세밀한 방송시각과 시간계획들의 경우) 상대적으로 복잡할 수밖에 없게 된다. 녹화방송 제작에서 기준으로 삼는 것이 녹화 때는 큐시트이고 편집 때는 녹화된 파일이라면, 생방송 제작에서 기준으로 삼는 것은 일종의 '녹화와 편집이 합쳐진' 큐시트라는 것이다.

이러한 사후제작과정의 유무에 따른 차이는 녹화방송과 생방송이 방송된 프로그램 자체에서도 발견할 수 있다. <표 7>은 방송된 <연기대상> 1부와 <스타킹>의 1회분을 비교분석한 것이다. 여기서 생방송된 <연기대상>보다 사후편집과정을 거친 <스타킹>의 방송분이 그 제작기법상의 효과 면에서 상대적으로 훨씬 더 복잡하고 다양함을 알 수 있다.

〈표 7〉 〈연기대상〉과 〈스타킹〉의 방송분

	연기대상 1부	스타킹
화면 컷	438	1162
화면전환 효과	1	55
일반 표준샷	439	980
효과 샷	0	237
자막	48	810
음향효과	20	250
방송시간	약 82분	약 67분

<연기대상> 1부의 방송시간이 약 82분이고 <스타킹>이 약 67분으로서 <스타킹>의 방송시간이 짧은데도 불구하고 각종 편집효과들은 <스타킹>이 오히려 더 많이 사용되었다. 화면 컷 수도 생방송으로 PD가 부조정실에서 즉석으로 커팅 연출한 438컷보다 <스타킹>이 1,162컷으로서 훨씬 많다. 이것은 <스타킹>이 사후편집과정에서 내용들을 부분부분 강조하기 위해 여러 카메라 각도의 화면과 슬로우(slow)나 패스트(fast) 등 다양한 화면편집기법들로 대폭 보완했기 때문이다. 이 밖에도 <스타킹>이 모든 면에서 사후편집이 가해짐으로써 그 편집효과들이 매우 다양하게 나타남을 알 수 있다. 이렇듯 편집된 녹화 프로그램보다 생방송 프로그램은 그 방송기법이 한결 단순하고 평이하다. 이것은 '제작(생방송)'과 '편집'이 동시에 이루어지는 생방송만의 독특한 제작특성 때문이다. 그에 비해 녹화방송은 시간적 여유를 두고 사후편집을 하기 때문에 화면이나, 자막, 배경음악, 음향효과 등을 훨씬 다양하고 복잡하게 할 수 있다.

한편 생방송에서 사후제작과정이 없다는 의미는 그것이 없다기보다 사전제작을 준비하는 과정에서 사후제작, 즉 편집이라는 작업을 사전에 미리 할 수 있는 데까지 함을 의미한다. 즉 사전제작단계에서 미리 편집한다고 볼 수 있다. 예를 들면 사전에 제작하는 VTR 코너물로서 사전에 생방송될 시간 길이에 철저히 맞춰 미리 편집해 준비해둔다든가,[30] 무대에 올릴 축하공연을 미리 그 시간 길

30) 3시간의 <연기대상> 생방송 동안에 모두 설명될 수 없어 그것을 미리 제작해 전체 프로그램 내용진행의 보조수단으로 활용하는 것이 VTR 코너 삽입물들이다. <연기대상>이 생방송이긴 하지만 시청자들은 이렇게 사전에 제작한 VTR 코너물에 대해서는 적어도 여느 녹화 프로그램과 마찬가지로 파일이 플레이되는 것을 시청하게 된다. 여기서 VTR 코너를 사전에 미리 제작해둔다는 면에서 <연기대상>의 생방송적 의미를 다시 생각해볼 수 있다. 부르동(Bourdon,

이를 철저히 계산해 준비해둔다든가 하는 방법이다.

2) 생방송 순간의 완결성

"리허설은 생방송처럼, 생방송은 리허설처럼!"
(방송계의 격언)

- 12월 30일 제작일지

생방송 제작의 마지막 단계인 생방송하는 당일의 특징은 그동안 생방송제작에 참여한 거의 모든 스태프들이 이날 모두 한자리에 모인다는 사실이다. 이와는 달리 녹화방송 제작에서는 비록 스튜디오 녹화에서 필요한 다수의 제작스태프들이 한자리에 모이기는 하지만, 사후제작단계인 편집과정이 아직 남아 있기 때문에 이 과정에서 필요한 편집감독이나 자막 담당 등의 스태프들은 참여하지 않는다는 사실이다. 그런 면에서 생방송은 녹화방송과 달리 생방송하는 당일이 일종의 '심판의 날'이 된다.

선임작가: "한마디로 녹화방송은 준비한 대로 갈 수 있고, 생방송은 준비한 대로 가기 힘들다는 차이입니다. 녹화방송은 잘된 것만 편집할 수 있기 때문에 더 임팩트 한 재미를 줄 수 있지만 생방송

2000)은 생방송적 요소가 가미된 정도에 따라 텔레비전 양식을 ① 완전 생방송, ② 연속성, ③ 편집, ④ 허구의 네 가지 유형으로 분류하면서 ①완전 생방송으로는 사전에 치밀하게 계획되고 구성된 미디어 이벤트를 그 예로 들고 있다. 그에 따르면 <연기대상>은 기본적으로 이런 미디어 이벤트로서 완전 생방송에 해당한다. 그러나 여기서 완전 생방송이긴 하되, 사전에 치밀하게 구성되었다는 의미에서, 즉 VTR 코너 삽입물이 사전에 미리 녹화 및 편집으로 준비되었다는 측면에서 완전 생방송이라는 규정을 다시 내릴 수 있다 하겠다. 사실 VTR 코너들을 따로 준비하는 것은 프로그램 전체적으로 흐름을 원활하게 이어가기 위한 일종의 연속성을 위한 의도가 있어서이기도 하다. 그런 면에서 <연기대상>은 '③편집물도 포함되어 ②연속성이 유지된 ①완전 생방송'이라고 보는 것이 더 정확하다고 하겠다. 그래서 결국 단지 ④허구만 아닌 경우가 <연기대상>이라는 것이다.

은 그러기는커녕 도중에 무슨 일이 터질지 알 수가 없어요. 그래서 저는 보통 녹화방송에서는 PD의 힘이 크지만 생방송에서는 현장을 진행하는 플로어 매니저(floor manager)[31]의 힘이 더 중요하다고 봐요. 아무리 준비를 뼈 빠지게 하면 뭐 합니까? 생방송 당일에 망치면 말짱 도루묵인데요."

<연기대상>의 사전제작 준비기간은 약 2개월이었다. 그런데 중요한 것은 12월 31일 생방송되는 당일 하루, 정확히 말하면 생방송되는 단 3시간 만에 이러한 노력의 모든 것이 결판난다는 사실이다. 그러자면 사전 준비과정 못지않게 중요한 것이 생방송하는 그 순간이다. 마치 시험 치는 당일처럼.

일반적으로 예능국에는 각종 특집 행사 프로그램들이 많다. 그럴 때마다 현장진행을 위해 여건이 되는 다수의 예능PD들이 생방송 당일 하루 지원 나간다. 그래서 여기에 대한 업무 분담이 완료되면 예능국 사무실 게시판에는 그 현황이 행사 며칠 전에 2절지의 대형 종이로 게시되는데 그 이유는 예능국 부서 내 PD들에게 특집 프로그램에 대해 관심을 고조시키고 해당 제작팀을 격려하기 위해서다. <연기대상>도 예외가 아니어서 모두 6명의 예능PD가 지원 나왔는데, <표 8>은 이들을 포함한 <연기대상>팀의 생방송 당일 진행업무분담표이다.

31) FD(Floor Director)를 말한다.

〈표 8〉 〈연기대상〉팀의 생방송 진행업무분담표

	분야	담당		분야	담당
1	기획	예능CP	9	무대하수	지원PD5
2	연출	담당PD	10	공연	지원PD6, 구성작가23, 막내작가1
3	무대감독	공동연출PD	11	VIP의전	드라마CP, 예능CP
4	MC	지원PD1, 대본작가	12	VTR	외주PD1
5	시상	AD1, AD2, 구성작가1, 막내작가1.2	13	자막운용	외주PD2
6	수상	지원PD2, 구성작가2.3	14	LED운용	외주PD1
7	도우미트로피	지원PD3	15	타임키퍼	외주PD3
8	무대상수	지원PD4	16	중계차	교양PD

이처럼 생방송은 생방송 당일에 모든 것이 판가름 나기 때문에 생방송하기 전에 리허설을 반드시 한다. 생방송의 (2)제작단계(production)는 ① 리허설, ② 생방송, ③ 평가의 세 가지 하위과정으로 진행된다. <표 9>는 SBS 등촌동공개홀에서 열린 <연기대상>의 생방송 당일 시간계획인데 큐시트 첫 표지에 적어두었다. 주로 리허설에 대한 계획으로서 이는 크게 드라이 리허설과 카메라 리허설의 두 종류가 있음을 발견할 수 있다.

〈표 9〉 〈연기대상〉 생방송 당일 진행 시간계획

- 11:00~12:00 스태프 회의
- 12:00~13:00 점심식사
- 13:00~14:00 드라이리허설
  (①<희망사항> ②<왕과 나>팀 ③최여진팀 ④<황금신부>)
- 14:00~15:00 MC 대본 리딩
- 15:00~18:00 카메라 및 중계차 리허설
- 18:00~19:00 저녁식사

- 19:00~20:30 축하 무대 리허설 및 사전녹화
  (①희망사항 사전녹음&사전녹화 ②<왕과 나팀> ③최여진팀 ④<황금신부>)
- 21:00~21:30 객석입장
- 21:45~ 생방송 시작

이날의 일정을 살펴보면 공식적으로는 오전 11시부터 시작된다. 그러나 사실은 아침 일찍부터 각 스태프별로 이미 작업은 이루어지고 있었다. 예를 들면, 이틀 전부터 설치하기 시작했던 세트의 마무리작업이라든가, 마이크 설치 및 테스트, 조명기구들의 조도작업, LED 화면 테스트, 카메라 설치, AD의 CM편집[32] 등이다.

오전 11시의 스태프 회의란 담당 PD가 기술팀, 카메라팀, 스튜디오 현장을 진행할 연출팀 등 30여 명에게 큐시트를 중심으로 당일 생방송의 진행과정에 대해 최종 브리핑을 하는 것을 말한다. 여기에는 카메라스태프들과의 카메라 샷 연출에 대한 별도회의도 포함된다.

오후 1시부터는 드라이 리허설이 시작된다. 일반적으로 생방송 쇼 프로그램의 드라이 리허설은 무대감독[33]의 지휘로 프로그램 내

---

32) 텔레비전 CM은 방송사 광고부에서 한국광고공사에 프로그램별로 수주를 의뢰한다. 그래서 해당 프로그램의 CM을 한 개라도 더 따내기 위해 방송사에서는 방송 당일 전까지 판매를 한다. <연기대상>의 CM은 생방송 당일 오전 11시경에 최종 판매를 종료했는데 판매율은 1부(방송시간 85분)가 90.7%, 2부(방송시간 95분)가 78.2%였다. 방송법 시행령 제59조(제1항 1호)에는 '방송 프로그램 광고시간은 방송 프로그램 시간당 평균 10/100을 초과할 수 없다'라고 규정하고 있다. 즉 100분짜리 프로그램이면 전 CM과 후 CM을 합쳐 10분을 초과할 수 없다는 뜻이다. 일반적으로 텔레비전 CM 한 개는 15초이다. <연기대상> 1부가 85분 편성이기 때문에 8분 30초까지 CM이 판매될 수 있는데 판매율이 90.7%, 즉 7분 45초(15초 CM, 31개)가 판매되었다는 뜻이며, 2부가 95분 편성이기 때문에 9분 30초까지 CM이 판매될 수 있는데 판매율이 78.2%, 즉 7분 15초(15초 CM, 29개)가 판매되었다는 뜻이다. <연기대상> 제작팀에게 이러한 의미는 한편 3시간(180분)짜리 프로그램으로서 최대 18분의 CM 시간을 따로 고려하고 있었는데, 최종 15분의 CM이 판매됨으로써 3분의 여유가 생겼다는 뜻으로서 실제 현장제작팀에게는 생방송 당일에 프로그램 길이를 재판단하는 요소로 더 큰 의미를 갖기도 한다.

33) 텔레비전 쇼 프로그램의 무대감독이란 일반적으로 담당 AD나 예능국에서 당일 하루 지원 나온 선임PD가 맡는다. <연기대상>의 무대감독은 이날 예능국에서 특별히 지원 나온 6명의 PD 중, 선임PD가 맡았다.

용에 대한 진행과정들, 특히 각 코너들 간의 연결성에 대해 주로 점검하고 예행연습을 한다. 즉 스튜디오 현장을 진행할 연출스태프들이 출연자들의 등·퇴장 동선이나 사용될 마이크, 소품, MC의 진행, 내용상 진행과정의 유의 사항 등을 큐시트와 MC 대본을 중심으로 생방송 실시간 정도까지는 아니더라도 하나하나 확인하는 작업이다.

오후 3시부터 하는 카메라 리허설은 그야말로 총리허설로서 출연자만 참가하지 않을 뿐 실제 생방송처럼 실시간으로 진행된다. 처음부터 끝까지 MC가 실제 대본대로 진행하며, <연기대상>의 시·수상자 역할도 연출스태프들이 대역을 맡아 시상멘트, 수상소감 등도 얼추 시간을 맞춰 한다. 여기서 기술, 카메라, 음향, 조명, 자막, 음악 및 음향효과, LED, 무대진행특수효과 등 모든 해당 스태프들이 실제로 최종 예행연습을 하며, 이것이 끝나면 부족한 부분에 대해 또 해당 파트별로 수정 및 보완한다.

저녁 9시부터는 방청객과 출연자들이 입장하기 시작하는데 이즈음, 생방송이기 때문에 볼 수 있는 풍경이 하나 더 있다. 그것은 바로 해당 부서별 CP, 부장, 국장, 사장 등이 텔레비전 부조정실로 올라와 잔뜩 긴장하고 있는 PD와 기술스태프들을 격려하는 것이다. 그 이유는 바로 '결전의 날', '시험 치는 당일'이기 때문이다.

방송계에 '방송은 결과'라는 말이 있다. 이 말은 아무리 사전에 프로그램 준비를 철저히 하고 제작을 해도 방송이 되지 않으면 프로그램이 아니며, 또한 아무리 사전에 노력을 했다 해도 결과로 나타나지 않으면 아무 소용이 없다는 뜻이다(이동규, 2018). 생방송이 진행되는 순간이란, 곧 이런 결과들이 현재진행형으로 이어지는 순간이며 그래서 그만큼 그 순간들이 중요하다.

3) 진행의 연결성

비단 생방송뿐만 아니라 모든 텔레비전 프로그램 구성의 핵심은 진행되는 아이템들이 시청자가 보기에 불편함이 없도록 물 흐르듯이 자연스럽게 이어지도록 하는 것인데 바로 내용의 연속성(continuity)을 유지하는 것이다. 생방송은 특히 이 점이 중요한데, 그것은 편집과정이 없이 사건을 '발생하는 실시간 그대로' 보여주기 때문에 생방송의 원래 특성상 그렇기 때문이기도 하며, 한편 그래서 더욱 연속성을 지켜내야 하기도 하다. 생방송에서 이러한 연속성을 유지하기 위해서는 무엇보다 각 마디마디의 코너들을 자연스럽게 연결해내는 것이 중요하다.

> 외주PD: "생방(송)은 기본적으로 뮤지컬 공연이라고 봐요. 녹화는 부분부분 끊어서 가지만 뮤지컬 공연은 그럴 수 없잖아요. [...] 그러니까 생방(송)에서는 의자들이 올라오는 시간 자체도 계산해놓아야 한다는 거, 블로킹(blocking)도 고려해야 하고, 출연자가 여기서 저기까지 움직이는 시간도 계산해야 되고, 생방(송)은 실시간으로 전부 연결해야 된다는 거, 카메라가 이쪽을 잡는 동안 나머지 공간에서는 다음 장면을 준비하고, 적어도 화면상에서는 놀지 않아야 된다는 거죠."

녹화방송은 끊어지는 마디마디를 편집으로 연결한다. 그러나 생방송은 생방송 도중에 이 모든 것들을 연결시켜 나가야 한다. 제작팀들의 이러한 노력은 <연기대상> 제작과정에서는 특히 사전제작단계에서부터 엿볼 수 있다. <연기대상>의 사전제작단계는 ① 기획 및 편성, ② 스태프 배정, ③ 사전구성으로 이루어졌다. 여기서 ③

사전구성작업에서 특히 이러한 연결성이 강조되었다.

사전구성작업이란 생방송에서만 볼 수 있는 제작적 특성으로 조명, 음향, 카메라, CG, 음악 등 각 해당 스태프들이 그동안 사전제작단계에서 두 달간 준비해온 모든 작업들이 선택 및 결합되는 최종 통합과정이다. 녹화방송처럼 사후편집과정이 없기 때문에 그것을 사전에 한다고 보면 된다. 이 작업은 <연기대상>에서는 생방송 열흘 전부터 전적으로 담당 PD의 주도로 이루어졌는데 그것은 그가 곧 프로그램의 핵심이고, 그래서 전체의 내용들을 가장 잘 알고 있고, 또 모든 것이 그의 의도대로 준비되어 가는지 수시로 확인할 필요가 있었기 때문이다. 담당 PD는 이 기간 동안에 조명감독, 카메라감독, 음향감독, 기술감독, LED 오퍼레이터, 무대진행 특수효과 담당, 음악 및 음향효과감독 등 다양한 파트의 담당 스태프들을 하나하나 따로 만나며 대단히 꼼꼼하게 모든 사항들을 점검했는데, 그중에 가장 중점을 둔 것이 3시간 동안 진행되는 생방송이 원활한 흐름을 유지할 수 있도록 분절된 각 마디(코너)들을 자연스럽게 연결하는 방법에 관한 것들이었다.

> 두 달 동안의 노력이 이제 결판날 때가 다가왔다. '모든 것은 생방송 당일 3시간 만에 한꺼번에 결판난다.' 그러자면 남은 열흘 동안 정신 바짝 차려야 한다. 체크할 사항이 너무 많다. 그러나 할 수 없다. 모든 것을 아는 건 담당 PD밖에 없다. 나는 이제 두 가지에 집중해야 한다. 하나는 생방송 3시간 동안 원활한 흐름을 유지하기 위한 각 코너들의 연결성이고, 다른 하나는 만에 하나 생길지 모를 생방송의 모든 장애요소를 제거하는 일이다.
>
> - 12월 21일 제작일지

그리고 이러한 작업의 핵심에는 큐시트가 있다. 사실 큐시트는 제작팀에게 <연기대상>을 준비하는 핵심 지침서로서 처음부터 대단히 중요한 지표다. 모든 스태프들은 제작기간 내내 큐시트를 기준으로 작업을 해나갔는데 2개월의 제작기간 동안 큐시트는 모두 22차례에 걸쳐 수정·보완되었다. 프로그램 사전제작이란 곧 큐시트를 하나하나 채워나가는 과정과 다름 아니었다.

〈표 10〉〈연기대상〉의 최초 1차 큐시트(11월 23일)

2007 SBS 연기대상 (1부)

방송 : 2007년 12월 31일 20:50 ~ 24:20 (220분)
(11/23) 장소 : SBS 등촌동 공개홀 / MC :

실시간	시간	항목		출연	무대	음향	조명	VTR	LED1	LED2	스크린	특효/소품
	1'00/1'00	타이틀										
	5'00/6'00	전 CM										
	0'20/6'20	인트로 VTR						인트로 VTR				
	4'00/10'20	**오프닝 공연 + MC 등장**										
	1'00/11'20	MC 오프닝 멘트		MC	중앙	W/H 2					-	토치
	0'45/12'05	**선정내역**						VTR	DOWN		-	
	1'00/13'05	MC 멘트		MC	MC석	mc석 mic 2					-	
	2'00/15'05	**10대 스타 발표 브릿지 <1>**			수상자용 스탠드 mic			VTR			-	
	1'00/16'05	MC 멘트		MC	MC석						-	
	1'00/17'05	아역상	시상자 등장+소개		하수→시상석						-	
	2'00/19'05		발표+시상+소감		시상석→중앙			출연장면			-	꽃다발
	1'00/20'05	MC 멘트		MC	MC석						-	
	1'00/21'05	뉴스타상	시상자 등장+멘트		하수→시상석	등장 BG					-	
	4'00/25'05		발표+수상		객석→중앙 시상자중앙이동						-	꽃다발
	7'00/29'05		시상+소감int		도우미mic전달	W/H 1					-	
	0'15/29'20	MC 멘트									-	

실시간	시간	항목		출연	무대	음향	조명	VTR	LED1	LED2	스크린	특효/소품
	2'00/31'20	**10대 스타 발표 브릿지 <2>**			**중앙 스탠드 mic**			VTR				
	1'00/32'20	MC 멘트			MC석						-	
	1'00/33'20	우정상	시상자 등장+소개		하수→시상석	등장BG/시상mic					-	
	1'30/34'50		발표+시상+소감		시상석→중앙	트레몰로/사상BG /MC OFF		출연장면			-	꽃다발
											-	
											-	
	1'00/35'50	MC 멘트		MC	MC석				UP		DOWN	
	12'15/48'05	**VCR 1> (드라마백서)**						VTR			-	
	0'40/48'45	MC 멘트		MC	MC석				DOWN		UP	
	1'00/49'45	조연상	시상자 등장+소개		하수→시상석	등장BG						
	1'00/50'45		남 후보 VTR			시상자OFF		남후보 VTR				
	1'30/52'15		발표+시상+소감		객석→중앙	트레몰로/사상BG /MC OFF						꽃다발
			시상자 멘트		시상석	등장BG						
	1'00/53'15		여 후보 VTR			시상자OFF		여후보VTR				
	1'30/54'45		발표+시상+소감		객석→중앙	트레몰로/사상BG /MC OFF						꽃다발
	0'15/55'00	MC 멘트			MC석							
	2'00/57'00	**10대 스타 발표 브릿지 <3>**						VTR				
	1'00/58'00	MC 멘트		MC석								
	0'30/58'30	**SBS 드라마 15년**	고두심 등장	중앙					UP		DOWN	
	16'30/75'00		VTR					VTR				
	0'30/75'30		고두심마무리멘트									

실시간	시간	항목		출연	무대	음향	조명	VTR	LED1	LED2	스크린	특효/소품
	0'30/76'00	MC 멘트			MC석						-	
	0'40/76'40	공로상	시상자등장+소개		하수→중앙	등장BG					-	
	4'10/80'50		수상자 VTR					VTR			-	
	1'30/82'20		등장+시상+소감	수상자	객석→중앙				DOWN		UP	꽃다발
	0'15/82'35	MC 멘트			MC석						-	
	2'00/84'35	**10대 스타 발표 브릿지 <4>**						VTR				
	0'50/85'25	MC 멘트			MC석						-	
	1'30/86'55	특별상	시상자등장+소개		하수→시상석	등장BG					-	
								활약상 VTR			-	
	2'00/87'55		TV MC 부문 시상+소감		객석→중앙	트레몰로/사상BG/MC OFF					-	꽃다발
	1'30/89'25		라디오부문발표		시상석			활약상 VTR			-	
			라디오부분 시상+소감		객석→중앙	트레몰로 / 사상BG					-	꽃다발
	0'15/89'40	MC 멘트			MC석						-	
	2'00/91'40	10대 스타 발표 브릿지 <5>						VTR				
	1'00/92'40	MC 멘트 1부 클로징			MC석						-	
	5'00/97'40	후 CM						VTR			-	
	1'00/98'40	후 타이틀						VTR			-	

2007 SBS 연기대상 (2부)

실시간	시간	항목		출연	무대	음향	조명	VTR	LED1	LED2	스크린	특효/소품
	1'00/1'00	2부 타이틀									-	
	7'00/8'00	전 CM									-	
	4'10/12:10	**축하쇼 2**									-	
	1'00/13'10	2부 오프닝 멘트		MC	MC석						-	
	1'00/14'10	드라마 스페셜	시상자 등장+소개		하수->시상석	등장BG					-	
	1'00/15'10		남 후보 VTR			시상자OFF		남후보 VTR			-	
	1'30/16'40		발표+시상+소감		객석→중앙	트레몰로 / 시상BG					-	꽃다발
			시상자 멘트		시상석						-	
	1'00/17'40		여 후보 VTR			시상자OFF		여후보 VTR			-	
	1'30/19'10		발표+시상+소감		객석→중앙	트레몰로 / 시상BG					-	꽃다발
	0'30/19'40	MC 멘트		MC	MC석						-	
	1'00/20'40	단막 특집	시상자 등장+소개		하수→시상석	등장BG					-	
	1'00/21'40		후보 VTR			시상자OFF		후보 VTR			-	
	1'30/23'10		발표+시상+소감		객석 →중앙	트레몰로 / 시상BG					-	꽃다발
	0'20/23'30	로고 브릿지 (인기상, 대상)						VTR			-	
	1'00/24'30	MC 멘트		MC	MC석				UP		DOWN	
	12'00/36'30	VCR 2> (드라마 패러디)						VTR			-	
	1'00/37'30	MC 멘트		MC	MC석				DOWN		UP	

실시간	시간	항목		출연	무대	음향	조명	VTR	LED1	LED2	스크린	특효/소품
	1'00/38'30	특별 기획	시상자 등장+소개		하수→시상석	등장BG					-	
	1'00/39'30		남 후보 VTR			시상자OFF		남후보 VTR			-	
	1'30/41'00		발표+시상+소감		객석→중앙	트레몰로 / 시상BG					-	꽃다발
			시상자 멘트		시상석						-	
	1'00/42'00		여 후보 VTR			시상자OFF		여후보 VTR			-	
	1'30/43'30		발표+시상+소감		객석→중앙	트레몰로 / 시상BG					-	꽃다발
11:1 6:20	0'20/43'50	MC 멘트			MC석						-	
	1'00/44'50	연속극 발표와 시상	시상자등장+소개		하수→시상석	등장BG						
	1'00/45'50		남 후보 VTR			시상자OFF		후보 VTR				
			발표+시상+소감		객석→중앙	트레몰로 / 시상BG						꽃다발
	1'30/47'20		시상자 멘트									
	1'00/48'20		여 후보 VTR			시상자OFF		후보 VTR				
	1'30/49'50		발표+시상+소감		객석→중앙	트레몰로 / 시상BG						꽃다발
11:2 2:20	0'20/50'10	**로고 브릿지 (인기상, 대상)**						VTR				
	0'40/50'50	MC 멘트							UP		DOWN	
	1'50/52'40	**2006커밍 순 드라마**	VTR									
	2'50/55'30											
11:2 3:20	0'40/56'10	MC 멘트							DOWN		UP	

실시간	시간	항목		출연	무대	음향	조명	VTR	LED1	LED2	스크린	특효/소품
11:22 :20	0'20/50'10	**로고 브릿지 (인기상, 대상)**						VTR			-	
11:22 :40	0'40/50'50	MC 멘트		MC					UP		DOWN	
11:23 :20	1'50/52'40	**2006커밍순 드라마**	VTR					VTR			-	
	2'50/55'30										-	
11:2 8:00	0'40/56'10	MC 멘트							DOWN		UP	
11:2 8:40	1'00/57'10	최우수 연기상	시상자등장+소개		하수→시상석	등장BG					-	
	1'00/58'10		남 후보 VTR			시상자OFF		후보 VTR			-	
	2'00/60'10		발표+시상+소감		객석→중앙	트레몰로 / 시상BG					-	꽃다발
			시상자 멘트		시상석						-	
	1'00/61'10		여 후보 VTR			시상자OFF		후보 VTR			-	
	2'00/63'10		발표+시상+소감		객석→중앙	트레몰로 / 시상BG					-	꽃다발
11:35 :40	0'20/63'30	**로고 브릿지 (인기상, 대상)**						VTR			-	
11:36 :00	7'00/70'30	**VCR 3> (NG열전)**						VTR			-	
11:4 3:00	0'20/70'50	MC 멘트		MC	MC석						-	
11:4 3:20	2'00/72'50	10대 스타상	시상자등장소개		하수→시상석	트레몰로 / 시상BG					-	꽃다발
	4'00/76'50		시상									
11:4 9:20	7'00/83'50	즉석 인터뷰		MC, 10대스타	중앙	W/H 2					-	

실시간	시간	항목		출연	무대	음향	조명	VTR	LED1	LED2	스크린	특효/소품
11:56:20	0'20/84'10	MC 멘트		MC	중앙	W/H 2					-	
11:56:40	0'20/84'30	최고인기상 발표			시상석	시상석 mic 2						
11:57:00	2'00/86'30	최고인기상 시상+소감		MC, 10대 스타	중앙	트레몰로 / 시상BG					-	꽃다발
11:59:00	0'20/86'50	**로고 브릿지(대상)**									-	
11:59:20	1'30/88'20	2006년 새해 시보		MC	중앙						-	
12:00:50	0'20/88'40	MC 멘트		MC	중앙						-	
12:02:20	1'30/90'10	MC INT										
12:03:50	1'00/91'10	10대 스타 새해인사 INT			중앙	W/H 1					-	
12:04:50	0'15/91'25	MC 멘트		MC								
12:05:05	1'30/92'55	**대상**	시상자등장 및 신년사	사장님	하수-> 중앙	트레몰로					-	
	3'00/95'55		발표+시상+소감	사장님발표	중앙						-	꽃다발
	2'00/97'55		MC인터뷰		중앙						-	
12:11:35	0'30/98'25	클로징 멘트		MC	중앙						-	
12:12:05	4'30/102'55	후 CM									-	
12:16:35	1'00/103'55	후 타이틀									-	

<표 10>은 첫 아이디어 회의를 마치고 작성된 최초 큐시트이다. 이것을 앞서 살펴본 <표 5>의 최종 완성된 큐시트와 비교해보면 두 달 동안 22차례에 걸쳐 수정되면서 얼마나 많은 부분들이 변경되고 채워졌는지 짐작할 수 있다.

담당 PD는 이렇게 당시까지 수정된 큐시트를 앞에 놓고 각 해당 스태프감독들과 만나 프로그램 진행의 연결성에 대해 협의했는데 대략 여섯 가지 정도로 나눌 수 있다.

첫째, 영상, 즉 카메라의 연결성이다. SBS 등촌동공개홀의 <연기대상> 스튜디오에는 <그림 7>에서 보듯이 모두 8대의 카메라가 배치됐다.

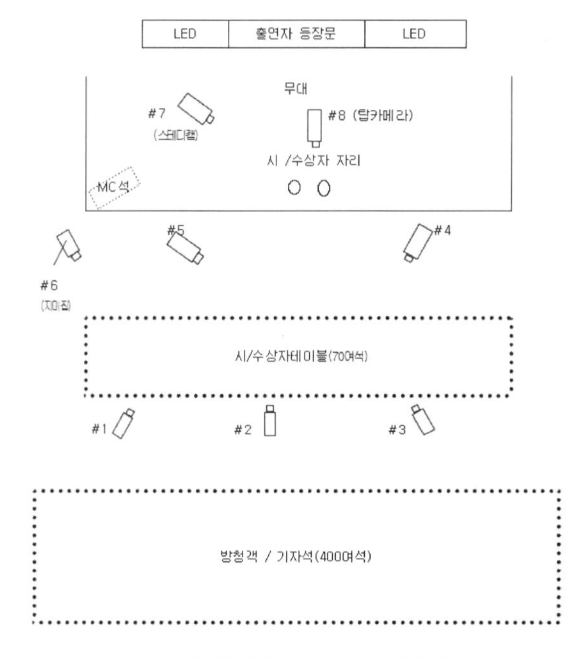

〈그림 7〉 〈연기대상〉 스튜디오 카메라 배치도

1~3번 카메라는 무대 위의 출연자를 잡고, 4~5번 EFP카메라[34]는 무대 앞 테이블에 앉아 있는 시·수상자 배우들을 잡고, 6번 지미집(zimizib) 카메라[35]는 풀 샷(Full Shot)으로 전체 분위기를 역동적으로 잡고, 7번 스테디캠(steadicam)[36]은 무대 뒤에서 등장하는 시상자를 따라 잡고, 8번 탑 카메라(top-cam)는 천장 위에 달린 원격조종 무인 카메라로서 시상 장면을 바로 위에서 잡는 게 주 임무다.

일반적으로 시상식 프로그램은 무대 좌우에 각각 MC석과 시상자 발표석을 두고 무대 중앙에서 시상한다. 그러나 <연기대상> 담당 PD는 시상석을 없애고 시상자 발표와 시상석을 모두 무대 중앙에 두어 출연자들의 동선을 최소화해 연결성을 강조했다.

여기서 시·수상하는 장면의 연속성을 살리기 위해 담당 PD가 패턴화한 기본 카메라 커팅(cutting)의 일례를 살펴보면 다음과 같다. 먼저 MC석에서 시상자 소개(3번 카메라, 3W.S) → 시상자 등장(7번 스테디캠, 2F.S) → 무대 중앙 시상소감(2번 카메라, B.S) → 후보 소개용 VTR 플레이 → 수상자 발표(2번 카메라, B.S) → 수상자 등장(4번 혹은 5번 카메라, Follow → 7번 스테디캠, Follow) → 시상 장면(8번 탑카메라, F.S) → 수상소감(2번 카메라, B.S) → 수상자 퇴장(6번 지미집, F.S) 등의 순서다.[37]

---

34) EFP(Electronic Field Production)카메라는 카메라맨이 어깨에 메거나 들고 혼자서 역동적으로 촬영할 수도 있는 일종의 핸디(handy) 카메라다.

35) 지미집(zimizib)은 크레인 같은 구조 끝에 카메라를 설치하고 아래에서 리모컨으로 촬영을 조정하는 무인 카메라장착 장비다. 역동적인 움직임의 풀 샷(Full shot)을 잡는 데 효과적이다.

36) 스테디캠(steadicam)은 '스테디(steady)'와 '캠코더(camcoder)'를 합친 용어로 글자 그대로 사람의 몸에 장착해 움직여도 흔들림 없는 영상을 쉽게 얻을 수 있게 해주는 장비다.

37) '3W.S'는 3명의 출연자를 웨스트 샷(Waist Shot)으로, '2F.S'는 2명의 출연자를 풀 샷(Full Shot)으로 'B.S'는 1명의 출연자를 바스트 샷(Bust Shot)으로, 'Follow'는 움직이는 출연자를 카메라맨이 함께 움직이며 따라간다는 뜻이다.

기본적으로 카메라는 시청자에게 보여주고자 하는 장면만 선택하며 나머지는 배제된다. 그런데 여기서 중요한 것은 화면의 '연속성'을 유지하기 위해 배제된 나머지 부분은, 이른바 다음 코너나 장면을 준비하기 위한 '연결성'의 기회, 혹은 수단으로 사용된다는 것이다. 예를 들면, 3번 카메라가 3명의 MC를 잡고 있는 동안 무대 중앙에서는 다음 축하공연을 할 출연자들과 마이크가 설치된다든가, 2번이나 3번 카메라가 무대 중앙의 진행 상황들을 잡고 있는 동안 MC석이나 무대 뒤에서는 스태프들이 다음 코너들을 준비하는 것 등이다. 이렇듯 화면 위의 '보이는 연속성'을 위해, 화면 뒤의 '보이지 않는 연결성'도 정교하게 계산해야 하며 이것이 큐시트를 작성하는 데 있어서도 대단히 중요하다. 그것은 준비하는 데 걸리는 시간을 고려해야 되는 문제와도 결부되어 있으며 그것 또한 생방송 시간이기 때문이다.

이러한 연결성은 둘째, 음향에서 다시 살펴볼 수 있다.

> 음향감독: "마이크나 그것을 세우는 스탠드도 무대 위에 넣었다 뺐다 해야 되고, 또 다른 쪽에서는 수시로 등장하는 출연자들의 마이크도 달아줘야 되고, 또 스튜디오 PA[38] 상황도 수시로 점검해야 되고, 오디오맨 여러 명이 각자 역할을 중복되지 않게 배분이 잘 되어야 해요."

<연기대상>에 사용된 마이크는 모두 32개였는데 여기에는 ① 출연자 개인당 1개씩 장착하는 핀(pin) 마이크, ② MC가 손에 들고 진행하는 무선 핸드 마이크, ③ 무대 중앙에 놓인 시·수상자용 스탠드

38) PA(Public Address Amplifier)란 옥외나 극장, 홀 등에서 사용하는 확성 장치용 증폭기로서 흔히 앰프라고 하는 음향확성기를 말한다.

마이크, ④ 방청객 및 현장 분위기를 픽업하는 이펙트 마이크의 네 종류였다. 문제는 이러한 마이크들을 화면에 보이지 않게 무대에 수시로 넣었다 뺐다 할 수 있는 운용의 연결성을 유지할 시간과 여건을 큐시트 내 전체 진행 흐름에서 고려해야 한다는 것이다. 예를 들어 다음 코너가 축하공연일 경우, 무대 중앙에 설치된 ③시·수상자용 스탠드 마이크를 제거해야 하는데 그러기 위해서는 30초 정도가 필요하다. 그리고 축하공연이 끝나고 다시 ③시·수상자용 스탠드 마이크를 무대 중앙에 설치하는 데에는 1분 내지 1분 30초가 또 필요하다. 이러한 해결책의 하나가 화면상의 MC들이 그 시간만큼 멘트로 보완해주는 것이다. 생방송 일주일 전에 담당 PD가 음향감독을 만나 큐시트를 보며 상의한 내용이 이러한 것들인데 그래서 일부 내용의 진행순서와 시간할당이 재수정되기도 했다.

셋째, 무대의 연결성이다. 무대는 모든 출연자들이 움직이는 공간으로서 기본적으로 하나다. 그런데 코너들은 많다. 즉 코너와 코너의 등장인물들이 이상 없이 자연스럽게 교체될 필요가 있다.

> 세트디자이너: "녹화방송인 드라마 세트와 다른, 생방송의 가장 중요한 차이점은 진행의 연결성을 고려해야 된다는 겁니다. 드라마 신(scene)의 연결은 사후편집이 해주지만, 생방(송)은 세 시간이면 세 시간, 두 시간이면 두 시간, 모두 한 세트 위에서 이루어진단 말이죠. 그러면 보이는 공간이 전부가 아니라 보이지 않는 공간도 고려해야 된다는 겁니다. 예를 들면 수십 명의 안무단이 대기할 공간이라든가, 피아노를 대기해 둘 공간이라든가, 또 이들이 제시간에 들어왔다 나갈 공간이라든가 하는, 숨길 공간, 숨을 수 있는 공간이 생방(송)에서는 중요합니다."

넷째, LED의 연결성이다. LED는 '제2의 세트'라고 불릴 정도로 최근에는 그 활용도가 더욱 늘어나고 있는 추세다.[39] <연기대상>에서는 모두 네 종류의 대형 LED가 세트에 배치되었는데 ① 각 시상 부문별 로고나 플레이되는 VTR 등의 화면을 보여주며 현재 진행되는 상황을 알려주는 무대 뒤 대형 메인 LED, ② 역시 각 시상 부문별 로고나 패턴을 보여주는 양쪽 보조 LED, ③ <연기대상> 타이틀을 보여주는 무대 위 아치형 LED, ④ 각 수상자들의 얼굴을 한 명씩 보여주는 무대 바닥 LED 등이다. 큐시트에서 보는 바와 같이 궁극적으로 LED는 세트의 장식을 보조할 뿐만 아니라 현재 진행되는 상황을 수시로 알려주는 일종의 말없는 MC 역할을 한다고 볼 수 있다. 그래서 전체 프로그램이 원활하게 연속성을 유지할 수 있도록 매 아이디어의 코너들이 연결되는 상황을 시청자와 방청객에게 알려주는 연결성의 기능을 적지 않게 수행한다. 담당 PD는 3시간의 생방송 동안 LED에 비춰질 CG그림들의 운용과 제작에 대해 LED 오퍼레이터와 VJ(Video Jockey)를 열흘 전부터 세 차례 만나 세밀하게 협의했다.[40]

다섯째, 사전제작 VTR 구성물들에 대한 배치의 연결성이다. VTR구성물은 프로그램 내용을 보조로 설명하는 기능이 우선적이지만, 생방송을 진행하는 제작스태프에게는 그것이 플레이되는 동안 기존 앞 코너를 정리하고 다음 코너를 준비하는 기회로 적극 활용할 수 있는 수단이기도 하다. 예를 들면 <연기대상> 2부 오프닝

---

39) LED(Light-Emitting Diode) 화면은 과거 아날로그 전자방식에서 최근 디지털 전자방식으로 전환되면서 그 기술의 발달로 일반 행사, 홍보용 수단, 방송 프로그램 등에서 그 활용 범위가 점점 늘어나고 있는 추세다.

40) LED를 세트에서 어느 정도 배치하고 사용하느냐는 전적으로 해당 프로그램의 담당 PD에게 달렸다. <연기대상>의 경우 담당 PD는 LED를 애초부터 새로운 방송 테크놀로지의 총아로 판단하고 전년도 <연기대상>의 예산 부문보다 상당하게 할애하며 비중을 늘렸다.

축하공연을 마치고 다음 순서로 넘어가야 하는데 무대 위에는 합창을 하느라 10여 명이 넘는 출연자와 피아노 한 대가 있었다. 이 모든 사람들과 피아노를 퇴장시켜야 하는데 8대의 카메라 중 어느 것 하나도 이 광경을 피할 수 있는 샷이 나오지 않았다. 그래서 배치한 것이 네티즌 최고 인기상 후보를 고지하는 20초짜리 브릿지 VTR이었다. 이것이 플레이되는 동안 이들은 모두 퇴장하고, 피아노도 무대 뒤로 치우는 것이다.

여섯째, MC대본의 연결성이다. MC는 전체 흐름을 진행하고 통제한다. 출연자든 스태프이든 MC멘트에 따라 움직이며 그래서 MC멘트는 일종의 약속이다. 그러자면 MC멘트는 간결하고 패턴화가 되어야 한다. 예를 들어 코너VTR을 보기 전에 반드시 MC가 "…화면으로 보시겠습니다"라고 말하도록 해 VTR 담당 스태프가 실수 없이 VTR을 플레이하는 신호로 삼게 하는 경우다.

> 대본작가: "MC멘트는 여러 가지 의미가 있지만 생방(송) 중에는 매끄럽게 진행하는, 정교하게 계산된 연결성이라고 봐요. 예를 들어 일단 MC석으로 카메라가 넘어오면 무대 위에서는 막 다음 코너를 준비하잖아요. 그거 준비하는 동안 MC멘트로 시간도 맞춰주고, 또 기술스태프들이 안 헷갈리게 VTR코너를 다음에 본다든가 할 때 MC콜 사인도 'VTR 보시죠' 하고 통일시키고, 단순한 MC멘트가 아니죠. 모든 준비과정을 카메라에서 감추는 복합적인 전술이 예를 들면 MC멘트죠."

MC대본은 전체 생방송 프로그램을 진행하는 키워드다. MC를 포함한 모든 출연자들의 멘트는 시청자에게는 프로그램을 자연스럽게 이해하게 하는 '내용'이지만, PD, 카메라, 조명, 음향, 기술, 음악 및 음향효과, 자막 담당, VTR 담당, 현장진행 AD, FD 등 현장의 모든 제작스태프들에게는 일사분란하게 움직이게 하는 일종의 '신호'다.

앞서 드라이 리허설 때 연출팀들이 예행 연습한 것도 바로 이렇게 코너와 코너 간의 자연스러운 연결성들을 점검한 것이다. 또한 이날 오후 3시부터는 분장실에서 MC들이 담당 PD, 대본작가와 함께 만나 대본 리딩(reading)[41]을 했는데 이것도 중요하게 확인한 사항이 무대진행의 연결성에 대한 것들이다. 예를 들어 "이 부분은 다음 코너가 축하 무대이니까 준비하기 위해 MC가 멘트로 시간을 1분 정도 끌어줘야 된다"든가 하는 유의 사항들이다.

4) 송출기능으로서의 중요성

1912년 미국의 초기 라디오 시절에는 방송사를 설립하려면 법적인 조건을 충족해야 허가받을 수 있었는데 그 조건이란 '어떤 전파 장애나 신호방해도 없을 것'이었다(Heo, 2004). 이처럼 방송은 '있는 그대로'를 '전달'하는 기능을 목표로 태어났다. 즉 송출기능으로서의 생방송이 목표였다.

> 기술감독: "사람의 실수는 용서받을 수 있어도 기술의 실수는 용서받을 수 없어요. [...] 생방송은 한마디로 '떨림'입니다."

방송의 첫째 의무는 '이상 없는 송출'인데 생방송도 마찬가지다. 생방송은 제작자와 시청자가 동시에 만나는 접점이다. 제작자는 '전달자'이고, 시청자는 '수혜자'다. 전달자는 이상 없이 전달할 '의

41) '대본 리딩(reading)'이란 MC들과 담당 PD, 대본작가가 함께 대본을 실제 읽으면서 최종 점검을 하는 작업을 말한다.

무'가 있고, 수혜자는 이상 없이 전달받을 '권리'가 있다. 생방송은 이런 '의무인'과 '권리인'의 만남이다. 그렇다면 '의무인'은 당연히 떨릴 수밖에 없다.

송출에 관한 한, 절대적인 책임을 지는 것이 기술팀이다. 그래서 생방송 때 유독 긴장하는 것이 기술감독이다. 위에서 기술감독이 한 말은 바로 이런 뜻에서 한 말이다. 출연자는 사람이니까 실수하면 실수했다고 용서라도 바로 구할 수 있지만, 기계는 말을 못 하니 용서도 못 구한다는 뜻이다. 더구나 출연자, 즉 사람의 실수는 눈에 잘 안 띄어도, 기계는 그 사고가 고스란히 눈에 띈다는 부담감이 있다. 예를 들어 화면이 기술사고로 1초만 꺼져도 혹은 소리가 1초만 안 들려도 시청자는 금방 알 수 있다. 생방송은 이상 없는 송출의 의미가 가장 큰 생방송제작의 최종단계다. 제작과 동시에 전달하는, '만들면서 바로 전해주는' 매우 바쁜 작업이다.

> 기술감독: "녹화방송의 최종 아웃점은 레코딩 된 VTR입니다. 생방송은 온에어(on air) 되는 거예요. 온에어가 되려면 말 그대로 온에어, 즉 방송인데 그러자면 중간 전송구간이라는 게 필요하잖아요. 즉 <연기대상>의 경우, SBS 등촌동공개홀에서 SBS 목동본사 NQC라는 데로 가서 거기서 다시 남산 송신탑으로 보내져서 전국에 나가는 거라고요. 그러자면 등촌동공개홀의 부조정실이 뭡니까? 부조정실의 그림이 바로 시청자를 만나는 최전방이란 말이죠. 녹화방송은 부조정실이 중간 단계예요. 사후편집이 또 있으니까요. 그때는 최종단계가 편집된 테이프가 플레이되는 목동 본사 TV주조정실이에요. 그렇다면 생방(송)은 부조정실에서 스튜디오에서 올라오는 그림, 소리, 조명, 음악, 효과 등을 모두 한꺼번에 조절해서 잘 잡아내는 데서 끝나는 게 아니라 그걸 보내는 것, 즉 송출하는 것까지 신경 써야 한다는 겁니다. 생방(송) 때 가장 바쁜 게 우리 기술파트예요."

텔레비전 방송시스템은 ① 스튜디오, ② 부조정실(studio control room), ③ 주조정실(master control room), ④ 스튜디오 지원 장소로 이루어져 있다(Zettl, 1992). 카메라, 소품, 세트, 의상 등의 장비를 보관하는 ④스튜디오 지원 장소를 제외하면 생방송은 '스튜디오 → 부조정실 → 주조정실 → 송출탑 → 시청자'의 과정으로 전달된다. <그림 8>은 생방송 송출의 기술시스템을 요약한 것이다.

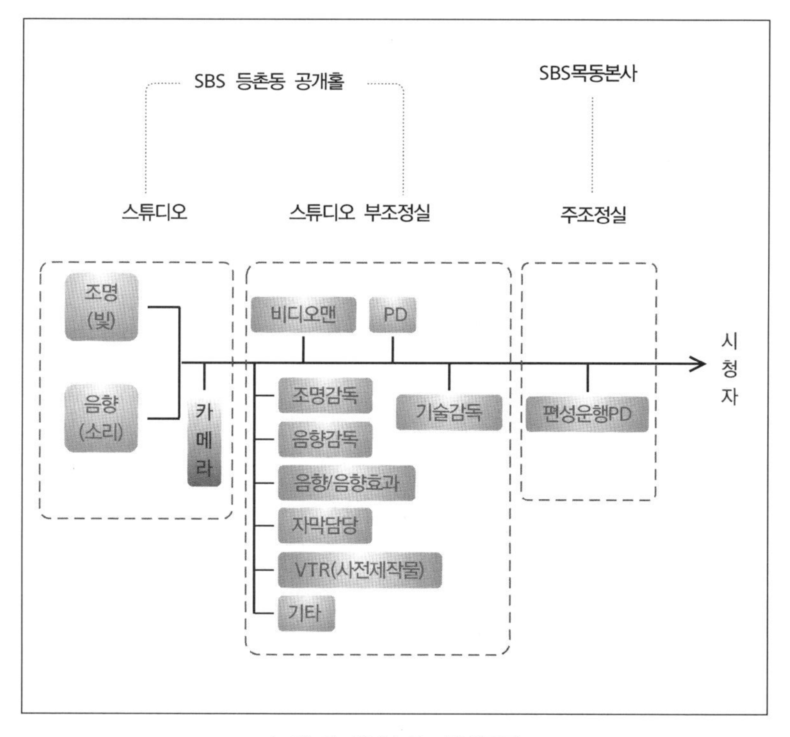

〈그림 8〉 생방송의 기술시스템

<그림 8>에서 보는 바와 같이 스튜디오 부조정실은 스튜디오에

서 진행되는 모든 사항들이 최종 통합되어 시청자들에게 보내지는 총사령부라 할 수 있다. PD가 부조정실에서 8대의 스튜디오 카메라가 보내오는 화면 중 매 순간 하나를 선택해 자막과 함께 생방송으로 내보내는 화면이 곧 시청자가 보는 화면이다. 이는 곧 PD를 포함한 부조정실의 제작자와 시청자가 화면을 맞대고 서로 마주 보고 있는 형국이다.

조명감독은 수많은 조명을 연출하고, 음향감독은 스튜디오 마이크들에서 보내오는 소리를 선택 및 결합하고, 음악 및 음향효과감독은 배경음악과 효과음을 내보내고, VTR 담당은 사전에 제작된 VTR 코너물들을 제때에 내보내고, 자막 담당은 자막을 또 이상 없이 내보낸다. 그리고 이러한 모든 요소들이 동시에 한 화면으로 응집되면 비디오맨은 매 순간 화질이 이상 없도록 조절하고, 이렇게 여러 대의 스튜디오 카메라가 보내오는 그림들 중에 PD가 목소리 콜사인(call sign)으로 하나씩 선택하면, 기술감독은 그것을 재빨리 스위칭(switching) 해서 시청자에게 내보낸다. 결국 이러한 모든 제작요소들의 최종 통제실이 스튜디오 부조정실이다. 그래서 생방송 제작자들에게 부조정실은 '시청자를 만나는 최전방'으로 불리기도 한다.

한편 스튜디오 부조정실이 '제작의 최전방'이라면, SBS 본사에 있는 주조정실은 '편성운행의 최전방'이라 할 수 있다. 여기서 편성운행 PD들은 프로그램이 이상 없이 송출되는 과정을 지켜보며 프로그램의 전·후를 준비하는데 <연기대상>의 경우, 생방송이 시작되고 끝나는 시간을 통제하며 이후 내보낼 프로그램들을 준비한다. 이것은 한편 윌리엄즈(Williams, 1974)가 텔레비전은 분절의 의미가 아니라 편성의 ‘흐름(flow)’, 즉 프로그램과 프로그램은 광고, 예고편, 캠페인 등과 같이 연속적으로 연결된 ‘흐름’이 그 특징이라고 지적했듯이, 바로 이러한 편성운행을 실천하는 곳이 주조정실이다.

생방송은 한마디로 ‘송출’이다.

5) 생방송 사고의 위험성

사후제작과정의 부재에 따른 마지막 다섯 번째 특성은 이상 없는 송출을 해야 하는 조건에서 야기되는 생방송 사고의 위험성이다. 방송제작자들을 놀라게 한 생방송 사고들은 한둘이 아니다. 생방송으로 진행되는 <대종상 영화제>에서 ‘초록물고기’라는 영화 제목이 ‘초록불고기’라고 방송되는 자막오기사고가 발생해 다음 날 언론기사에 온통 도배된 적도 있고, MBC <음악캠프>에서 생방송 도중에 가수 카우치가 노래를 부르다가 흥에 취해 팬티를 내려 큰 충격을 준 적도 있고, SBS <인기가요>에서는 가수 씨야의 멤버 한 명이 노래를 부르다가 생방송 도중에 무대에서 갑자기 쓰러지는 사건으로 이후 몇 달간 녹화제작으로 바뀐 적도 있었다. 방송제작자에게는 생방송이 두렵기까지 한 매우 위험한 방송이다.

방송 사고는 방지되어야 한다. 그렇다면 최선책은 예방이다. 송출은 특히 기술팀이 책임을 진다. 그래서 여기에 관한 한 가장 민감한 것 또한 기술팀일 수밖에 없다. 그 예방법은 만약의 사고에 대비한 예비시스템의 구동이다.

> 음향감독: “생방(송)은 녹화방송과 달리 예비시스템이 작동되는 듀얼(dual)시스템이에요. 오디오맨도 필요인력과 예비인력, 장비도 예비로 하나 더 동시에 같이 운용하죠. 예를 들어 MC들이 손에는

핸드마이크를 들고 진행하지만 혹시 배터리가 도중에 나갈 경우를 대비해 따로 와이어리스(wireless, 무선) 핀 마이크를 MC들의 몸에 채워두죠. 그래도 불안해서 무대 밑에는 오디오맨이 마이크를 들고 또 늘 대기하고 있죠."

LED 오퍼레이터: "생방송 때는 LED 컨트롤러(controller)를 예비로 하나 더 준비해요."

이는 비단 기술팀만의 문제도 아니다. 생방송에 참여하는 모두에게 해당되는 문제다.

음악 및 음향효과감독: "생방(송) 때는 노래를 틀 때 예비CD를 한 개 더 준비해 동시 플레이를 하죠. 만에 하나 CD가 플레이 안 되면 예비CD로 바로 넘기죠."

자막 담당: "출연자 이름도 경우의 수를 두고 미리 준비하죠. 예를 들어 MC 이름이 '하희라-김용만-구혜선'이다, 그러면 아무리 그 순서로 카메라 앞에 선다 해도 혹시 모르니까 김용만-하희라-구혜선', '구혜선-김용만-하희라' 순으로 자막을 예비로 당연히 더 준비해놓죠."

생방송은 녹화방송과 달리 그 자체가 제작의 마지막 과정이다. 그래서 방송 사고를 방지할 수 있는 유일한 방법은 예방 이상 없다. 생방송 도중에라도 돌발 사태에 대비할 수 있는 예비시스템을 갖추는 것이다. 이는 텔레비전 주조정실에서 방송운행을 담당하는 편성운행 PD에게도 마찬가지다.

편성PD: "생방송은 시간을 못 맞출 가변성이 있기 때문에 매일 정규적으로 생방송하는 프로그램 외에 특집 편성으로 생방송이 잡히면, 편성팀에선 운행 데스크가 따로 한 명 더 당직을 섭니다.

돌발 상황이 생기는 거에 대처를 하기 위해서...."

매일 사전에 짜인 편성표대로 프로그램들을 주어진 방송시간에 맞춰 송출하는 곳이 텔레비전 주조정실이며 그 담당 부서가 편성부이다. 그래서 이러한 일을 담당하는 편성운행 PD에게 가장 중요한 것이 '방송시간의 조절'이다. 편성표대로 약속한 시간에 프로그램이 방송되자면 특집 생방송은 촉각을 곤두서게 하는 요주의 프로그램임에 틀림없다. 도대체 얼마나 정확하게 주어진 방송시간을 지켜낼 수 있을지 알 수 없기 때문이다. 그래서 유일한 방법이 당직PD를 별도로 한 명 더 두어 만약의 사태에 대비하는 것이다.

마지막까지 방심할 수 없는 것이 방송 사고에 대한 안전이다. 이는 생방송을 앞둔 담당 PD의 제작일지에서도 엿볼 수 있다.

> 이제 '만에 하나의 사태'에 대비해야 한다. 안전에 최종 신경 써야 한다. 더 이상 새로운 의욕이나 욕심을 부리면 안 된다. 아무리 잘 지은 밥 한 공기도 조그마한 모래 몇 알로 그동안의 모든 노력이 허사가 되고 만다.
>
> \- 12월 26일 제작일지

생방송은 지금 발생하는 사건을 있는 그대로 보여주기 때문에 제작팀에게는 사후수습이 불가능한 매우 위험한 방송이다. 그래서 담당 PD가 여타 스태프들과 협의해 마지막까지 고민하고 협의하는 것이 생방송에서 만에 하나 발생할지 모를 장애요소를 예측하고 제거하는 작업이다. 이에 대한 <연기대상>의 몇 가지 사례는 다음과 같다.

첫째, 1부 오프닝 <왕과 나> 개막공연에서 당초 전문 검무단이

검술을 할 때 줄에 매달아 공중으로 날아오르는 장면도 연출하려 했으나, 만에 하나 줄이 끊어진다든가 삐끗할 위험이 있다고 판단되어 포기한 사례다.[42]

둘째, 2부 오프닝 축하공연에서 <황금신부> 출연자 10여 명이 합창을 하기로 했는데 사실 당당PD의 간곡한 부탁으로 그들이 겨우 허락은 했지만, 실제 그들이 노래를 따로 연습할 시간은 없었다. 이는 생방송 도중에 화음이 제대로 맞지 않을 소지가 다분해서 전문 코러스 3명을 추가로 세워 출연자들은 입만 벙긋해도 별 표시 안 나게 예방하도록 했다.

셋째, '10대 뉴스타상'을 수상하기 위해 무대 뒤에서 10명의 수상자가 한 명 한 명 등장할 때마다 무대 위에서 10m짜리 대형 브로마이드를 펼치기로 했는데 이것 역시 만에 하나 펼쳐지지 않을 위험이 있다고 판단돼 포기했다.

넷째, 수상자들에게 전달하는 꽃다발과 객석에서 하객이 무대 위로 갖고 올라오는 꽃다발들이 생방송 진행에 방해요소가 된다고 판단돼 일체 금지시키고 시상자가 오직 트로피만 깔끔하게 전달하기로 했다.

다섯째, 생방송 3일 전까지 담당 PD가 고민에 고민을 거듭하다가 내린 결정 사항이었는데 네티즌 남녀 최고 인기상 투표현황을

---

42) <연기대상>의 축하 무대는 크게 네 가지였다. 1·2부 오프닝 무대와 1·2부 중간 축하 무대였다. 1부 오프닝 개막무대는 대하사극 <왕과 나>의 주인공 전광렬과 40여 명의 검무단, 그리고 엑스트라가 극중 시대를 재현해 화려하게 등장하는 쇼였으며, 2부 오프닝 무대는 가족드라마 <황금신부> 출연진 10여 명이 드라마 주제곡 '그대지기'를 경쾌하게 합창하는 것이었다. 1부 중간 축하 무대는 신예 탤런트 최여진과 안무팀의 섹시댄스 노래였으며, 2부 중간 축하 무대는 뮤지컬배우 출신 탤런트 오만석의 발라드 노래와 아역 탤런트 5명이 가요 '희망사항'을 MC 중 한 명인 탤런트 하희라와 함께 부르는 <2008 희망사항>이라는 미니 뮤지컬로 꾸미는 것이었다.

생방송 도중 수시로 고지하기로 한 것을 포기하고, 단순히 그 후보 10명만 20초짜리 VTR로 수시 고지하며 MC가 투표만 종용하기로 한 결정이다. 이것은 운용상 기술적으로 위험할 여지가 있었기 때문이다.

여섯째, 코너 사전 준비에 관한 사항이다. 애초 생방송으로서 묘미를 살릴 방안으로 <연기대상> 담당 PD가 채택한 두 가지 코너 구성물이 있었는데, 하나는 네티즌 실시간 참여방안으로서 선정된 10대 스타들 중에 생방송으로 진행되는 동안 남녀 최고 스타 한 명씩을 시청자들이 시시각각 인터넷 투표로 최종 결정하는 방식이었다. 이것은 기술적 운용의 어려움과 위험성으로 생방송되기 5일 전에 담당 PD가 포기했다.

또한 2부 중간 부분에 2008년 새해를 맞이하는 자정을 기해 서울 종로의 보신각을 중계차로 연결하는 코너에서 현장의 아나운서가 새해 보신각 타종을 울리는 장면과 수많은 시민들 중의 한 시민과 새해 소망을 인터뷰하는, 3분가량의 중계차 구성물을 삽입하는 것이 있었다. 그래서 정확히 12시 자정을 기해 종로 보신각 현장의 시민들과 스튜디오 방청객을 이원 생중계로 연결해 함께 새해맞이 10초 카운트다운을 펼치기로 한 코너인데 이것은 대단히 어렵고 위험한 기술이다. 왜냐하면 자정을 1초도 틀리지 않게 정확히 맞춰야 하기 때문이다. 그래서 앞서 <표 5>의 큐시트를 보면 알 수 있듯이 이 부분은 너무 중요한 문제였기 때문에 별도로 별표(★)를 표시해두었다.

이 부분에 대한 진행 사항을 <표 5>의 큐시트로 보면, MC 김용만이 무대 앞 출연자 테이블로 내려와 배우들과 자유롭게 인터뷰하다가(3분 10초) → 자정 30초 전에 중계차 현장의 아나운서를 불러 크로스 토크를 하고(20초) → 정확히 자정 10초 전에 종로 현장의 시민들 수만 명과 스튜디오 방청객이 함께 이중 화면으로 새해맞이 10초 전 카운트다운을 하고(10초) → 자정을 기해 보신각 타종을 울리는 장면으로 넘어가고, 아나운서가 시민 가족 한 명과 새해맞이 소감 인터뷰를 하고(2분) → 이어서 아역배우 5명의 새해 소망에 대한 사전제작 VTR을 보여주고(1분 40초) → 무대 위에서 아역배우 5명과 MC 하희라가 '희망사항'이라는 노래와 안무로 축하공연을 하고(1분 40초) → 이어서 무대 뒤에서 탤런트 오만석이 홀로 등장해 'This is the moment'란 노래를 부르고(2분 40초) → 다시 MC석으로 장면을 넘기는 등 쉼 없는 구성이다.

운용상 대단히 복잡하다. 10초 카운트다운을 맞추기 위해 1초도 틀리지 않고 시각을 맞춰야 하고, 무대 위에서 노래하고 안무하는 출연자들의 등퇴장 문제도 걸리고, 마이크 운용도 인원이 많아 쉽지 않다. 게다가 아역배우들과 하희라가 노래 '희망사항'을 부를 때 무대 특수효과로 비눗방울을 날리고, 오만석이 노래할 때 분위기를 고조시키기 위해 드라이아이스와 눈을 뿌리려고 했는데 여기서 또 발생하는 문제가 이러한 무대 특수효과들로 무대 바닥이 대단히 미끄러워져 출연자들이 넘어질지도 모른다는 위험이었다. 여기에 대해 가장 우려를 표시한 게 기술감독이었다. 그러나 담당 PD는 이러한 구성을 포기하고 싶지 않았다. 이 부분을 3시간 생방송의 하이라이트로 여겼다.

그래서 결국 생방송 이틀 전에 내린 결정이, 생방송 당일에 리허설을 할 때 이 부분들을 사전녹화하기로 한 것이다. 즉 아역배우들의 새해 소망 VTR을 플레이하는 부분부터 오만석이 노래하는 것까지 생방송이 시작되기 몇 시간 전에 미리 녹화를 해두자는 아이디어였다. 그러면 자정 10초 전 카운트다운도 한결 여유로운 마음으로 맞출 수 있고, 출연자들도 한결 편안하게 NG 신경 안 쓰며 노래와 안무를 할 수 있고, 비눗방울과 눈, 드라이아이스 등과 같은 무대 특수효과도 마음껏 활용할 수 있기 때문이었다. 그리고 사실, 자정을 기해 중계차 현장으로 넘기기 전에 MC 김용만이 무대 앞 테이블에 앉아 있는 배우들과 자유롭게 인터뷰를 하기로 한 부분도, 그렇게 진행하다가 언제든지 중계차 현장으로 연결하고자 하는 오로지 시간 쿠션용의 의도이기도 해서였다.

방송제작자로서 프로그램의 방송시간을 준수해야 하는 것은 대단히 중요한 문제다. 만약 이를 준수하지 못하면 이것 또한 담당 PD에게는 방송 사고이다. 자정을 1초도 틀리지 않고 종로 보신각의 중계차를 연결해야 하는 타이밍의 문제도 마찬가지다. 대단히 어려운 문제다. 그래서 혹시나 그 타이밍을 맞추지 못할 경우를 대비해 담당 PD는 사전녹화방식 외에 한 가지 안전장치를 더 두었다. 우선 <표 11>의 방송운행표를 보자.

〈표 11〉 방송운행표

시작시간	제작시간	프로그램명	Tape No.	VTR No.	비고
21:46:07	01:25:00	**송년특집 2007 SBS 연기대상 (1부) (C) (15세)**			
23:11:07	00:01:41	(25) 이어서 (주)월드호텔앤 (호텔패스(1107수정)) 에스케이텔레콤(주) (T 새해복많이) (주) 케이티프리텔 (SHOW(이마트)) 금호산업(주) (패션편(수정2)) (주)케이티미디어본부(메가TV(PAVV))		CM	
23:12:48	00:00:40	[공익캠페인] 중앙선거관리 위원회 (국민 화합 편)	42-03933	PR1	
23:13:28	00:00:12	ID(월)25(주)잉글리쉬채널 (잉글리쉬채널 ID A안)		ID	불한당(첫)
23:13:40	01:33:00	**송년특집 2007 SBS 연기대상 (1부) (C) (15세)**			

매일 방송을 내보내는 최종 부서는 주조정실의 편성운행팀이다. 여기서는 매일 그날그날 매 시각마다 내보낼 프로그램들의 방송계획을 정리한 방송운행표라는 것이 있다.

<표 11>의 방송운행표는 12월 31일에 방송되는 모든 프로그램들의 방송운행계획 중 <연기대상> 부분만 발췌한 것이다. <연기대상>의 공식적인 방송시간은 1부가 21시 50분~23시 15분(85분), 2부가 23시 15분~익일 0시 50분(95분)이다. 그러나 프로그램과 프로그램 사이에는 SB시간(Station Break spot)이란 것이 있다. <표 11>에서처럼 <연기대상> 1·2부 사이에 삽입되는 광고, 예고, 캠페인, 이어서 ID[43] 등을 내보내는 시간을 말한다. 편성의 '흐름'이

43) '이어서 ID'란 한 프로그램이 끝나자마자 "이어서 ○○○ 프로그램이 방송되겠습니다"라고 다음 프로그램을 고지하는 부분을 말한다.

라는 윌리엄즈(Williams, 1974)의 프로그램과 프로그램 사이의 연결성이라는 실례도 이 부분이다. 사전에 언론에 고지된 편성시간표가 있지만, 거기에는 사실 이렇게 SB시간이 빠져 있기 때문에 프로그램 방송시간 길이는 실제 제작되는 프로그램 시간 길이와는 몇 분간의 차이가 있다.

또한 각 프로그램들은 용인되는 수준의 방송제작 길이라는 것이 있다. 통상 방송시간 기준 1분 내외다. 예를 들면, 편성팀에서 60분짜리로 만들어달라면 그 뜻은 통상 59분에서 61분 사이에 맞춰 제작을 해달라는 뜻이다.

<표 11>에서 보듯이 생방송 당일 오전에 편성운행팀이 <연기대상> 제작팀에게 통보한 <연기대상> 1부의 시작시각은 21시 46분 07초이며, 방송제작시간은 1시간 25분(75분)이다. 또한 <연기대상> 2부의 시작시각은 23시 13분 40초이고, 방송제작시간은 1시간 33분(93분)이다. 그러나 정작 <연기대상>의 방송이 시작된 시각은 애초 예정되었던 21시 46분 07초보다 2분 11초가 늦은 21시 48분 18초였다. 이는 <연기대상>이 시작되기 전까지 이날 오전부터 다른 프로그램들이 그동안 방송돼 오면서 오차가 발생했기 때문이다. 그래서 한편 부르동(Bourdon, 2000)은 녹화 프로그램이든, 생방송 프로그램이든 텔레비전이 이들을 수시로 편성해서 방송을 내보낸다는 것 자체가 이미 생방송의 함의를 갖고 있다고 했다. 주조정실에서 편성운행 PD들이 일련의 프로그램들을 SB로 연결하면서 그때그때 대처해 송출해나간다는 것 자체가 이미 생방송이라는 것이다.

<연기대상> 담당 PD는 12시 자정을 1초라도 틀리지 않고 10초 카운트다운을 하기 위해 이 부분 이후 몇 개 코너들을 사전에 미리

녹화해두었었다. 그런데 <연기대상>이 생방송되는 1부 초반부터 한 가지 문제가 발생해버렸다. 그것은 '조연상' 첫 시상 부문에서 시상자로 등장한 한 탤런트가 말을 하면서 당초 큐시트에 예정된 시간보다 무려 9분가량을 초과해버린 것이다. 이에 담당 PD는 1부 방송 내내 시간의 압박에 시달려야 했는데, 1부 방송이 끝나고 SB 시간에 담당 PD가 타임키퍼[44]와 시간계산을 한 결과는 1부에서 약 6분가량을 초과했다는 것이었다. 이것은 매우 중요한 문제였다. 2부에서 정확히 자정을 기해 서울 종로 현장의 중계차를 연결해 새해 보신각 타종을 1초도 틀리지 않고 맞추자면 어떡하든 초과한 6분을 줄여야 하는 것이다. 뭔가 그 시간만큼의 분량을 최소한 자정 직전까지 빼지 않으면 해결할 수 없는 문제였다.

2부 방송이 시작되고 난 다음에도 담당 PD는 여기에 대한 선택을 미루다가 고민 끝에 결국 빼야 되겠다고 판단한 그 코너 직전에 결정을 내렸는데 그것은, 큐시트상 2부의 23시 47분 40초에 방송하기로 했던 사전제작 VTR 코너인 6분 40초짜리 '2007 SBS 드라마 D(rama)-War'를 빼고 바로 그다음 코너로 넘어가는 것이었다. 그 결과 자정의 새해 시보는 무사히 맞출 수 있었으며 이후 방송도 무사히 진행되었다.

생방송 도중에 프로그램의 시간문제가 발생하는 경우는 두 가지가 있다. 하나는 시간이 초과할 경우이고, 다른 하나는 시간이 부족할 경우다. 시간이 부족한 경우는 MC나 여타 출연자들의 애드리브로 웬만하면 보충할 수 있다. 문제는 시간이 초과하는 경우다. 이에

---

44) 타임키퍼(time keeper)는 생방송 프로그램에서 담당 PD 바로 옆에서 스톱워치를 들고 방송이 진행되는 시간을 점검하고 수시로 알려주는 스태프를 말하는데 일반적으로 작가가 맡지만 <연기대상>에서는 외주PD가 맡았다.

대비해 예비 시스템으로 준비하는 것이 바로 구성의 흐름상 있어도 되고, 없어도 되는 사전제작 VTR 구성물이다.

> 혹시나 하고 준비했는데 'D(rama)-War'는 제대로 써먹었다. 하지만 이 코너를 준비한 제작팀과 출연자에게는 여간 미안하고 아까운 게 아니다. 재미도 좋았는데 날리고 보니 여간 아쉽지 않다. 제작비도 좀 만만찮게 들었는데….
>
> \- 생방송 끝난 이틀 후, 2008년 1월 2일 제작일지

<표 12>는 생방송이 끝난 다음 날 편성운행팀에서 작성한 최종 방송운행결과표다.

〈표 12〉 방송운행결과표

시작시간	제작시간	프로그램명	Tape No.	VTR No.	비고
21:48:18	01:31:31	**송년특집 2007 SBS 연기대상 (1부) (C) (15세)**			
23:19:49	00:01:41	(25) 이어서 (주)월드호텔앤 (호텔패스(1107수정)) 에스케이텔레콤(주) (T 새해복많이) (주) 케이티프리텔 (SHOW(이마트)) 금호산업(주) (패션편(수정2)) (주)케이티미디어본부(메가TV(PAVV))		CM	
23:21:30	00:00:40	[공익캠페인] 중앙선거관리 위원회 (국민화합 편)	42-03933	PR1	
23:22:10	00:00:12	ID(월)25(주)잉글리쉬채널 (잉글리쉬채널ID A안)		ID	불한당(첫)
23:22:22	01:34:23	**송년특집 2007 SBS 연기대상 (1부) (C) (15세)**			

<표 12>에서 보듯이 애초 방송운행표 원안에서 예정했던 시간

계획보다 다소 차이가 있음을 발견할 수 있다. 1부의 경우 예정 방송제작시간이 애초 1시간 25분이었지만 결과는 1시간 31분 31초로서 6분 31초가 초과되었다. 2부는 애초 1시간 33분이었는데 결과는 1시간 34분 13초로서 1분 13초가 초과되었다. 결국 1·2부 합쳐 7분 44초가 초과한 셈이다. 방송제작시간을 기준으로 1분 내외가 용인되는 일반적인 제작관례와 비교하면 매우 많이 초과한 시간이다.

그러나 녹화방송과 달리 <연기대상>과 같은 생방송의 경우는 이 문제에 관한 한, 예외가 적용된다. 즉 이번 <연기대상>의 경우, 무엇보다 중요한 관건은 자정의 새해 시보를 맞춰야 한다는 것이었다. 이는 결국 성공했다. 그래서 방송사 조직에서는 7분 44초 정도의 시간 초과는 이해하고 용인한다는 사실이다. 이 점이 또한 녹화방송과 생방송의 차이다.

생방송은 제작팀에게 '시간의 싸움'이다. 생방송의 관건은 정해진 방송시간에 아무 방송 사고 없이 끝내는 게 관건이다. <연기대상>은 이러한 목적을 달성했다.

녹화방송과 달리, 생방송은 방송시간 준수문제에서 상대적으로 관대하다. 더구나 <연기대상>의 경우, 3시간 방송이란 매우 긴 시간이다. 비록 <연기대상>이 7분 44초 정도 정해진 방송시간을 초과했지만 생방송이라 용인한다는 것이다.

생방송된 후 하는 마지막 제작과정이 프로그램에 대해 평가를 하는 것인데 평가 기준은 여러 가지가 있지만 일반적으로는 시청률이다. 그러나 생방송의 경우는 다르다. 특히 <연기대상>과 같은 대형 특집 생방송은 더욱 그렇다. <연기대상>이 방송된 다음 날 시청률이 나왔지만, 여기에 대해 조직 내 상관들이 담당 PD에게 언급하는 사람은 아무도 없었다. 생방송은 시청률보다 아무 사고 없이 무사히 방송이 끝났다는 것이 더 중요하기 때문이다.

생방송의 목표는 '이상 없이 방송이 끝나는 것'이다. 내용성이나 프로그램의 질도 이러한 생방송의 목표가 달성되는 순간, 모두 여기에 묻혀버린다. 일반적으로 시청률이 중요한 녹화방송과 다른, 생방송의 한 특성이기도 하다.

2. 정서적 특성

지금까지 살펴본 바와 같이 텔레비전 제작자에게 생방송은 매우 위험하고 어려운 작업이다. 그만큼 제작자들에게는 방송 후, 기쁨도 크고 아쉬움도 늘 남는다. 지금부터는 <연기대상> 제작자들에게 나타나는 정서적 특성이다.

1) 희열과 패배감

기술감독: "생방송을 한마디로 정의하자면 나는 '떨림'이라고 봐요. 생방(송) 전의 긴장감. 스탠바이하고 있는 카메라 그림 하나가 준비되어 있잖아요. 그걸 생방(송) 시작과 동시에 온에어 시킬 때의 그 첫 느낌, 그건 정말 굉장한 떨림입니다."

자막 담당: "생방송은 사람의 수명을 단축시켜요. 생방(송) 때는 다리가 후들거린다니까요. 너무 두려워요."

정신없다. 챙겨야 할 게 너무 많다. CG, 자막, 중계차, 생방송 당일 식사계획, 카메라 워킹, 주차문제, 안내, 도우미, 레드카펫, 배경음악, 특수효과 등 세세한 것들이 밀려온다. 도대체 이 행사를 위해 움직이는 사람들은 몇 명일까? 이럴수록 나는 차분해야 한다. 근데 시간이 다가올수록 잠은 안 오고 긴장된다. '시청률', '방송 사고', '완벽한 연출', '화려한 이펙트', '새로운 예술성', '원활한 진행', '역시 이동규!', '올 연말 최고의 생방송'… 이런 단어들이 막 떠오른다. 그러고 보니 오늘 성탄절이구나!

- 12월 25일 제작일지

이렇듯 생방송 제작자들은 거의 공통적으로 긴장한다. 이유는 간단하다.

공동연출PD: "생방송은 결과가 분명하잖아요. 둘 중의 하나거든요. 성공이냐, 실패냐."

생방송에 대한 평가는 간단하다. 사고 방송이냐, 무사고 방송이냐다. <연기대상> 제작팀은 생방송을 진행하며 오직 이 목표 하나만을 위해 전력 질주했다고 해도 과언이 아니었다. 만에 하나의 허점이라도 보여서는 안 된다. 그래서 스태프들은 방송 내내 긴장했다. 그래서 긴장의 결과도 둘 중의 하나밖에 없었다. '성공의 희열'이냐, 아니면 '실패의 패배감'이냐.

기술감독: "테크니컬한 부분은 일단 완벽하게 해주고 싶은 게 우리 엔지니어들의 습성이죠. […] 만약에 사고가 발생했다, 그러면 우리 엔지니어들은 그냥 패배감이에요. 패배감이 말도 못 한다고요."

음향감독: "대형 특집 생방송에 대한 저희들 생각도 두 가지예요. '아, 나도 한번 해보고 싶다', '하지만 너무 부담돼.' 두렵죠. 근데 무사히 끝내면 그 성취감이나 희열은 이루 말할 수 없죠. […] 저희들은 정말 둘 중의 하나밖에 없어요. 사고냐, 무사고냐."

FD: "생방송은 희열이 커요. 끝나고 나서 스태프분들에게 '수고하셨습니다' 인사도 더 크게 하게 되고, 정말 뭔가를 크게 하나 했다는 느낌…."

생방송은 곧 송출이다. '무사고 방송'이란 곧 '무사고 송출'이다. 여기에는 전달의 성공이냐, 실패냐, 둘 중의 하나밖에 없다. 그래서 결과도 분명하다. 성공과 실패로 요약되는 생방송의 결과에 대해 유독 그 희열을 강조하는 것이 기술팀이다. 왜냐하면 기술팀이 전적으로 송출을 책임지기 때문이다.

생방송을 하는 동안, 나는 정말 시청자 얼굴을 바로 앞에서 보는 듯했다. 부조정실에서 보는 화면은 그야말로 시청자 얼굴 그 자체였다. 그러나 얼마나 다행인가. 나는 그 얼굴에 아무 상처도 내지 않고 무사히 생방송을 마쳤으니 말이다.

- 생방송이 끝난 이틀 후, 2008년 1월 2일 제작일지

2) 아쉬움

생방송 제작자들은 무사고를 갈망하는 만큼 긴장도 하지만 정신적으로도 매우 집중한다. 그래서 '희열'도 아니고, '패배감'도 아닌 감정도 있다. 그것은 성공하든, 실패하든 상관없이 방송이 끝난 후 자연스럽게 밀려오는 '아쉬움'이다.

음악 및 음향효과감독: "생방송은 긴장감이 가장 크죠. 근데 끝나면 우리는 희열보다 항상 아쉬움이 더 커요. 우리는 기까께[45]거든요. 타이밍이란 말이죠. 1초, 2초를 따지는 포인트 싸움이기 때문

45) 우리나라 방송현장용어에는 일제시대부터 사용되던 일본식 방송제작용어의 잔재가 아직 다수 남아 있는데 기까께(きっかけ)도 그중 하나로서 시간 맞춤, 적시등장과 같은 뜻인데 우리말로는 때맞춤, 영어로는 타이밍이라 할 수 있다.

에 그게 언제나 모든 효과가 다 100% 완벽하게 사전의도대로 들어가기란 힘들죠. 특히 정말 중요한 포인트를 놓쳤을 때는 생방(송) 끝나고도 집에 오는 내내 그 아쉬움이 뇌리에서 떨쳐지질 않아요."

송출의 결과는 일반 시청자가 보더라도 성공이냐, 실패냐가 분명하다. 그러나 내용을 돋보이게 하는 배경음악이나, 박수소리, 자막, CG, 무대의 특수효과, 화면 이펙트(effect) 등의 성공 여부는 시청자로서 판단하기는 쉽지 않다. 무엇을 사전에 준비했는지, 준비한 만큼 얼마나 능수능란하게 방송으로 내보냈는지는 주로 해당 담당자만 알고 있을 것이기 때문이다. 하지만 그렇다 하더라도 막상 해당 담당자의 입장에서는 또 그렇지 않다. 그들만의 아쉬움이 늘 있다. 예를 들면 '아, 그때 음악이 2초만 빨리 들어갔어도 좋았을 텐데', '아, 그때 무대 불꽃을 3초만 빨리 터트렸으면 좋았을 텐데', '아, 그때 자막이 좀 더 컸어야 하는 건데' 등이다. 이는 비단 생방송에서만 나타나는 제작자의 정서적 특성이 아니라 녹화방송에서도 나타난다.

카메라감독: "스튜디오 카메라는 녹화든 생방송이든 그림을 구성하는 과정에서 특별한 제작의 차이는 없다고 봐요. 녹화라고 해도 카메라 그림 하나 때문에 NG를 낼 만큼 여유 있는 건 아니잖아요. 우리는 녹화든 생방(송)이든 긴장하기는 마찬가지예요."

조명감독: "생방(송)에 대한 위험은 다른 파트에 비해 조명은 덜하다 고 봐요. 사실 오디오 같은 경우는 소리가 끊기면 바로 표시가 나잖아요. 거기에 비하면 카메라는 오디오에 비하면 형편이 나은 편이죠. 카메라 여러 대가 도니까 한 대가 미스 컷(실수 장면)이 생겨도 재빨리 다른 카메라 컷으로 넘어가면 되니까요. 그런 면에서 사실 조명은 제일 형편이 나아요. 워낙 라이트가 수십, 수백 대

가 되니까 생방(송) 중에 라이트 몇 개가 터지거나 잘못되어도 별 표시가 안 나거든요."

생방송에 임하는 모든 스태프들은 기본적으로 긴장하지만 방송사고에 대한 예비시스템이 어느 정도냐에 따라 긴장의 정도에도 다소 차이가 있다.

가장 긴장하는 것이 음향팀이다. 불행히도 음향사고는 시청자에게 바로 들켜버린다. 생방송 도중에 출연자의 목소리가 단 1초라도 "찌직" 하고 마이크에 이상이 생기면 우리의 귀는 너무 예민해 바로 거슬려 짜증 나게 된다. 흡사 잘 익은 밥을 먹다가 작은 모래알 하나가 씹히는 것처럼 말이다. 아무리 사전에 예방을 한다고 해도 이런 미세한 사고까지 예방하기에는 음향의 기술적 한계가 너무 크다. 긴장감은 음향팀이 가장 크다고 할 수 있다.

둘째, 카메라팀이다. 카메라는 생방송에서 기본적으로 여러 대가 운용되는 멀티 카메라 연출로 운용되기 때문에 음향팀보다는 상대적으로 덜 긴장되는 편이다. 생방송 도중에 카메라 미스(miss) 컷이 발생해도 다른 카메라의 그림으로 즉각 대처 가능할뿐더러 설령 미스 컷이 발생해도 시청자의 눈에 잘 안 띄는 경우가 많다. 정말 신기하게도 카메라 미스 컷은 시청자의 눈에 잘 안 보인다. 시옹(Chion, 1994)은 보기 이전에 듣기가 먼저라고 했다. 눈은 쉽게 용서하는데 귀는 쉽게 용서하지 못하는 민감성에 대해 지적한 말이다.

마지막으로 조명팀이 상대적으로 가장 덜 긴장하는 편이다. 조명은 수십, 수백 대가 운용된다. 매우 많다. 그래서 한두 대 조명이 꺼져도 별 표시가 안 난다. 하도 많아서 조명 자체는 서로가 예비시스템이라고 보아도 무방할 정도다.

결국 사용하는 방송장비의 개수만큼 해당 팀의 긴장도 반대로 큰 셈이다. 대개 마이크는 출연자 한 명에 한 대의 마이크가 사용된다. 그래서 음향사고가 나면 바로 들킨다. 응급처치로 다른 마이크로 쉽게 넘기기도 여의치 않다. 그래서 가장 긴장된다. 그다음 많이 사용되는 게 카메라다. 그래서 그다음으로 긴장된다. 마지막으로 조명이 가장 많이 사용되기 때문에 조명 사고의 위험도 가장 적어 그만큼 덜 긴장된다.

한편 생방송의 긴장이란 게 불안한 요소인 것만은 아니다. 제작자들에게는 녹화방송과는 다른, 생방송만의 또 다른 묘미로 작용하기도 한다. 오히려 '이 맛에 생방송을 한다'는 방송직업으로서의 묘미를 주기도 한다.

> 공동연출PD: "일단 방송이란 게 뭐든지 간에 나가고 나면 후련해요. 근데 생방송이 훨씬 더 커요. 녹화는 끝나도 사후편집이 남아있기 때문에 찝찝해요. 정말 방송 일을 즐기려면 생방(송)을 해야 그 맛을 알죠."
>
> 외주PD: "차라리 생방송이 더 편하다는 PD도 봤어요. 편집 안 해도 되고, 녹화하느라 시간 질질 늘어나는 일도 없고, 그냥 한 시간이면 한 시간, 두 시간이면 두 시간, 딱 생방(송)할 때만 화끈하게 하고 끝내는 게 더 좋다는 PD도 봤어요. 스태프들도 모두 정신 바짝 차려주고."

생방송은 사후제작단계(편집)가 없다. 그래서 오히려 뒤끝이 없다. 생방송이 끝나는 순간, 성공이든, 실패든 일단 모든 것이 끝난다.

하지만 녹화방송은 녹화가 끝나도 다시 사후편집을 준비해야 한다. 그래서 연출팀의 발걸음은 여전히 무겁다. 그렇다고 사후편집이 끝났다 한들 방송이 될 때까지는 또 여전히 마음이 놓이지 않는

다. 그리고 설령 방송이 되고 나도 시청률이라는 결과가 또 걱정된다. 궁극적으로 녹화방송에서는 생방송의 희열을 맛보기가 어렵다. 그래서 오히려 생방송을 더 선호하는 제작자도 있다. 방송을 업으로 하는 사람에게 주는 묘한 재미가 있다.

생방송이 제작자와 시청자가 동시에 만나는 접점이라는 뜻은 한편 제작자의 '초긴장'과 안방의 '편안함'이 만나는 접점이라고도 할 수 있다.

3. 제작의 통제요인

베커(Becker, 1982)는 텔레비전 프로그램의 제작과정을 스태프들의 총체적인 전문성들이 복잡하게 엮여 하나의 예술로 생산되는 과정이라고 했다. 이 과정에서 다양한 통제요인들이 필연적으로 작동될 수밖에 없는데 <연기대상>에서는 크게 두 가지 측면으로 나타났다. 첫째, 생방송의 포맷 자체가 주는 제약과 둘째, 제작구조가 주는 제약이다.

1) 생방송 포맷의 한계

생방송 프로그램을 제작하는 데 무엇보다 우선하는 통제요인은 녹화방송과는 다른 포맷 자체에 있다. 여기에는 아이디어를 수집하는 과정에서 오는 한계와 그렇게 구성한 아이디어를 실현하면서 오는 한계가 있다. 미디어 이벤트의 특성은 불안한 생방송이기 때문에 사전에 철저히 시나리오화해 준비한다는 것이다(Dayan & Katz, 1992). 대부분의 프로그램 제작과정이 그렇듯이 제작은 아이디어 회의에서부터 출발한다. 생방송의 사전제작단계에서는 (1) 기획 및 편성, (2) 스태프 배정, (3) 사전구성 작업이 이루어지는데 아이디어 작업은 (3)사전구성작업에서 이루어진다. 사전구성작업도 여러 가지가 있는데 ① 아이디어를 구성하고 그에 따라 ② 헌팅과 섭외를 하고, 그래서 ③ 코너 삽입물을 사전녹화 및 편집하고, ④ 최종 생방송 당일의 스튜디오 대본을 작성하는 작업 등이다. 이 모든 작업들은 매번 열리는 아이디어 회의를 통해 통제되고 진행된다.

<연기대상>의 아이디어 회의가 최초로 열린 것은 11월 19일이었다. 그때부터 12월 31일 생방송 당일까지 아이디어 회의는 총 12차례나 열렸다.

> 아이디어 회의란 두 가지 과정이다. 우선 가급적 프로그램의 형식은 염두에 두지 않고 일단 아이디어를 마구 모으고 보는 거다. 그러다가 어느 정도 모아졌다 싶으면 프로그램의 형식과 현실 가능성에 맞게 버릴 건 버리고, 깎아나가며 다듬어가는 과정이다.
>
> \- 11월 30일 제작일지

아이디어 회의는 프로그램 제작과정에서 사전에 준비하는 작업의 전체 과정을 지배하고 통제한다. 제작과정의 세세한 전 부분이 아이디어 회의를 통해 준비되고 확인되고 실행된다. 주로 PD와 작가 등의 연출 및 구성을 담당하는 팀에 의해 이루어진다.

아이디어 회의는 크게 두 가지 단계가 있다. 먼저, 가능한 모든 아이디어를 일단 구상해서 모으는 '아이디어 수집단계'와 둘째, 그때까지 모은 아이디어들을 <연기대상>이라는 형식과 방송시간 길이, 구성상의 흐름, 콘셉트, 그리고 현실 가능성에 맞게 선택 및 결합하며 사전 제작해나가는 '아이디어 실행단계'다.

(1) 아이디어 수집의 한계

먼저 아이디어 수집단계는 <그림 9>에서 보듯이 11월 19일(1차 회의)부터 12월 5일(5차 회의)까지로 볼 수 있다.

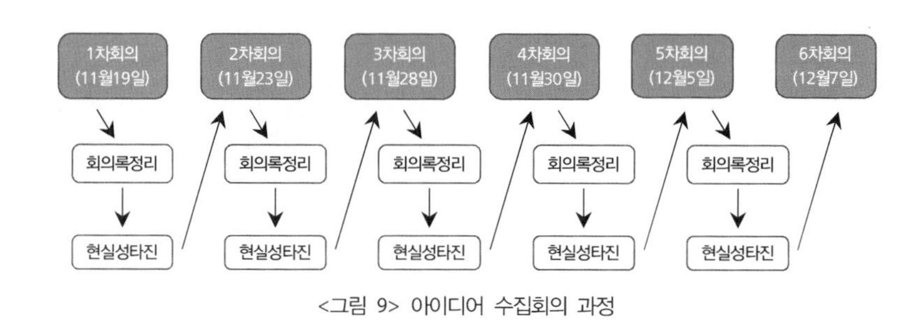

<그림 9> 아이디어 수집회의 과정

이 과정은 매회 회의가 끝나면 막내 작가가 회의록을 작성하고, 제시된 아이디어들에 대해서는 작가들이 자료 수집을 해서 프로그램화할 수 있는지 현실 가능성을 타진해보고, 그다음 회의 때 여기에 대해 다시 토의를 진행하고 새로운 아이디어를 또 제시하는 식으로 진행되었다. 회의시간은 <연기대상>의 경우 매회 3시간가량 걸렸다.

논의된 구성내용은 크게 세 가지였는데 ① 축하 무대, ② 사전 VTR구성물, ③ 생방송의 묘미를 살리는 구성물에 관한 것 등이다. ① 축하 무대는 1·2부 오프닝 무대와 1·2부 중간 축하 무대를 어떻게 꾸밀 것인가에 대한 것들인데 오프닝 축하 무대가 가장 중요했다.

> 선임작가: "모든 프로그램에서 재미있다, 재미없다는 오프닝 무대에서 결정됩니다. 오프닝은 프로그램의 얼굴입니다. 또 '아, 올해의 <연기대상> 컨셉은 뭔가'라는 걸 보여준단 말이죠. 오프닝만

잘되면 프로그램의 반은 먹고 들어가는 거예요."

윌리엄즈(Williams, 1974)도 오프닝의 중요성을 역설했는데 그 이유는 프로그램의 항목들이란 궁극적으로 이질적이기 때문에 이것을 시청자들로 하여금 극복시키고 연속적으로 기다릴 마음이 생기도록 하기 위해서는 일단 오프닝에서부터 시선을 끌어야 한다고 했다.

<연기대상> 제작팀도 오프닝 무대에 가장 많은 신경을 썼는데 그래서 1부 오프닝 무대로 대하사극 드라마 <왕과 나> 출연진과 40여 명의 검무단으로 먼저 웅장하고 화려하게 시작하고, 2부 오프닝으로 가족드라마 <황금신부> 출연진 10여 명이 단란한 합창으로 분위기를 즐겁게 고조시켜 이어나간다는 흐름이었다. 이러한 분위기에 맞게 1·2부 중간 축하 무대도 구성했다. 또한 ②VTR 코너구성물을 세 종류 준비하고, ③생방송의 묘미를 살릴 방안으로 10대 스타들에 대한 네티즌 실시간 참여와 서울 종로 보신각 새해맞이 타종을 중계차로 연결하는 방안들을 우여곡절 끝에 결정했다. 그리고 세트와 CG디자이너도 수시로 만나 프로그램의 전체 색깔 톤과 이미지도 잡아나갔다.

<표 13>은 1차 회의를 마치고 2차 회의 때(11월 23일) 회의자료로 활용된 최초 회의록이며, <표 14>는 6차 회의(12월 7일)를 마치고 마지막으로 작성된 회의록이다. 6차 회의를 마지막으로 더 이상 회의록은 작성되지 않았는데 그것은 이후부터는 이제 각 파트별로 업무를 분담해 구체적으로 아이디어를 실행하는 단계로 넘어갔기 때문이다. 그래서 헌팅과 섭외를 하고, 코너 삽입물을 사전녹화 및 편집하고, 스튜디오 대본을 작성하는 등 소위 밤샘작업들이 이루어

졌다. 머릿속의 구상에서 이제 몸으로 실천하는 작업으로 넘어갔기에 더 이상 구차하게 회의록을 작성할 필요는 없었다.

〈표 13〉 아이디어 최초 회의록(1차 회의)

2007 SBS 연기대상 회의록	회의날짜: 2007. 11. 23
방송	1. 녹화 장소: SBS 등촌동 공개홀 2. 녹화 시간: 20:50~24:20 (3시간 반) (1부 100분 // 2부 110분)
오프닝	**★ 연기대상 무대의 전체 콘셉트** **★ 1부와 2부의 오프닝 방식** ❶ 지난 오프닝과의 차별화! - 무대 위 마술로 화려하게 등장 -> MC 등장 ❷ 연기대상의 콘셉트를 확실히 살려줄 수 있는. 1부/ 2부의 색깔이 드러나는 '부제'를 설정!!! ❸ 지난 한 해, 그리고 앞으로의 한 해를 이끌어갈 SBS 드라마의 현장을 생생히 스케치!!! - 촬영 현장 연기자 인터뷰/ 제작PD인터뷰 (사후, 각 VCR에 삽입하여 활용)
VCR	❶ 드라마 VS 드라마 (내남자의 여자 VS 쩐의 전쟁) - 2007' SBS 최고의 화제 드라마들을 모아 그 드라마의 모든 것을 비교 평가해 본다!!! ❷ NG 모음 - 드라마보다 더 재밌는 드라마 NG 장면!!! ❸ 돌발영상 - 단순한 NG 장면이 아닌, 드라마 제작 발표회 또는 쫑파티 등을 담아내 촬영장 뒤편의 이야기들을 담아낸다!!! ❹ 성우 더빙 드라마 - 기존 드라마를 재편집하여 실제 이야기에 성우 목소리를 입혀 이야기 재구성. ❺ SBS 드라마 천국 - 키스신 모음: 달콤한 키스의 순간들을 모은 영상 (차후, 다른 영상의 소스로 재활용) ❻ 후보VTR->역대 4년 치 하이라이트 껴 넣기 ❼ 왕과 나 패러디 - 왕과 나 스튜디오에 직접 가서 주인공이 직접 연기하도록 함. (정극의 형식을 취하되, 살짝 틀어서 웃음을 유발) ❽ Virtual ST 활용 - 변화되는 사회현상과 드라마 트렌드를 비교하여 역대 드라마 소개! - 또는 패션트렌드와 드라마 트렌드 비교한다. ❾ 고두심의 SBS 드라마 13년을 소개한 것처럼, 박상원을 통해 '그것이 알고 싶다' 버전으로 SBS 드라마 역사를 소개 (그러나, 시기적으로 드라마 역사를 소개하기에는 당위성이 부족)

	★ 특별 무대 - (섭외가 어렵겠지만, 김희애 '나를 잊지 말아요') - 칼잡이 오수정 (엄정화, 오지호) - tell me tell me (패러디 버전) - 신인 연기자 등을 활용 ※ 온에어 팀 실제 연기대상 현장 스케치를 하기 위해 오는 온에어팀을 섭외하여, 드라마 장면을 보여주고, 무대로 연결하여 주요 출연진이 등장! 박용하의 노래로 무대가 이어질 수 있게 한다!
새해시보 방식	❶ 드라마 현장 중계차 연결 - 중계차 동시로 (드라마 현장에서 같이 외치는 것을 보여준다.) ❷ 교양팀과 연계 - 명동 등 서울 주요 장소 연결
2008 coming soon Drama	- SBS의 2008년 신작 드라마를 줄거리와 현장 인터뷰 등을 통해 소개! ※ 오프닝 무대로 드라마 '온에어'를 소개하면서 출연진 등장하여 박용하가 노래를! ❶ 온에어 (송윤아, 김하늘, 박용하, 이범수) ❷ 불한당 (장혁, 이다해) ❸ 일지매 (이준기) ❹ 카인과 아벨 (소지섭, 지진희)
기타	❶ 문자 메시지 활용 - 시청자 참여를 유도하고 이를 큰 틀로 활용할 수 있는 방안 연구! ❷ 연기대상 초대장 배포 ❸ 시상식 현장 인터뷰 - 시청률이 상대적으로 높은 시상식 현장에서의 스타들 인터뷰! 지난해와 차별된 인터뷰 방식을 고민!
2007 연기대상 과제	❶ 무대 전체 콘셉트와 2007 연기대상의 색깔에 대한 고민 ❷ 1부 / 2부 오프닝 ❸ 12시 15" 카운트 아이디어 ❹ 수상 후보 VCR의 스타일과 아이디어 ❺ 드라마 OST를 소개하는 방식에 대한 고민 ※ 연기대상은 1. 섭외 2. VCR 내용 3. 전체 구성 순으로 중요도를 차지! 따라서, 섭외와 VCR에 보다 신경을 써야 할 듯.

〈표 14〉 아이디어 최종 회의록(6차 회의)

2007 SBS 연기대상 회의록	회의날짜: 2007. 12. 7
방송	1. 장소: SBS 등촌동 공개홀 2. 방송 시간: 20:50~24:20 (3시간 반) - 편성 확정 (1부 100분 // 2부 110분)
MC	구혜선, 김용만, (하희라)
오프닝 & 축하무대	**[1부 오프닝 / 왕과 나 팀 무대]** : 객석 및 여기저기서 몇십 명의 내시가 무대로 몰려나오고 > 무대 뒤에 시상대 위에 트로피가 놓여 있는 오만석과 안재모가 무대 중앙에서 칼싸움 (꽃미남 4인방은 오만석 뒤에 서 있고, 섭외된 안재모 편 몇 명 뒤에 서 있고) 무대가 열리고 음악이 전환되며 전광렬이 나와서 개막을 열어 주고 MC 연결 > 2007 드라마 타이틀 VCR (노미네이트 된 드라마) 보는 사이에 엑스트라 빠져나가는 > 한 줄은 내시복 입은 아이들 / 한 줄은 감찰복 입은 아이들 (의상 수량 확인해 보기) - 전광렬 멘트 / MC멘트까지 다 정할 것 **[2부 오프닝 / 임채무&이영아 듀엣 무대]** : 듀엣 무대 후 임채무, 이영아가 인사하고 나서 MC가 받아서 멘트 /하이라이트 VCR 보고 -> 남희석이 리엔팜 데리고 나와서 서로 인사 시키고 화기애애하게 만들어주고 임채무와 이영아 만나게 하고 / 리엔팜이 말하는 것은 미리 정해 놓고 자막으로 처리 - 황금신부 팀이 할 만한 노래 리스트업 해서 임채무, 이영아 만나서 협의 **[1부 축하무대]** : 최여진 ‘러브이펙트’ AR (뮤직비디오보다 조금 더 규모 크게) **[2부 축하무대]** : 오만석, 송창의, 김다현 (‘토요일 밤의 열기’ 같은 뮤지컬 한 장면) **[아역 축하무대]**: 홀딩 해 놓기 1안>> 『꽃미남 소년시대』 - SBS 드라마를 이끌어나갈 아역들의 특별 공연: 주민수, 맹세창, 이민호, 이현우 2안>> 『아 역 시 대』 - SBS 인기 아역배우들의 화려한 무대: 주민수, 맹세창, 이민호, 박보영, 조정은
VCR	**[2007 드라마 분석 기획 VCR]** : 올 한 해 SBS 드라마를 정리하는 진지한 내용의 VCR 화제가 되었던 드라마의 세세한 부분들을 분석해서 보여주는 것 막대한 규모와 세심한 포인트로 더 좋은 드라마를 만들기 위해 애쓰는 SBS

	nar. 유준상 (강남엄마 따라잡기), 김일중 (아나운서) EX) 타이틀: SBS 드라마를 알려주마~! (더 생각해 보기) - 쩐의 전쟁: 현장에서 사용되었던 돈은 실제로 얼마? 이 돈은 부피가 얼마, 다 붙이면 지구 한 바퀴 돌고도 남는다! '쩐의 전쟁은 지금도 계속되고 있다'는 결말 - 내 남자의 여자: 김희애가 떠난 것에 대한 찬성 VS 반대 몇 %? - 로비스트: 촬영지, 무기는 실제무기?? 영화 속 무기와 로비스트 속 무기의 규모 비교 영화보다 더 많은 무기를 동원한 커다란 규모 부각 - 외과 의사 봉달희: 수술 장면은 진짜 수술 장면? 돼지 삼겹살을 가져다 놓고 수술했다는 것 **[맞장드라마]** : 재미있는 분위기로 가는 게 좋을 듯 (성우 써서 할 것) **[기획제작 VCR]** : 내 남자의 여자, 쩐의 전쟁 중 시청률 높은 장면을 아역이 재연 드라마에 나온 대사를 인용해서 재편성
기타	- 오만석 미팅 후, 축하무대 가능하다고 하면 김다현과 송창의 연락해 볼 것

다만 실제 방송으로 나간 <연기대상>의 시간은 3시간이었는데 <표 13>의 최초 회의록이나 <표 14>의 최종 회의록이나 방송시간은 모두 3시간 반으로 기록되어 있는데 이것은 그 이후에 편성시간이 다시 3시간으로 바뀌었기 때문이다. 이렇듯 <표 13>과 <표 14>를 비교해보면 아이디어를 수집하는 여섯 차례의 회의 동안 그 구성이 얼마나 많은 변화가 있었는지 알 수 있는데 이는 다양한 한계가 필연적으로 제작과정에 영향을 미쳤기 때문이었다.

> 외주PD: "생방(송)은 시간적 제약이 가장 커요. 세 시간 생방(송)이면 세 시간에 맞춰야 한다는 거죠. 그러자면 생방(송)하는 동안 내내 순간, 순간, 여기에 대한 판단의 연속이라는 겁니다."

> 대본작가: "시상식 당일 생방송이라는 고정된 틀이 녹화방송보다

는 더 힘들게 하죠. 녹화방송이라면 꼭 필요한 사람이나 장소 같은 것도 그 일정에 맞춰 카메라를 들고 가서 찍으면 돼요. 하지만 생방송은 생방송하는 당일에 무대에 세울 수 없으면 안 되는 거예요. 아이디어 폭이 녹화보다 생방(송)이 훨씬 좁아요."

공동연출PD: "사고위험이 있으면 무조건 포기해야죠. 출연자들 언행도 조심해야 되고, [...] 녹화방송은 출연자들이 자유롭게 놀 수 있지만 생방송은 훨씬 구속적이죠. 생방송이라면 안 하는 MC도 있잖아요."

선임작가: "TV라는 게 풀 샷이 아니잖아요. 주로 바스트 샷, 클로즈 샷, 뭐 그렇단 말입니다. 그러다 보니 실제 무대공연으로 보면, 그러니까 풀 샷으로 보면 재미있는 것도 바스트 샷, 클로즈 샷으로 화면을 쪼개 보면 이게 또 재미없는 경우가 생긴단 말입니다. 생방송이 그런 겁니다. 그냥 실제 공연장에서 보면 재밌는 것도 꼭 TV로 보면 재미없는 경우가 있단 말이죠. 아이템을 구상할 때도 생방(송)은 이걸 잘 생각해야 돼요."

생방송은 녹화방송과 달리 시간과 공간의 제약이 분명하다. 그래서 그만큼 아이디어를 구성하는데도 한계가 있으며, 출연자 또한 운신의 폭이 그만큼 좁아질 수밖에 없다. 생방송의 제작적, 정서적 특성이 한편 제약조건이 되는 경우라 하겠다. 그리고 이러한 아이디어 수집단계에서 한계를 느끼는 것은 주로 아이디어를 구성해야 하는 연출과 작가들이었다. 이에 비해 아이디어 실행단계에서는 기술팀과 미술팀도 한계를 함께 겪게 된다.

(2) 아이디어 실행의 한계

<그림 10>과 같이 아이디어 실행단계는 6차 회의(12월 7일)부터 생방송 전날인 12차 회의(12월 30일)까지라고 할 수 있다.

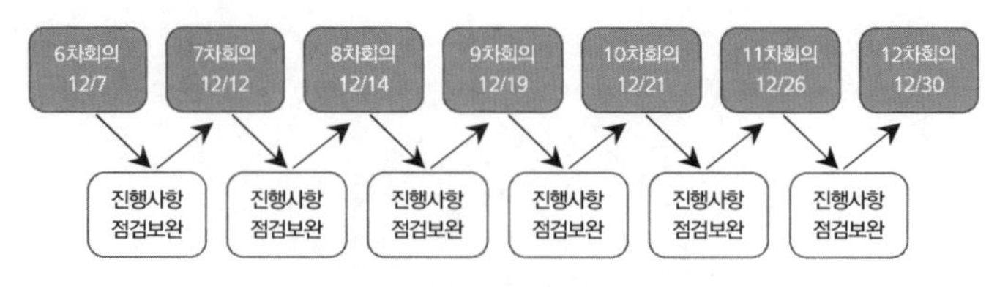

<그림 10> 아이디어 실행회의 과정

이 과정에서 헌팅과 섭외, 코너 삽입물 사전녹화 및 편집, 대본 작성 등이 이루어졌으며 회의내용은 주로 여기에 대한 확인과 점검이었기에 회의시간도 1시간에서 2시간 정도로 아이디어 수집회의 때보다 짧았다.

<표 15>는 PD와 작가들이 6차 회의를 마치고 본격적으로 아이디어를 실행하기 위해 그 일환으로 사전제작 VTR 구성물에 대해 서로 업무를 분담한 내용이다. 이 업무분담표는 생방송될 때까지 회의실 게시판에 걸려 있었다.

〈표 15〉 AD와 작가들의 사전 VTR제작 업무분담표

	AD	FD	작가
전/후 타이틀	외주PD	FD3	
드라마 분석 기획VTR	외주PD	FD3	구성작가1
베스트 커플 후보VTR	외주PD/외주AD	FD1	구성작가2
D(rama)-war 기획VTR	외주PD/외주AD	FD1	구성작가3
인트로 VTR	외주PD		
공로상후보VTR	외주PD	FD3	구성작가1
아역 새해 소망 인터뷰VTR	AD2	FD2・3	대본작가
조연/연기/최우수연기상후보VTR	AD2・3	FD2・3	막내작가1・2
시상선정내역VTR	AD2	FD1	구성작가2
Coming Soon 드라마VTR	AD1		막내작가1・2
10대스타 발표 브릿지VTR	AD1		

<표 15>의 작업은 주로 AD와 외주PD, 그리고 구성작가와 막내 자료수집작가들이 수행했다. 이것은 이제 본격적으로 손발을 움직이는 작업이라 할 수 있으며 곧 밤샘작업을 의미했다. 그와 더불어 담당 PD는 전체 프로그램에 필요한 조명, 세트, 음향 등의 해당 파트와 협의해나가기 시작했다.

아이디어 실행단계는 연출과 작가팀에서 수집하고 결정한 아이템들을 AD와 외주PD, 그리고 기술과 미술팀들이 구체적으로 실현해나가는 과정인데 이 과정에서 다양한 한계가 발생한다.

> 음악 및 음향효과감독: "아무리 대본이 있다 해도 음악이나 음향효과가 들어갈 포인트를 생방(송)은 사전에 미리 정하기가 아무래도 녹화된 테이프에 입히는 것보다는 어렵죠."
>
> CG디자이너: "CG는 세트하고 색깔 톤이나 색감을 조화시켜 줘야 돼요. 근데 세트가 막상 어떻게 나올지 생방(송) 당일 전까지는 알 수 없잖아요. 그때까지 세트가 완성이 안 되니까. 그러다 보니 CG랑 세트 색감을 일치시키기가 힘들어요. [...] 녹화방송이야 미리 녹화된 그림 보고 CG를 만드니까 색감을 맞출 수가 있잖아요."

녹화방송은 녹화라는 중간단계가 있다. 그래서 녹화된 결과를 가지고 다시 작업할 수 있는 장점이 있다. 그러나 생방송은 그렇지 못하다. 그래서 모든 작업은 생방송 당일에 대한 예측 수준에서 이루어질 수밖에 없다. 결과는 상상에 맡겨둘 수밖에 없고 제작은 그야말로 사전 '준비'다. 녹화방송이 '일단 녹화 떠보고 판단하자'라는 식의 작업이 가능하다면, 생방송은 '일단 예측 가능한 모든 것을 준비하자'라는 식이다. 그만큼 사전제작의 어려움이 크다. 그리고 그 결과는 앞서 정서적 특성에서 살펴본 바와 같이 생방송 당일에 대한 두려움으로 나타난다.

> 자막 담당: "오타가 두려워요. 몇 년 전에 생방(송) 영화 시상식에서 '초록물고기' 영화 제목을 '초록불고기'로 나가서 그다음 날 신문에 도배되고 난리 났잖아요."

생방송은 실수가 고스란히 드러난다. 방송도 사람이 하는 일이다. 아무리 사전 준비를 철저히 한다고 해도 실수는 반드시 일어나기 마련이다. 아이디어 실행단계에서 가장 어려운 것이 어떤 결과가 나올지 모르는 상태에서 세트든, 조명이든, CG든, 내용물이든 준비를 해야 된다는 것이다. 그래서 궁극적으로는 이러한 아이디어를 응집해서 한꺼번에 실행하는 정점의 단계, 즉 생방송하는 그 순간에 이러한 한계가 최고조로 나타난다.

> 기술감독: "기술감독이라면 기술만 알아서 되는 게 아니고 주변을 장악해야 하고, 오디오, 비디오, 흐름도 알아야 되고, 관리감독도 할 줄 알아야 돼요. 음악 프로 같은 경우엔 컷을 넘기자면 박자도 맞춰야지, PD 콜사인도 따라야지, 대본 보랴, 큐시트 보랴, 모니터 하랴, 내가 손가락이 열 개라도 모자란단 말이죠. 그러니 복잡하면 안 돼요."

이는 텔레비전 부조정실에서 PD와 함께 생방송을 진행해야 하는 기술감독의 입장에서 한 말이다. PD의 콜사인에 따라 실제 카메라 화면을 쉴 틈 없이 선택하는 스위처(switcher)이자, 오디오나 비디오 상태 등 송출되는 여타 모든 상황들에 대해 통제하는 총괄책임자로서 한 말이다.

녹화방송은 그야말로 녹화에만 전력을 쏟으면 된다. 자막이나 음악, 효과, CG 등은 녹화된 화면을 보고 거기에 맞춰 편집과정에서 사후에 정교하게 삽입하면 된다. 시간 차이를 두고 작업을 나누어서 할 수 있다. 그러나 생방송은 이 모든 과정이 생방송과 동시에 한꺼번에 이루어진다. 그래서 위의 기술감독 말처럼 생방송하는 당일에 복잡하게 진행될 구성이면 안 된다.

이처럼 생방송 당일에 스태프들의 모든 노력들을 한꺼번에 응집시켜 결과로 나타내야 하는 실행의 어려움, 복잡하지 않으면서도 정교하게 철저히 계산해두어야 하는 생방송의 포맷, 그래서 다양하고 밀도 있는 준비를 할 수밖에 없는 통제요인 등으로 제작자들은 생방송만의 한계를 느끼지 않을 수 없다.

2) 제작구조의 한계

에이머빌(Amabile, 1988)은 프로그램 제작과정을 창의성이 발휘되는 과정으로 보면서 아이디어가 수집 및 개발되는 단계에서는 제작자들의 직무동기가 주로 유발되고, 아이디어가 실행되는 단계에서는 제작관련 전문지식과 창의적 사고기술이 주로 작동된다고 보았다. <연기대상>의 제작과정도 마찬가지다. 그런데 이 과정에서 피할 수 없는 것이 제작구조가 주는 한계다.

앞서 사전제작단계는 아이디어 수집단계와 아이디어 실행단계로 나누어 살펴보았다. 아이디어 수집단계에서는 주로 연출 및 구성팀에 의해 작업이 이루어지며, 아이디어 실행단계에서는 주로 기술 및 미술팀에 의해 이루어졌다. 창의성이 발휘되는 스태프들의 제작구조적 통제요인도 이와 관련해 크게 두 가지로 분류할 수 있다.

첫째, 제작스태프들의 모든 직무동기가 담당 PD 한 명으로 집중될 수밖에 없는 제작구조가 주는 한계다. 담당 PD와 나머지 다수의 스태프들 간에 협의하거나 협조하는 과정에서 필연적으로 제약이 있을 수밖에 없다. 둘째, 수집된 아이디어를 실행하는 과정에서 서로 다른 파트의 제작팀과 상호 협조하면서 발생하는 한계다.

사실 이러한 한계들은 비단 생방송뿐만 아니라 녹화방송에서도 일어난다. 기본적으로 텔레비전 제작의 총체성이 주는 구조적 한계다. 이를 알아보기 위해 우선 스태프가 배정되는 과정부터 살펴볼 필요가 있다.

<연기대상>의 제작스태프는 ① 연출과 구성, ② 기술, ③ 미술, ④ 지원팀 등 크게 네 팀으로 나눌 수 있으며 직간접적으로 참여한 모든 인원은 대략 150명 내외 정도 된다. 이는 대단히 많은 인원이다. 담당 PD가 이 많은 스태프를 총괄하기란 사실 불가능하다. 그렇지만 방송 프로그램을 제작하는 작업이란 카메라, 기술, 조명, 음향, 세트디자이너 등 해당 감독별로 맡은 바 역할이 일정하게 정해져 있다. 두 달간의 <연기대상> 제작기간 동안 하나의 프로그램으로 탄생될 수 있는 힘은 이렇게 세분화되고 전문화된 스태프들 간에 어느 정도 공유된 제작방식의 조합이 있기 때문이다. 제작에는 단계별로, 그러나 총체적으로, 일정하게 공유된 작업과정이 기본적으로 틀이 잡혀 있다.

문제는 이 틀 속에서 스태프 각자의 전문성을 살려 프로그램의 완성도를 높일 가능성은 전적으로 담당 PD의 선택과 결합의 능력에 달려 있다는 것이다. 그래서 PD에게 필요한 소양으로 항상 빠지지 않는 것이 사람을 다루는 리더십이다. 여기에는 또한 PD에게 어느 정도 인사권도 있음을 의미한다.

하나의 프로그램을 제작하기로 결정되면 방송사에서 가장 먼저 하는 일이 담당 PD를 선임하는 것이다. 그러면 이후 담당 PD가 함께 일할 제작스태프를 선정하는데 여기에는 선정권한에 따라 크게 세 가지로 선정된다. 첫째, 담당 PD가 직접 선정할 수 있는 권한이 있는 경우이고, 둘째, 방송사 조직이 선정할 수 있는 권한이 있는 경우이고, 셋째, 두 번째처럼 설령 그렇다 하더라도 PD가 그 선정에 협조를 구할 수 있는 경우다.

소속별로 봤을 때, 제작스태프는 방송사 소속인 직원과 그렇지 않은 외부스태프의 두 부류가 있다. 기술, 카메라, 세트, 조명, 음향 등 각 파트별로 총괄하는 방송사 소속 감독이 한 명씩 있고 또 해당 직원이 있다. 하나의 프로그램이 제작에 들어가면 이들 해당 파트별로 직원뿐만 아니라 필요한 만큼의 외부 인력을 함께 활용한다. 예를 들면 조명감독은 외부조명업체에 장비와 인원을 대여하고, 음향감독은 외부음향업체에 마이크나 PA앰프 등과 인원을 대여하고, 세트디자이너는 세트를 제작할 인원과 각종 기자재, 멀티큐브, LED 등을 대여하는 식이다. 이른바 외주업체에 하청을 준다는 뜻이다.[46)]

첫째, PD가 직접 스태프를 선정할 수 있는 권한이 있는 경우가 이와 같이 외부인원에 대해서 있다는 뜻이다. 작가, 외주 프로그램 제작업체나 외주PD, FD, 자막 담당, 음악 및 음향효과, LED업체, 무대특수효과 등과 같이 이들은 모두 외부업체 소속이거나 프리랜서들이다. 이들은 특히 연출파트와 손을 맞춰야 하기 때문에 담당 PD가 선정한다. <연기대상>의 담당 PD가 선임되자마자 가장 먼저

46) 방송사와 외부업체 간의 관계는 계약서상으로 각각 갑과 을이다. 그래서 이른바 칼자루를 쥐고 있는 쪽은 갑이다.

취한 행동이 함께 직접적으로 손발을 맞출 작가와 외주PD를 선정하는 일이었다. 그것도 서둘러서 말이다. 왜냐하면 연말에는 모든 채널들이 각종 특집 프로그램들을 편성하기 때문에 유능한 프리랜서 작가나 외주PD들을 미리 선점하지 않으면 구하기 어려워지기 때문이다.

둘째, 방송사 조직이 선정할 권한이 있는 문제는 방송사 소속직원에 해당되는 경우다. 즉 프로그램의 담당 PD를 해당 소속부서인 예능국에서 선정하듯이 조명, 음향, 기술, 카메라, 세트, CG감독 등에 대해서는 방송사의 해당 소속부장이 그 임명권을 갖고 있다.[47]

그래서 발생하는 경우가 세 번째로서 만약에 담당 PD가 함께 일하고 싶은 방송사 소속직원이 따로 있다면 해당 부서장에게 협조요청을 구하는 경우다. <연기대상>의 담당 PD도 특별히 따로 협조요청한 파트너가 있는데 세트디자이너와 조명감독이다. 화려한 쇼가 백미인 시상식 프로그램은 미술파트가 대단히 중요하다.[48] 그러자면 PD가 의도하는 프로그램 콘셉트를 제대로 읽고 코드도 맞아서 100% 이상의 효과를 창출할 수 있는 세트디자이너와 조명감독이 더없이 중요하다. 특히 세트디자이너와 CG디자이너, 조명감독은 프로그램 제작 초기단계부터 함께 콘셉트를 만들어가는 파트다.

그런데 이 경우, 대부분은 해당 소속부서장이 담당 PD의 요청대로 해준다. 왜냐하면 <연기대상>은 대형 특집 생방송 프로그램으로서 담당 PD와의 호흡이 무엇보다 중요하기 때문이다. 물론 이것도

---

47) <연기대상>에서 예능 담당 PD는 당연히 예능 국장이, 드라마 담당 PD는 당연히 드라마 국장이 임명했다.

48) 어느 해당 부서 파트의 스태프가 중요하다고 판단하는 문제는 프로그램 담당 PD별로 개인 차이가 있다. 다만 <연기대상>의 담당 PD는 세트디자이너, 조명감독, CG디자이너로 판단했던 것이며 대부분의 예능PD들도 특집 쇼에서는 이들이 중요하다고 여긴다.

담당 PD가 요청한 스태프가 기존업무량에 부담이 없는 범위 내에서 가능하지만 말이다.

기술스태프의 경우는 생방송 당일의 중계가 주 업무다. 그래서 미술파트처럼 프로그램 제작 초기단계부터 미리 연출진과 함께 손맞출 필요가 없기 때문에 대개 생방송 일주일 전쯤에 각 해당 부서에서 배정한다.

그래서 이 모든 스태프 선정이 끝나면 연출과 구성, 기술, 미술, 지원팀 등 다양한 제작요소들이 총체적으로 복잡하게 엮여서 하나의 프로그램으로 선택 및 결합된다.

지금까지 살펴본 두 달간의 <연기대상> 제작과정을 정리하면 <표 16>과 같다. 이론적으로 말할 수 있는 순차적인 제작단계가 있지만 실제로는 그물망처럼 엮여 매우 복잡하고 총체적으로 이루어졌음을 확인할 수 있다.

제작구조가 주는 제약조건은 기본적으로 여기서부터 출발한다. 즉 이렇게 복잡한 체계를 담당 PD 한 명을 중심으로 통제해야 하는 제작구조의 한계다.

〈표 16〉 〈연기대상〉의 총체적인 사전제작과정

	아이디어 수집단계					아이디어 실행단계						
날짜	11/19	11/23	11/28	11/30	12/5	12/7	12/12	12/14	12/19	12/21	12/26	12/30
아이디어 회의	1차	2차	3차	4차	5차	6차	7차	8차	9차	10차	11차	12차
큐시트작성		1차	2차		3차	4차	5~6차	7~9차	10~13차	14~16차	17~20차	21~22차
기획												
예산확정	예산확정											
제작시설 배정	스튜디오						중계차		종합편집실 및 녹음실			
편성		1차 확정				2차 확정			최종 확정			

CM확정											CM확정	
스태프 배정	연출진 및 세트 CG, 조명		음악 및 음악효과		LED	자막 담당	소품	CG-PD (가상스튜디오)	기술, 분장, 의상	카메라, 중계차, 특효	예능지원 PD	타임키퍼
헌팀 및섭외 수상자 심사	후보 설문지 작성		설문 응답		수상자 선정 심사							
MC확정			김용만	구혜선				하희라				
시상자섭외					시상자 섭외							
수상후보 섭외												
1부개막 공연 <왕과 나>팀		전광렬 섭외							안무팀 섭외 /연습			
1부 중간공연 팀							최여진 섭외 /연습					
2부개막공연<황금신부>팀				섭외								
2부중간 공연 <희망사항> 팀		오만석 섭외			아역배우 50명 섭외/연습							
네티즌 참여		SBSi 홈페이지 협의		CG협의 /기술협의			네티즌 참여 홈페이지 오픈					
성우							성우섭외		성우 내레이션 녹음			
홍보									홍보			
기타										세트도면완성		무대설치
코너 삽입물 사전제작 예고VTR							가편집/종합편집					
수상후보 VTR			가편집							종합편집		
<Something New>									가상스튜디오 리허설		녹화	종합편집
<D-WAR>										크로마키녹화		종합편집
아역배우 인터뷰VTR									야외촬영			종합편집
기타 브릿지VTR									가편집/CG작업			종합편집
대본작성										대본작성		
분장/의상											분장/의상	

(1) PD 중심체제로서의 한계

하나의 프로그램에서 취지와 기획의도를 갖고 있는 사람은 PD다. PD는 프로그램의 시작이자 끝이다. 해당 프로그램의 담당 PD인 이상, 이에 필요한 인원과 내용을 모두 창조한다. 프로그램의 모든 것을 탄생시키고, 통제하고 책임진다. 그래서 PD는 곧 프로그램 자체라고도 할 수 있다.

> 기술감독: “프로그램의 주체는 PD란 말이죠. 나머진 다 스태프예요. […] 우리는 아무래도 담당 PD보다는 프로그램 의도를 깊게 이해할 순 없겠죠. 그래도 PD는 기술, 조명, 카메라, 미술감독 등을 많이 이해하고 조합을 잘 해줬으면 해요.”

> FD: “저는 팀의 막내라서 솔직히 책임감은 PD님보다 못하겠죠.”

프로그램에 대한 담당 PD의 전적인 권한과 책임에 대해서는 모든 스태프들이 인정한다. 이 점이 또한 프로그램이 완성될 수 있는 동력이기도 하다. 하지만 방송제작은 전문성의 영역이다. 조명, 카메라, 세트, CG 등 해당 파트별로 전문 영역이 따로 있다. 문제는 이들보다는 PD가 그 전문성이 떨어진다는 한계다.

> 외주PD: “PD는 모든 걸 다 알아야 돼요. 조명, 카메라, 음향, 음악 등 말이죠. […] 그렇지만 깊게 알 필요는 없죠. […] 따지고 보면 PD가 스태프만큼 뭘 깊게 아는 건 없죠. 그렇게 보면 스태프가 없다면 PD는 아무것도 아닌 거예요.”

사실 PD는 아이디어의 영역이다. 그것을 실행해내는 것은 여타 스태프들의 몫이다. 문제는 그렇다 하더라도 그런 스태프들의 역량을 PD는 어느 정도 알거나 이해하고 있어야 그만큼 아이디어의 폭을 넓게 가질 수 있다는 것이다. 그래야 스태프들도 PD를 따르고 자신의 전문성과 창의성을 발휘할 동기를 가질 수 있다. 담아낼 그릇이 작으면 담을 동기와 내용도 적을 수밖에 없다. PD는 그릇이 커야 한다. 그렇지 못할 때 스태프들에게는 통제요인으로 작용하게 된다. 아이디어는 실행되어야 비로소 아이디어가 된다. 아무리 PD의 아이디어가 좋아도 그것이 프로그램으로 실행되지 않으면 아이디어가 아니다. 그런 면에서 위의 외주PD 말처럼 PD는 스태프들이 없으면 아무것도 아닌 존재일지 모른다.

> 카메라감독: "실제 생방(송) 때 PD가 가장 직접적으로 부딪치는 게 우리 카메라맨이거든요. 오디오나 조명감독은 큐, 들어가면 각자 알아서 하잖아요. 근데 카메라는 PD가 콜사인으로 선택을 한 단 말이죠. 카메라감독이 볼 때는 2번 그림이 나가야 할 때인 것 같은데 PD가 3번 그림을 콜 한다든가, 미디엄 샷이 맞는 것 같은데 풀 샷을 요구한다든가, [...] 카메라는 시청자의 눈이거든요. 뭐, 그런 서로 간의 시각차라고 해야 하나? 그런 공생이 맞지 않을 때 어려움이 있죠."

스태프들은 해당 분야의 전문가들이다. 아무리 PD가 똑똑하더라도 그들만큼 해당 분야를 알 수는 없다. 그렇지만 PD는 그들의 전문성을 끌어내 하나의 프로그램으로 응집시켜야 한다. 그렇다면 이렇게 말할 수 있겠다. 'PD의 전문성은 여타 스태프들의 전문성을 끌어모으는 전문성'이라고 말이다(이동규, 2018).

> 선임작가: "PD와 작가는 부부라고 봐요. 그래서 서로가 넘지 못할 선이 있어요. [...] 부부간에도 서로 지켜주는 예의가 있는 거예요. 근데 그 선을 넘는 PD가 왕왕 있단 말이에요."

대본작가: "PD가 너무 고지식할 때, '아' 하면 '어' 하는 커뮤니케이션이 되어야 하는데 그게 안 될 때 정말 답답하죠. 그리고 무엇보다 결정을 늦게 해줄 때! 아이디어가 있으면 할지 안 할지를 PD님이 빨리 결정해야 그게 실현 가능한지 그다음 일을 진행시킬 수 있는데 미적미적거릴 때, 또 결정을 해도 자꾸 뒤집을 때…."

프로그램의 중심에는 구조적으로 PD가 있다. 하나의 프로그램이 제작되는 과정은 한편 '담당 PD의 결정의 과정'이라고도 할 수 있다. 그런데 그 결정이 원활하게 이루어지지 못할 때 여타 스태프들에게는 또 하나의 통제요인으로 작용하게 된다. 결국 PD 자체가 제작구조적으로 스스로 하나의 통제요인이 될 수밖에 없다.

(2) 스태프 간 협업체제로서의 한계

연극이 종합예술이라고 하지만 방송 또한 마찬가지다. 다양한 스태프들의 전문성이 총체적이고 역동적으로 결합된다. PD에 의해 결정된 아이디어를 실행하기 위해서는 스태프들끼리 협업을 할 수밖에 없다. 이러한 제작구조가 또한 통제요인으로 작동한다.

조명감독: "조명은 세트와 교감이 중요해요. 세트디자이너가 구상한 세트 색감이 나하고는 생각이 안 맞을 수가 있어요. 만약에 세트 쪽에서 어떤 부분을 무색이나 화이트, 베이지 칼라로 정해놓으면 조명 입장에서는 조명으로 다양한 색깔과 변화를 만들어낼 수 있단 말이죠. 다시 말해 그건 조명에게 색을 맡겨준다는 뜻이란 말이죠. 근데 세트가 색깔이 너무 강하면 우리와 부딪치기도 한단 말이죠. 그럴 경우 조명이 칼라를 보강해서 질감과 색감을 좋게 해줄 수는 있어요. 그러나 조명에서 그 색깔이 도저히 맘에 안 들어 아예 다른 칼라를 입힐 경우, 이상하게 되거든요. 육안으로 보는 색깔과 조명의 색깔은 하늘과 땅 차이니까 그런 부분이 참 세트팀과 우리와의 미묘한 입장 차이랄 수 있어요."

음향감독: "화면상의 구성을 위해 소리를 희생하는 경우가 있어요. 예를 들어 요즘은 LED라든가 전기전식이라든가 하는 것을 세트에 있어 많이 사용하는데 그게 음향에게는 대단히 불리한 조건이거든요. 그런 장비들은 작동될 때 기본적으로 '웅' 하는 잡음이 있는데 그걸 우리가 피한다는 게 무척 어렵습니다. 그래도 그냥 감수할 수밖에 없는데 그럴 경우 우리는 최상을 포기하고 차선을 취해서 갈 수밖에 없는 거죠."

세트디자이너: "안타까운 건 제 의도로 신경 써서 만들어놓은 걸 카메라로 캐치(catch)하지 못하고 못 잡아낼 때. [...] 세트는 모든 걸 신경 써요. 카메라 위치, 조명, 음향 박스(box) 놓는 위치, LED, 출연자 등·퇴장 위치, [...] 항상 우스갯소리로 세트디자인은 조명, 카메라, 오디오를 다 신경 써서 하는데 왜 나머지들은 그렇게 안 하느냐, 뭐 그런 얘기도 하죠."

LED 오퍼레이터: "LED 화면은 육안으로 보는 거 하고 TV로 보는 게 딴판이거든요. 색온도 차가 달라요. 예를 들어 카메라도 영상장비잖아요. LED도 영상장비이고, 영상장비가 영상장비를 잡았을 때 색온도감이 다른 거예요. 전송속도도 다르고, 예를 들어 LED 화면을 육안으로 봤을 때 하얗잖아요. 근데 카메라로 보면 시퍼렇게 나와요. 그걸 카메라 감독님도 잘 모르고서는 '저거 색깔이 왜 저래?'라고 하거든요. 그러면 우린 그걸 맞추느라 색온도를 높이고 난리도 아네요. PD분들도 이런 LED를 모르기는 마찬가지고요. 너무 몰라요. 방송 스태프분들도."

기본적으로 상호 배타적인 방송제작의 업무적 특성이 또 다른 한계로 작용한다. 각 역할마다 전문성이 다르고, 그렇지만 각자 창의성을 발휘하고자 하는 의욕은 강하다 보니 필연적으로 한계가 발생할 수밖에 없다. 혼자 잘해봐야 소용없는 한계, 서로 손발을 맞춰야 하는 한계다. 본인이 맡은 바 책임을 다하겠다는 직업정신이 있는 한, 결코 피할 수 없는 건전한 한계라고나 할까.

(3) 기타 한계

이 밖에도 제작구조가 주는 통제요인은 스태프에 따라 다양하게 더 있다.

먼저, 예산이다.[49] 사실 방송은 제작비를 쓰는 만큼 어느 정도 효과를 볼 수 있다. 예를 들면 조명이다. 조명은 장비의 예술이다. 얼마나 좋은 장비를 다양하게 쓰느냐에 따라 효과가 달라진다. 특히 화려한 무대연출을 하는 쇼가 그렇다. 또한 세트나 CG, LED도 그렇다. 이들은 모두 나날이 발전하는 장비를 얼마나 활용하느냐가 관건인 파트다. 당연히 여기에 예산을 많이 쓰면 쓸수록 좋다. 예산 집행은 전적으로 담당 PD의 소관이다. 프로그램의 총제작비는 사전에 결정된다. 어느 부분에 얼마를 배정할 것인지는 대개 담당 PD가 정하기 나름이다. 그래서 궁극적으로 예산을 가장 확보하고 싶은 사람은 PD다. 예산은 모든 스태프를 지배하고 통제한다.

둘째, 인력의 부족이다. 이것 또한 모든 분야의 스태프에게 해당된다. SBS의 경우는 특히 카메라 부서에 해당된다. 몇 해 전부터 도입된 계약직급제로 인력의 유동성이 늘어나면서 해당 부서의 인력이 새롭게 보충되는 데 한계가 있기 때문이다.

셋째, 방송심의다. 일반적으로 프로그램을 방송하기 전에는 방송사 내 심의부서로부터 사전심의를 받아야 한다. 보통 한 명의 심의

---

49) 하나의 프로그램이 확정되면 제작기획서란 것을 작성한다. 이것은 제작비로 사용할 예산을 목록별로 작성하는 것이다. 예를 들면 출연료, 세트제작비, 구성작가료, 소품비, 의상비, 음향대여료, 조명대여료, CG비용, 특수효과료, 차량운행비, 연출진행비 등 전체 사용 가능액에 맞춰 분류화한다. 그러나 일반적으로 분류화한 것을 근거로 총액을 산정하는 것이 아니라 총액을 일방적으로 정하고 분류화해서 집행한다. 방송 프로그램 제작이란 실제 그 과정에서 무수히 많은 변수들이 작용한다. 따라서 그 비용을 세부적으로 사전에 정확하게 예측하기란 대단히 어렵다. 그래서 실제 현장에서는 비록 사전에 제작기획서를 작성하지만 제작완료 후, 사후정산에서는 최초 산정된 총제작비에만 맞추면 세부 목록에 상관없이 대체로 용인한다. 최근에는 방송사에서 광고 시장의 악화로 예산총액을 초과 집행하는 것을 엄격하게 금하는 편이다.

담담자로부터 받는데 이게 PD나 작가들에겐 또 좀 귀찮은 일이다. 녹화방송의 경우에는 사전에 녹화된 파일이나 가편집본을 복사해서 최종 종합편집하기 전에 심의실로 넘겨 심의를 받는데 그 결과를 통보받으면 그대로 수정해야 하는 것이 원칙이다. 간접광고나 비방송용 멘트가 대표적인 수정의 예다. 그런데 생방송의 경우에는 녹화된 파일이 없다. 그래서 사전에 심의 담당자에게 넘기는 것이 대본이다. 이 일이 비록 크지는 않지만 그래도 대본작가에게는 귀찮은 일로 작용한다. 녹화방송은 사전에 녹화된 파일을, 생방송은 사전에 쓴 대본을 심의 받는 차이가 있기는 하지만 어려운 것까지는 아니더라도 이래저래 귀찮은 통제요인임에는 틀림없다.

넷째, 방송제작 준비시간의 부족이다. 방송계 경력 30년이 넘는 선임작가의 말을 들어보자.

> 선임작가: "미국의 아카데미 시상식 같은 거는 1년 내내 준비해요. 근데 우리나라는 <연기대상>을 준비하기 위해 고작 두 달이에요. 그것도 구상하고 협조하다 보면 시간 다 가요. 어떤 거는 저는 보름 만에 준비한 적도 있어요. 제가 일본방송사하고 일해본 적이 있는데 걔네들이 놀래요. 그게 어떻게 가능한지 이해를 못 해요. 짧은 시간에 이만한 성과를 내는 노하우는 정말 우리나라가 최고예요. 칭찬해줘야 돼요."

사실 이 부분은 현장의 많은 PD들이 농담 삼아 잘 하는 말이기도 하다. 방송 PD경력 15년인 저자도 선임작가의 말은 충분히 동의하고도 남음이 있다. 이번 <연기대상>의 경우도 미국이나 일본의 방송시스템이라면 사실 두 달 만에 제작하기란 불가능하다고 본다. 이것은 한국이기 때문에 가능한 게 아닐까 한다. 뭐든지 '빨리빨리'

서두르는 한국만의 독특한 습성이 장점으로 작용하기 때문에 가능한 게 아닐까 한다. 미국이나 일본보다 상대적으로 적은 비용, 적은 예산, 적은 인원, 짧은 준비기간으로 제작하는 것이 한국의 방송제작자들이다. 그럼에도 불구하고 이만큼의 프로그램을 만들어낸다는 것은 선임작가의 말처럼 정말 칭찬해줄 일이 아닐까 한다.

> 음악 및 음향효과감독: "우리는 프리랜서이기 때문에 여러 프로그램들을 맡고 있잖아요. 그러다 보면 배경음악을 선곡하랴, '딩동댕', '땡' 등 각종 효과음을 준비하랴, 늘 준비시간이 부족한 게 제일 큰 어려움이죠. 거의 대부분은 연출팀이 종편(종합편집) 전날이나 몇 시간 전에 편집본(가편집된 테이프)을 주기 때문에 거기에 (배경음악과 효과음을) 입히자면 거의 매일 밤샘작업이죠. [...] 우리는 밤에는 효과편집, 낮에는 녹화나 생방(송), 뭐 그렇죠."

방송작업의 속성이란 게 동시에 개별적으로 추진하는 부분도 있지만, 어느 파트가 끝내줘야 그것을 기반으로 다른 파트가 그다음을 준비할 수 있는 일도 있다. 동시에 혹은 순차적으로 그물망처럼 복잡하게 얽혀 있다. 그래서 프로그램 제작과정은 스태프들의 '시간관리의 과정'이라고도 할 수 있다. 해당 분야의 창의성을 발휘하려면 서로 해당 분야의 제작시간을 확보하는 것, 또한 관건일 수밖에 없다. 방송시각과 시간은 정해져 있다. 그러자면 그것을 맞춰내기 위해 그 조율과정에서 발생하는 상호 간의 제작 준비시간에 대한 문제, 또한 필연적으로 통제요인으로 작용할 수밖에 없다.

마지막으로 다섯째, 시청률에 관한 문제다. 부르디외(Bourdieu, 1996)가 텔레비전은 시청률에 의해 결판나는 투쟁의 장이라고 했듯이 시청률은 제작팀에게 가장 큰 통제요인이다. 그러나 '특별한 날에 특별하게 방송되는 미디어 이벤트(Dayan & Katz, 1992)'인 <연기대상>은 이 문제만큼은 다소 예외다.

> 공동연출PD: "생방송이 좋은 게 하나 있어요. 시청률 부담으로부터 자유롭다는 것. 안전이 제일이란 거죠. 생방송은 방송 끝나자마자 모든 게 끝이에요. 평가도 필요 없어요. 아무 사고가 없다면 그걸로 모든 게 끝이에요. 물론 특집일 때만."

'무사고 방송'이 생방송의 가장 큰 목표다. 적어도 특집 생방송만큼은 시청률이 그리 큰 통제요인으로 작용하지는 않는다.

7장

텔레비전 생방송의 매개속성

아무리 날 것 그대로가 생방송이라 해도
정말 날 것 그대로인가.
텔레비전을 거치지 않는가?

생방송의 구성요소는 생산적 관점에서는 생생한 현장감과 동시성이고, 수용적 관점에서는 생방송이라는 믿음과 연속성이고, 사회학적 관점에서는 유대감으로 인해 생기는 자연스러움과 친근감이다. 이러한 구성요소를 우리는 텔레비전을 통해 전달받고 그래서 생방송으로 느끼게 된다. 기본적으로 생방송의 구성요소들은 텔레비전을 매개로 전달받는다. 지금부터 <연기대상>을 통해 전달받는 이러한 구성요소들의 매개속성을 알아보자.

1. 연속성

윌리엄즈(Williams, 1974)는 텔레비전 프로그램의 편성과 내용에는 계획된 ‘흐름(flow)’이라는 현상이 있다고 지적하면서 이는 기술로서의 방송과 문화적 양식으로서의 방송이 갖는 특성을 동시에 결정적으로 이끌어내는 가장 차별적인 요소라고 했다. 텔레비전의 ‘흐름’, 즉 ‘연속성(continuity)’에 대한 그의 주장은 부르동(Bourdon, 2000)과 푸에르(Feure, 1983)에 의해 생방송을 결정짓는 중요한 요소로 재발견되었다. 생방송의 내용들이 실시간 그대로 물 흐르듯이 연속성이 유지됨으로써 생방송으로 인식하게 하는 결정적인 요소로 작용한다는 것이다.

연속성이 <연기대상>에서는 구체적으로 세 가지로 나타났다. 첫째, 내용의 연속성 둘째, 영상의 연속성 셋째, 음향의 연속성이다. 윌리엄즈가 말한 문화적 양식과 기술적 양식의 연속성에서 문화적 양식으로는 내용의 연속성이 구성요소이고, 기술적 양식으로는 영상과 음향의 연속성이 그 구성요소라 할 수 있다.

1) 내용의 연속성

FD: “<연기대상>은 생방송으로 진행되니까 궁금증이 있는 것 같아요. ‘올해는 누가 상을 받을까?’, ‘내가 이 드라마를 봤는데 과연 상을 받을까?’ […] 또 우리도 순서상 진행될수록 점점 더 큰 상을 배치시켜 그 궁금증을 증대시켰잖아요.”

푸에르(Feure, 1983)는 텔레비전 제작자들이 생방송으로서의 연속성을 유지 혹은 강화하는 이유는 프로그램에서 시청자의 눈을 떼지 못하게 하기 위함이라고 했다. 그래서 진행자 멘트를 통해 시청자 여러분도 "저와 함께 지금 나오는 내용들을 계속 지켜보자"는 식으로 끊임없이 강조한다고 했다. 윌리엄즈(Williams, 1974)도 생방송으로 진행되는 저녁 뉴스의 앵커 멘트를 통해 흐름의 연속성을 유지한다는 사실을 발견해냈다. 코기(Caughie, 1984) 또한 사회자의 진행 멘트를 통해 프로그램 내용의 다양성을 하나로 단순화시켜, 흐름의 통일성을 방해하는 장애요소들을 제거한다고 했다.

생방송의 연속성은 이처럼 기본적으로 MC의 매끄러운 진행 멘트로 유지 혹은 강화된다. 그것은 시청하면서 이해하는 데 불편함이 없는 내용의 연속성을 의미한다.

<표 17>은 <연기대상> 1부의 처음부터 첫 시상 부문인 미니시리즈 조연상까지 약 21분가량의 스튜디오 대본이다. 내용의 연속성을 위한 구체적인 실천은 우선 대본작성에서 시작된다.

〈표 17〉 스튜디오 대본

1. 前 타이틀(0' 30'')

2. 前 CM(4' 00'')

3. 1부 오프닝 쇼 (4' 00'') – "〈왕과 나〉 개막공연 및 인터뷰"

/ 성우 OFF
/ 조명쇼 및 북소리 울리고

성우 OFF　　최고의 스타들과 함께하는 축제의 시간!
2007 SBS 연기 대상! 〈왕과 나〉와 함께
그 화려한 막을 엽니다!!

/ 군무 BGM
/ 『왕과 나』 내관들의 검무 // (1'30")

/ 검무단 총 28명 무대 상, 하수 중앙백 통해 등장
(호위내시 8명 + 고수 6명 + 기수 4명 + 일반내시 10명)
* 중앙 LEC: <왕과 나> 하이라이트 흐르고

/ 공연 후 내관들 양쪽으로 갈라지며
/ 도금표 등장
/ 판내시부사 <전광렬>과 4인의 내관들 중앙 계단 통해 등장 // (1'00")
- 전광렬, 판내시부사복 & 부채 얼굴 가리고 위엄 있게 등장
/ 등장 BG
/ 도금표(한정수) 멘트

도금표 멘트　여러분, 〈왕과 나〉의 절대 권력!
판내시부사, 납시오~ (사극톤)

전광렬　안녕하세요. 전광렬입니다.
2007년 한 해, SBS 드라마를 사랑해주신
시청자 여러분께 진심으로 감사드립니다.
오늘, 이 뜻깊은 자리를
저희 〈왕과 나〉 팀의 공연으로 시작하게 되어
참으로 영광이구요.
어느 해보다 기억에 남을 시상식이 될 것 같습니다.

〈2007 SBS 연기대상!〉
이제, 그 화려한 개막을 선언합니다!

/ 부채와 트로피 들고 두 손을 번쩍 든다.
/ 무대 앞 불꽃 터진다.

이 자리를 이끌어 갈 세 명의 MC,
하희라, 김용만, 구혜선 씨를 소개합니다.

/ 등장 BG
/ 3MC 중앙 계단 통해 등장 (하희라 / 김용만 / 구혜선 순)
/ 인터뷰 (1'30")

김용만　안녕하세요, 김용만입니다.
하희라　안녕하세요, 하희랍니다.
구혜선　안녕하세요, 구혜선입니다.
김용만　2007 SBS 연기대상!
나는 새도 떨어뜨린다는 세도가!
판내시부사의 소개로 등장하게 되어 너무나 영광입니다.
하희라　저 역시 〈왕과 나〉의 팬으로서, 무척 영광인데요,
아무래도 〈왕과 나〉의 중전인 구혜선 씨 덕분인 것 같
네요.

구혜선 씨는 기분이 어떠세요?

구혜선 사실, 제가 오늘, 시상식 MC는 처음이라 조금 전까지
많이 떨렸는데요. <왕과 나>팀과 전광렬 선배님을 보니
까
마치 집에 온 것처럼 편안해졌습니다.
전광렬 선배님은 올 한 해 판내시부사로
많은 사랑을 받고 계신데... 2007년을 돌아볼 때
가장 기분 좋았던 일은 어떤 일이었나요?

전광렬 (대답 / 2007년 좋았던 일)

하희라 이 자리에 있는 연기자분들은 아마 오늘을
가장 행복한 날로 기억하지 않을까 합니다.
오늘, 전광렬 씨도 유력한 수상후보이신데요.
수상 여부, 어떻게 예상하시나요?

전광렬 (대답 / (웃으며 짧게) 받으면 좋죠.)

김용만 (정리하고) 네, 특별한 무대를 꾸며주신 전광렬 씨!
좋은 결과 기대가 됩니다. 다시 한번 감사드립니다!

/ 전광렬, 무대 위 검무단 퇴장

---

4. 1부 오프닝 멘트 (2' 00")
/ 무대 중앙 (공연 무대에서 이어지며)

김용만 자! 2007 SBS 연기대상, 전광렬 씨와 함께한
<왕과 나> 공연으로 시작이 됐는데요,
2007년의 마지막 날! 오늘은 한 해를 마무리하는 시간
이자
2007년을 빛낸 SBS 드라마를 총결산하는 자리입니다.

하희라 올해, 그 어느 때보다도 많은 드라마들이 사랑받았는데
요, 여기 있는 구혜선 씨와 저 역시,
SBS 드라마를 통해 시청자 여러분께 인사드리고
또 사랑받았던 행복한 한 해였습니다!

김용만 사실 오늘 이 자리가 더 의미 있는 자리인 게,
제가 예전부터 하희라 씨 팬이거든요.
88년 <젊음의 행진> 이후로 20년 만, 93년 슈퍼모델대
회
이후로 14년 만에 MC로 무대에 서신 거잖아요?
소감 한마디 하신다면?

하희라 (짧게 웃으며 대답/ 사실 두 가지를 못 했는데요.
잠 못 자고 밥 못 먹고 긴장되지만 기분 좋습니다.
더군다나 제가 요즘 구혜선 씨를 보면

예전의 나를 보는 듯 참 친근했는데 후배와 함께
이 자리에 서니까 더 기분이 좋네요.)

구혜선 저도 선배님과 함께하게 되어 너무 영광이구요.
오늘 잘 이끌어 주세요. 저는 잘 따라가겠습니다.

김용만 그러고 보니 이렇게 여자 선후배 연기자가 함께 진행했
던
시상식은 처음이네요. 두 분에게나 저에게나
의미 있는 시간이 될 것 같습니다.

자! 2007 SBS 연기대상!
SBS 연기대상에는 SBS만의 특별한 상,
바로 10대 스타상이 있는데요.
10명의 그야말로 빛나는 스타들에게 드리는 상입니다.
이 열 분들 중에서요. 네티즌들의 투표를 통해
남녀 각 1인씩 〈네티즌 최고 인기상〉을 드리게 되는 거
죠?

하희라 네, 지난 20일부터 SBS연기대상 홈페이지를 통해
투표를 진행 중에 있습니다.
시상식 중에 투표를 마감하니까요.
지금 빨리 접속하셔서 〈네티즌 최고 인기상〉을
여러분이 아끼는 스타가 받을 수 있도록 투표해주세요!

구혜선 자! 그렇다면, 우선, 시청자 여러분과
전문 심사 위원단이 뽑아주신 2007년 최고의 스타,
그 〈10대 스타〉는 과연, 누구일지?
일단 화면으로 보시겠습니다.

---

5. ■■ VTR-2007 SBS 연기대상 10대스타 소개 VTR (2'00")

---

6. MC 멘트 (1'00")

/ VTR 나가는 동안 3MC, MC석으로 이동
MC석,
/ MC 멘트하는 동안 인터넷 참여고지 자막

김용만 네! 2007년 〈10대 스타상〉 정말 대단합니다.
SBS 드라마를 빛낸 10대 스타 여러분들,
이 열 분의 스타 중 남녀 각각 한 분씩이
〈네티즌 최고 인기상〉 수상의 영광을 안게 될 텐데요.

구혜선 올해는 특별히! 그 수상자를 시청자 여러분께서
직접! 선발하실 수 있다는 점, 다시 한번 말씀드릴게요!

잠시 후면 투표를 마감하니까요.
지금 바로 SBS 연기대상 인터넷 홈페이지에 접속하세요.
방송이 계속되는 동안 여러분이 사랑하는
최고의 스타에게 투표해 주시기 바랍니다!
바로, 이 자리에서 네티즌 최고 인기상이 결정되는 것입니다.

김용만　자, 2007 SBS 연기대상! 한 해를 결산하는 시상식이니만큼
과연 누가 어느 부문의 수상을 하게 될지!
빨리 시상을 시작해야겠죠?

하희라　네, 첫 번째 시상 부문은, 이분들께 더 이상 '감초'라는 수식어는 어울리지 않는 것 같아요~ 드라마를 지탱하는 주춧돌 같은 분들이시죠? 바로, <조연상>에 대한 시상입니다.
특히나 2007년에는 다양한 캐릭터의 조연분들의 활약이
그 어느 때보다 많았는데요, 먼저 <미니시리즈 부문>의 시상이 있겠습니다!

구혜선　시상에는, 말이 필요 없는 최고의 배우, 임현식 씨와 전년도 수상자이신 8등신의 미녀 탤런트, 오윤아 씨께서 수고해 주시겠습니다!

7. 시상 1〉 미니시리즈『조연상』시상 (7'00")

★★★ 미니시리즈 남자 부문 조연상

무대 중앙
/ 중앙, 스탠드 마이크
/ 시상자 임현식 & 오윤아 등장

임현식　안녕하세요, 임현식입니다.

오윤아　안녕하세요, 오윤압니다.
작년에 이어,
올해도 임현식 선생님과 함께하게 돼 영광입니다!
선생님, 자타가 공인하는 최고의 배우신데,
매 작품마다 항상 새로운 유행어를 만드시잖아요?
그렇게 항상 기억에 남는 연기를 하는 비법이 있으신지?

임현식　(대답 / 남들보다 좀 더 큰 목소리, 표정을 크게 하고 숨을 깊이 들이마시며 참다가 내뿜는 게 중요...
'줄을 서시오~~~') 한 번 해 보시겠어요?

오윤아　(흉내 내보고...) 역시, 선생님의 연기는 아무나

따라 할 수 없는 것 같아요.
네, 이렇게 노련함과 특유의 개성 넘치는 연기로 드라마를 더욱 깊이 있고 풍성하게 해 주시는 분들께 드리는 상입니다. 〈조연상〉!

임현식 그럼 먼저, 미니시리즈 남자 부문 조연상!
후보들을 화면으로 만나 보시죠!

■ VTR 『미니시리즈 남자』부문 조연상

/ 후보 5 (김병세 / 김인권 / 손현주 / 이원종 / 허준호)
/ 후보자 소개 OFF 멘트

** VCR 후보 확인 후 호명해주세요 **

임현식 〈내남자의 여자〉의 김병세!

〈외과의사 봉달희〉의 김인권!

〈완벽한 이웃을 만나는법〉의 손현주!

〈쩐의전쟁〉의 이원종!

〈로비스트〉의 허준호!

무대 중앙
/ 수상자 발표
/ BG - 수상 효과음

임현식 〈2007 SBS연기대상〉 미니시리즈 남자 부문, 조연상!
(봉투 뜯고)
수상자는, OOO 씨입니다!

오윤아 축하합니다.

무대 중앙 - 시상식
/ 객석 박수
/ 수상자, 객석에서 중앙으로 등장 중 MC OFF 멘트

하희라 OFF "수상자 프로필 소개"

/ 트로피 전달 + 수상자 소감 발표

★★★ 미니시리즈 여자 부문 조연상

MC석

김용만	네, OOO 씨 축하드립니다! 계속해서 이번엔 여자 부문에 대한 시상이 있겠습니다. 임현식 씨, 오윤아 씨 계속해서 부탁드립니다.

무대 중앙
/ 임현식 & 오윤아

오윤아	네, 미니시리즈 여자 부문 조연상, 후보 화면 보시죠.

■ VTR 『미니시리즈 여자』부문 조연상

/ 후보 5 (김정화 / 김미숙 / 임성민 / 최여진 / 하유미)
/ 후보자 소개 OFF 멘트

** VCR 후보 확인 후 호명해주세요 **

오윤아	<로비스트>의 김미숙! <쩐의전쟁>의 김정화! <강남엄마 따라잡기>의 임성민! <외과의사 봉달희>의 최여진! <내남자의 여자>의 하유미!

무대 중앙
/ 수상자 발표
/ BG - 수상 효과음

오윤아	<2007 SBS연기대상> 미니시리즈 여자 부문, 조연상! (봉투 뜯고) 수상자는, OOO 씨입니다!
임현식	축하합니다.

#무대 중앙 - 시상식
/ 객석 박수
/ 수상자 객석에서 중앙으로 등장 중 MC OFF 멘트

구혜선 OFF "수상자프로필소개"

/ 트로피 전달 + 수상자 소감발표

8. MC 멘트 (1'00")

MC석, 3MC

김용만	네, 수상하신 분들께 다시 한번 축하드립니다! (수상자관련 애드리브 짧게)
하희라	계속해서 <조연상>! 이번에는 <연속극 부문>에 대한 시상이 남아 있죠?
구혜선	시상에는 전년도 수상자이신 전노민 씨와 최근 연극배우로 변신에도 성공하셨죠? 김지영 씨가 수고해 주시겠습니다!

(이하 생략)

텔레비전 프로그램의 대본은 기본적으로 두 종류가 있다. 하나는 스튜디오 대본이며, 또 하나는 사전제작 VTR 코너들의 대본이다.[50] 스튜디오 대본은 스튜디오 출연자를 위한 프로그램의 메인 대본이며 그래서 선임작가가 쓰는데 <연기대상>에서는 대본작가가 썼다. 사전제작 VTR코너들의 대본은 일반적으로 '구성안'이라 불리며 주로 선임작가급 아래의 구성작가들이 코너별로 맡아 쓴다.

---

50) 텔레비전 프로그램의 대본작업은 일반적으로 드라마와 비드라마 부문으로 구분할 수 있다. 드라마 대본은 드라마 작가에 의한 대본으로서 한 가지뿐이다. 그러나 비드라마 부문, 즉 예능과 교양 프로그램의 대본작업은 ① 스튜디오 대본과 ② 사전제작 코너물의 대본으로 구분된다. 사전제작 코너물이란 보통 야외촬영으로 이루어지는데 이것들은 구성작가가 쓰며 대개는 구성안, 혹은 구성대본이라 불린다. 스튜디오 대본은 스튜디오 출연자들의 대본으로서 선임작가가 쓴다. <연기대상>의 경우에는 선임작가 외에 또 하나의 선임작가라 할 수 있는 대본작가를 둔 특별 케이스인데 대본작가가 실질적으로 모든 진행과정을 총괄했으며, 선임작가는 <연기대상>의 전체 콘셉트와 큰 흐름의 아이디어만 제공하는 역할을 담당했다. 그리고 교양과 예능 프로그램 중에는 오로지 야외촬영으로만 이루어지거나(예를 들면 다큐멘터리), 스튜디오 촬영으로만 이루어지는 경우도 많은데 이 경우에도 역시 대본은 선임작가, 즉 메인작가가 쓴다.

일반적으로 스튜디오에서 제작한다는 것은 곧 MC가 진행한다는 뜻이다. MC는 프로그램 전체를 이끌고 통제하는 핵심 역할을 한다. 그래서 '스튜디오 대본'은 한편 'MC 대본'이라고도 불린다.

생방송 스튜디오 대본작업에서 가장 염두에 두는 것은 두 가지로 요약할 수 있는데 하나는 프로그램의 내용에 대한 흐름의 연속성을 유지하는 것이고, 다른 하나는 그것을 주어진 방송시간에 맞추는 것이다.

먼저, 내용에 대한 흐름의 연속성이다. 사실 생방송에서 내용의 연속성이란 대단히 중요하다. 이를 <표 17>의 MC 멘트를 보면 잘 알 수 있다.

우선 MC를 맡은 김용만, 하희라, 구혜선 세 명의 멘트를 세밀히 살펴보면 그들의 역할이 각자 매우 정형화되어 있음을 알 수 있다.

일단 MC 멘트로 시작되는 매 코너마다 <표 18>과 같이 반드시 김용만이 먼저 멘트를 시작하도록 되어 있다. MC를 잡는 화면으로 넘어오면 먼저 김용만부터 멘트를 시작하게 해놓았다.

〈표 18〉 김용만이 멘트를 시작하는 코너의 사례

3. 1부 오프닝 쇼 (4' 00")-"<왕과 나> 개막공연 및 인터뷰"
/ 3MC 중앙 계단 통해 등장 (하희라 / 김용만 / 구혜선 순)
/ 인터뷰 (1'30")

김용만	안녕하세요, 김용만입니다.
하희라	안녕하세요, 하희랍니다.
구혜선	안녕하세요, 구혜선입니다....

(이상 1부 오프닝쇼 코너)

4. 1부 오프닝 멘트 (2'00")
/ 무대 중앙 (공연 무대에서 이어지며)

김용만	자! 2007 SBS 연기대상, 전광렬 씨와 함께한 (생략)
하희라	올해, 그 어느 때보다도 많은 드라마들이 사랑받았는데요, 여기 있는 구혜선 씨와 저 역시,...

(이상 1부 오프닝멘트 코너)

6. MC 멘트 (1'00")

/ VTR 나가는 동안 3MC, MC석으로 이동
MC석,
/ MC 멘트하는 동안 인터넷 참여고지 자막

김용만	네! 2007년 <10대 스타상> 정말 대단합니다. (생략)
구혜선	올해는 특별히! 그 수상자를 시청자 여러분께서....

(이상 6. MC멘트 코너)

8. MC 멘트 (1'00")

MC석, 3MC

김용만	네, 수상하신 분들께 다시 한번 축하드립니다! (수상자관련 애드리브 짧게)
하희라	계속해서 <조연상>! 이번에는 <연속극 부문>에 대한 시상이....

(이상 8. MC멘트 코너)

다음에 시상 부문을 소개하는 부분을 보면 <표 19>와 같이 매번 반드시 하희라가 멘트하도록 되어 있다.

〈표 19〉 각 시상 부문을 하희라가 소개하는 사례

하희라	네, 첫 번째 시상 부문은... 이분들께 더 이상 '감초'라는 수식어는 어울리지 않는 것 같아요~ 드라마를 지탱하는 주춧돌 같은 분들이시죠? 바로, 〈조연상〉에 대한 시상입니다. 특히나 2007년에는 다양한 캐릭터의 조연분들의 활약이 그 어느 때보다 많았는데요, 먼저 〈미니시리즈 부문〉의 시상이 있겠습니다!
(이상 조연상 〈미니시리즈〉 부문 소개)	
하희라	계속해서 〈조연상〉! 이번에는 〈연속극 부문〉에 대한 시상이 남아 있죠?
(이상 조연상 〈연속극〉 부문 소개)	

또 시상자를 소개하는 멘트는 <표 20>과 같이 매번 반드시 구혜선이 하도록 되어 있다.

〈표 20〉 각 시상자를 구혜선이 소개하는 사례

구혜선	시상에는, 말이 필요 없는 최고의 배우, 임현식 씨와 전년도 수상자이신 8등신의 미녀 탤런트, 오윤아 씨께서 수고해 주시겠습니다!
(이상 조연상 〈미니시리즈〉 부문 시상자 소개)	
구혜선	시상에는 전년도 수상자이신 전노민 씨와 최근 연극배우로 변신에도 성공하셨죠? 김지영 씨가 수고해 주시겠습니다!
(이상 조연상 〈연속극〉 부문 시상자 소개)	

호명된 수상자가 무대 위에 올라오는 동안 수상자의 약력을 소개

하는 오프멘트(off-ment)[51]의 경우에도 남자 부문에서는 하희라, 여자 부문에서는 구혜선이 꼭 매번 하도록 되어 있다. 결국 세 명의 MC 역할이 매우 단순하고 일정하게 배분되어 있다.

이유는 진행의 패턴화다. 세 시간 동안 자칫 복잡해질 수 있는 내용들을 단순하게 정리해, 진행의 통일성을 유지하기 위해서다. 복잡한 요소는 철저히 빼고 물 흐르는 듯한 연속성을 유지해 시청하는 데 어려움이 없도록 하고, 궁극적으로는 시청자의 눈을 떼지 못하게 하기 위함이다. 그리고 MC 역할을 배분함으로써 기나긴 3시간 동안 세 명의 MC가 진행하면서 서로 말이 엉키는 실수가 발생할지도 모를 확률을 최대한 줄이기 위해서이기도 하다.

<표 21>에서 보듯이 MC가 할 수 없는 멘트는 성우가 대신하도록 되어 있다. 예를 들면 1・2부가 처음 시작될 때 오프닝 개막을 알린다든가, MC를 처음 소개한다든가, 경우에 따라 수상자들을 호명하는 경우 등이다. MC 외에 성우까지 진행 멘트의 연속성을 유지해내는 것이다. 그것도 매우 단순하고 이해하기 쉬운 멘트들로 대단히 정교하게 내용의 연속성을 유지하고 있다.

51) 오프멘트(off-ment)는 일종의 보이스 오버(voice-over)로서 화면상에 진행되는 상황에 대한 보이지 않는 진행 목소리를 말한다. 보이스 오버가 주로 영화에서 사용된다면 오프멘트는 주로 텔레비전에서 사용되는 용어라고 할 수 있다.

〈표 21〉 성우가 연속성을 부과하는 사례

3. 1부 오프닝 쇼 (4' 00")-"<왕과 나> 개막공연 및 인터뷰"
/ 성우 OFF
/ 조명쇼 및 북소리 울리고

	성우 OFF	최고의 스타들과 함께하는 축제의 시간! 2007 SBS 연기 대상! 〈왕과 나〉와 함
께		
		그 화려한 막을 엽니다!!
(이상 1부 개막 오프닝 멘트)		
	성우 OFF	이 자리를 이끌어 갈 세 명의 MC, 하희라, 김용만, 구혜선 씨를 소개합니다.
(이상 1부 MC 소개 멘트)		

<표 17>의 대본에서는 잘 나타나지 않았지만, 출연자들의 등퇴장이나 위치도 대화가 자연스럽게 이루어질 수 있도록 고려해두었다. 또한 화면으로 용이하게 잡기 위한 카메라의 연속성까지 대본에는 계산되어 있다. 심지어 자막이 인·아웃되는 타이밍까지 고려해 멘트 길이를 조정하는 치밀함도 숨어 있다. 이는 스태프들의 진행을 용이하게 하기 위한 화면 뒤의 보이지 않는 진행의 연결성까지도 대본에 계산해두었다는 것이다. 대본은 화면상 '보이는 연속성'과 화면 뒤에서 진행하는 스태프들의 '보이지 않는 연결성'의 모든 신호가 숨어 있는 결정체다.

둘째, 주어진 방송시간을 계산하고 대본을 쓴다. 생방송은 편집이 불가능하다. 그래서 시간 조절이 대단히 중요하다. 이 또한 내용의 연속성을 유지하기 위한 필수 구성요소다. 사실 예정보다 빠르

게 생방송이 진행되면 도중에 진행 속도를 늦춰 시간을 맞추기란 쉽다. MC나 여타 출연자들의 애드리브로 말을 좀 늘리면 된다. 그러나 초과된 시간을 줄이기는 매우 어렵다. 그래서 대본을 작성하며 1원칙으로 삼는 게 주어진 방송시간보다는 다소 대본을 짧게 쓰는 것이다.

진행 멘트의 연속성은 또한 자막의 연속성으로도 보강된다. 출연자들의 이름과 시상 부문, 노래 가사 등 필요한 부분부분마다 수시로 자막을 삽입함으로써 시청자가 보다 쉽게 내용의 흐름을 쫓아갈 수 있게 한다. 자막은 또 하나의 진행자, 즉 MC라고 할 수 있다.

보이지 않는 진행의 연결성은 무대 위 LED(Light-Emitting Diode)화면을 통해서도 보강된다.

> LED 오퍼레이터: "LED가 이제는 단순한 모니터링용이 아니에요. 세트의 하나란 말이죠. 데커레이션이에요. 근데 세트가 해줄 수 없는 걸 한 가지 해줘요. 그건 진행이에요. 수시로 타이틀을 넣었다 뺐다 하면서 이 프로그램이 뭐다 하는 걸 알려주죠, 바닥 LED 같은 경우엔 수상자 얼굴과 이름을 그때마다 넣었잖아요. 한마디로 진행이에요. 진행, MC란 말이죠."

<연기대상>에 사용된 LED 화면은 용도로 보면 네 가지였다. ① 메인 화면, ② 사이드 화면, ③ 무대 바닥 화면, ④ 진행 화면이다. ①무대 뒤의 대형 메인 화면은 기본적으로 <연기대상>이라는 프로그램 타이틀과 각 코너 로고를 수시로 보여줌으로써 지금 방송되고 있는 프로그램과 내용에 대해 알려주는 기능을 했으며, ②무대 양쪽 사이드 화면은 움직이는 타이틀 로고, 패턴 등을 보여줌으로써 프로그램의 정서적인 분위기를 고양시키는 기능을 했으며, ③무대

바닥에 배치시킨 화면은 각 수상자들이 상을 받을 때마다 그 얼굴과 이름을 띄워 현재 진행되는 수상 부문을 알려주는 기능을 했다. ④진행 화면은 무대 앞에 위치한 소형 LED 화면을 말하는데 출연자들이 진행상 수시로 참고할 수 있는 모니터였다. LED 또한 내용의 연속성을 유지하는 한 수단이었다.

내용의 연속성은 결국 영상과 음향의 기술로 완성된다(Brundson & Morley, 1978). 먼저 영상의 연속성이다.

2) 영상의 연속성

기본적으로 영상, 즉 스튜디오 카메라가 잡아내는 다양한 영상들은 PD의 콜사인으로 하나씩 선택됨으로써 그 연속성이 유지된다. 그러나 이를 가능하게 하는 힘은 정작 따로 있다. 그것은 빛, 바로 조명의 힘이다.

조명은 시각적 요소에 대한 생사 여부를 쥐고 있으며(Byrne, 1997), 시・공간적 환경을 명료하게 접합 및 구분하며(Zettl, 1992), 분위기의 감정을 연출한다(Caldwell, 1995). 조명은 서로 다른 제작의 구성요소들을 음향까지 연결하는 중심적인 역할을 수행함으로써 제작된 프로그램에 대해 시청자의 다의적인 해석을 가능하게 해준다(Heo, 2004).

시청자들의 감정기복을 조절하기 위한 코너들의 배치순서나, 출연자들의 위치와 동선은 전적으로 조명이 비춰지는 범위와 정도 내에서 가능하다. 예를 들어, 공로상 부문 시상에서 수상자가 등장하기 전에 잔잔한 분위기의 1분짜리 휴먼다큐멘터리 방식의 수상자 소개용 VTR이 플레이되는 동안, 시상자가 무대 중앙에서 홀로 핀 조명을 받으며 내레이션을 하는 코너가 있었는데 이것은 시상자의 핀 조명이 비춰주는 위치 내에서만 가능했다.

생방송에서 영상의 연속성을 주는 것은 조명이 핵심이다.

> 조명감독: "난 녹화방송보다 실황중계(생방송)를 더 좋아합니다. 생방송이란 건 그래요. 객석에 있는 사람들의 다양한 시선을 무대 한쪽으로 집중시켜 그걸 쭈욱 연결해나가는 그런 시스템이란 말입니다. 그걸 나는 좋아하는데 왜냐, PD가 부조(부조정실)에서 카메라 커팅을 한단 말이죠. 그러면 나도 그 샷에 맞춰 조명연출을 한단 말이에요. 샷과 샷이 디졸브로 넘어가면 조명도 디졸브로 넘기고, 빠르게 컷 되면 조명도 빠르게 컷 한단 말입니다. 노래가 처음에 빠르게 시작하다가 느리게 바뀌면 조명도 똑같이 그렇게 한단 말이죠. 분위기에 따라 거기에 맞춰 계속 물 흐르듯이 내 나름대로 변화를 주는 대로 갈 수 있는 게 생방(송)이에요. 근데 녹화 프로그램 같은 경우, 편집된 그림은 그런 게 다 소멸되고 딱딱 끊겨버린단 말이죠. 출연자 등장과정 같은 게 편집에서 잘리면 조명도 어두웠다가 갑자기 밝아지고, 내 나름대로는 실제 녹화 때 서서히 분위기에 맞게 조명을 켰는데도 말이죠. PD가 언제 내용 갖고 편집하지, 조명 같은 건 신경 잘 안 쓰잖아요. 나의 연출이 살아서 한 방향으로 쭈욱 이어질 수 있는 게 생방(송)이에요. 그래서 난 생방(송)을 좋아해요."

생방송의 조명은 녹화 후 편집된 영상과는 다른 연속성을 살려낸다. 사건이 일어나는 분절 없는 시간의 연속성을 영상으로 재현해 내는 독특한 힘이 있다.

그리고 이러한 생방송의 연속성은 궁극적으로 음향의 연속성에 의해 최종 완성된다(Zettl, 1992).

3) 음향의 연속성

우레죠 노리오(1990)는 유동적이고 불확실한 특성의 영상이 음향의 도움으로 그 예측할 수 없는 영상의 빈틈을 메우고 신비스러운 힘을 발휘한다고 했다. 이는 실제 제작현장에서 수많은 조명에 의해 수시로 변화하는 비결정적인 영상이 한 대의 마이크로 픽업되는 소리의 상징적인 힘에 의해 하나의 결정적인 연속성으로 완결됨을 의미한다. 음향의 연속성은 생방송의 연속성을 완성시키는 최종 요소다.

> 음향감독: "생방송 하면 오디오는 일단 흐름의 연속성을 가지고 있어야 한다고 생각하고, 두 번째는 같은 시간대에 현장상황과 안방에 있는 시청자들이 같은 기분을 느낄 수 있는, 어떤 동질감을 줄 수 있어야 한다고 봅니다. [...] 분위기란 게 그렇습니다. 어떤 공간에 사람들이 아무 짓도 안 하고 가만히 있어도 거기에는 분명 발생되는 소리란 게 존재한답니다. 그걸 우리 귀가 인지를 하든 안 하든, 그 이전에 우리는 분위기를 이미 감지하고 있다는 거죠. 인지는 못 하더라도 감지를 하고 있는 것, 그게 현장 분위기라는 거예요. 생방(송)은 이게 살아 있는데 녹화는 이런 분위기가 편집되기 때문에 단절된 기분이 든다는 거죠. 뭐랄까, 생방(송)은 이런 현장 분위기의 연속성으로 분명 공간의 연속성을 유지할 수 있다는 거죠. 쉽게 말해 MC나 출연자들의 마이크는 제가 대본에 따라 켰다 껐다 할 수 있어요. 그런데 방청객 호응과 같이 현장 분위기를 픽업하는 이펙트 마이크는 대본화된 게 아니라서 우리가 예측할 수 없잖아요. 그래서 기본적으로 항상 켜놓고 있거든요. 다만 소리의 높낮이만 조절할 수 있을 뿐인데 그게 뭐겠어요? 생방송은 그런 분위기의 연속성이 있다는 거죠. 근데 녹화된 소리는 나중에 편집할 때 출연자 멘트용 소리는 튀지 않게 자를 수 있어요. 그러나 현장 분위기 소리는 아무리 편집을 잘해도 튈 수밖에 없고 흐름의 단절감을 줄 수밖에 없다는 거죠."

소리를 픽업하는 마이크는 크게 두 가지가 있다. 하나는 원하는 소리만 픽업해 정확한 정보소통을 가능하게 하는 인지적 차원의 지향성(directional) 마이크이고, 또 하나는 모든 소리를 동등하게 픽업해 해당 장면의 분위기와 배경에 대해 현장성을 살리는 정서적 차원의 전지향성(omnidirectional) 마이크다.

위의 음향감독 말은 녹화할 때든 생방송할 때든 처음부터 끝까지 켜두는 전지향성 마이크 때문에 현장의 연속성이 유지된다는 뜻이다.

지향성 마이크는 출연자의 개인 목소리를 픽업한다. 이는 내용 이해를 위한 정보 전달용이다. 그래서 이 마이크로 픽업된 멘트는 사후에 편집되더라도 정보 위주의 편집이기 때문에 분절 없이 연속성을 유지할 수 있다. 정보의 연속성은 계속 유지된다.

전지향성 마이크는 현장에서 발생하는 모든 소리를 차별 없이 평등하게 픽업한다. 위의 음향감독 말처럼 사전에 대본화된 소리가 아니고 현장의 무분별한 배경음을 픽업하기 위해서기 때문에 기본적으로 방송 내내 켜두고 있다. 그래서 사후에 편집을 하게 되면 그만큼 분절될 수밖에 없다. 소위 소리가 '튄다.' 편집된 현장음은 비연속적일 수밖에 없다. 하지만 생방송은 이러한 현장음이 편집되지 않고 실시간 그대로 방송되기 때문에 음향의 연속성이 그대로 살아 있다는 것이다.

이러한 음향의 연속성은 배경음악과 음향효과를 통해서도 구성된다.

> 음악 및 음향효과감독: "음악이나 음향효과는 기까께가 중요해요. 그게 필요한 만큼 필요할 때 들어가 줘야 프로그램 분위기가 제때 제대로 살아요. 기까께는 1초, 2초 싸움이죠. MC가 가수를 소개했는데 음악이 한 2초만 늦게 나와 보세요. 당장 NG죠. 그다음 연결이 엉망이 돼요. 특히 생방(송)은 다시 주워 담을 수 없어 미치죠."

배경음악이나 음향효과는 프로그램의 분위기를 연결하고 감정의 고저장단을 지배하고 통제한다(Zettle, 1992). 음악과 음향효과는 분위기의 연속성을 유지 혹은 강화하는 수단으로 작용한다.

배경음악을 예로 들면, 시상자 등장 시 화려한 음악을 사용한다든가, 수상자가 무대 위로 올라올 때 경쾌한 음악을 사용한다든가, 수상자가 수상소감을 말할 때 잔잔한 음악을 삽입한다든가 해서 감정과 분위기를 잡아주게 된다. 또한 음향효과를 예로 들면, 수상자 발표 시 긴장 코드를 사용한다든가, 대상 발표 시 팡파르를 터트린다든가 해서 분위기를 극대화시키는 경우다. 또한 비록 수많은 방청객이 있기는 하지만 수시로 박수소리와 웃음을 음향효과로 따로 첨가해 현장감을 극대화시킨다. 그러면 시간이 흐르면서 순차적으로 이어지는 사건들은 연속성이 한층 더 강조된다.

생방송의 연속성은 내용과 그것을 담아 전달하는 영상과 음향에 의해 유지되면서 결국 시청자는 생방송이라는 느낌(liveness)을 은연중에 받게 된다.

2. 현장감

내용, 영상, 음향의 연속성은 시청자가 수용적 측면에서 받아들이게 되는 생방송적 느낌(liveness)이다. 이에 비해 생산적 측면, 즉 방송이 되고 있는 현장을 통해 생방송이라고 느끼게 해주는 결정적인 요소는 생생한 현장감이다.

선임작가: “근데 우리나라 시청자들이 말이에요, TV를 보는 눈이

세계 최고 같아요. 생방송과 녹화방송과 편집과 뭐 이런 거를 이제는 다 알기 때문에 이걸 뭐 생방송과 녹화방송을 구분하고 뭐, 그런 얘기는 옛날얘기예요. 이제는 시청자도 '야, 저거 편집으로 때웠구나.' 이런 거까지 다 알아요. 반면에 이제는 편집기술도 또 워낙 좋아 이게 또 그냥 아무 생각 없이 보면 저게 편집한 건지 생방(송)인지 쉽게 구분이 잘 안 가기도 한단 말이죠. 그래서 단지 실수 컷이 나온다든지, 화면이 끊긴다든지 이런 실수가 아니면 좀 체 생방(송)이란 것도 녹화랑 구분이 또 잘 안 된단 말이죠."

사실 시청자 입장에서 연속성으로 생방송이라는 것을 깨닫기 위해서는 화면을 대단히 집중하고 보아야 가능해진다. 시간을 두고 한참 집중해야 느낄 수 있다. 그런데 위의 선임작가 말처럼 녹화방송인데 편집을 너무 잘해 편집의 연속성이 살아 있으면 오히려 생방송으로 착각할 가능성도 매우 크다. 그래서 실제로 생방송인지, 녹화방송인지 구분하기 힘든 프로그램도 많다.

오래 한참을 봐야 생방송임을 서서히 깨닫게 해주는 연속성과 달리 생방송임을 한 방에 깨닫게 해주는 요소가 있으니 그것은 바로 NG가 고스란히 드러나는 방송 사고다. 느닷없는 방송 사고는 시청자로 하여금 생방송이라는 사실을 한 방에 깨닫게 한다.

갑작스러운 방송 사고는 생생한 현장감의 일종이다. 연속성이 유지되면 은연중에 생방송임을 깨닫게 하기도 하지만 반대로 방송 사고로 연속성이 갑자기 파괴되어도 생방송임을 깨닫게 한다는 것인데 이는 참 아이러니컬한 연속성의 이중성이 아닐 수 없다.

방송 사고와 같은 비연속성, 즉 이를 포함한 생생한 현장감의 힘을 지금부터 살펴보겠다.

1) 자연스러운 현장감

편집이 가미되어 분절적인 느낌을 주는 녹화방송 프로그램과 달리, 생방송은 물 흐르는 듯한 연속성으로 보여주기 때문에 사건을 '발생하고 있는 그대로'의 지금의 사건으로 인식하게 한다.

생방송(live)이란 생물학적으로 '살아 있다(live)'는 의미다. 살아 있는 현장감(liveness)이란 두 가지 의미가 있다. 첫째, 발생하고 있는 사건이 '지금 일어나고 있다'는 사건 자체의 '생생함'이다. 둘째, 발생하고 있는 사건을 '지금 전달하고 있다'는 방송전달 측면에서의 기술적인 '생생함'이다. 즉 '지금 발생'하는 사건 자체가 생생하고, 또 기술적으로 '지금 전달'하기 때문에 생생하다는 것이다.

그러면 먼저, 발생하고 있는 사건이 '지금 일어나고 있다'는 사건 자체가 생생하다는 현장감에 대해 살펴보자.

그라인드스태프(Grindstaff, 1997)는 생방송의 현장감이란 모든 행위가 정말로 실제라는 '가공되지 않은 감정의 순간'이라고 정의했다. 갬슨(Gamson, 1998)도 생생한 현장감을 확보하기 위해서는 '진짜로' 리얼해야 하는, 최소한 리얼하게 보여야 하는 리얼리티의 확보가 관건이라고 했다.

생방송의 현장감이란 일단 현장의 리얼리티가 그대로 살아 있는 사건 자체의 생생함을 말한다. 하지만 여기에는 생방송만이 줄 수 있는 또 하나의 특별한 생생함이 포함되어 있다. 그것은 녹화방송은 결코 줄 수 없는 생생함이다.

생방송은 기본적으로 흐름의 연속성이다. 제작자의 입장에서 내용이든, 영상이든, 음향이든 연속성을 유지하기란 매우 어렵다. 고도의 방송 기술과 전문성을 요구한다. 왜? 생방송의 연속성을 유지해낸다는 것은 프로그램을 완벽하게 만들어낸다는 제작의 '완벽성'을 의미하는데 완벽한 생방송, 완벽한 연속성은 곧 완벽한 제작일 때 가능하기 때문이다.

그러나 불행히도 방송도 사람이 하는 일이다. 사람의 일이란 완벽하기가 늘 어렵다. 아무리 계획 짜고, 아무리 준비해도 크든 작든 뭔가 계획이 빗나가기 일쑤다. 생방송의 연속성이란 것도 그렇다. 아무리 계획 짜고, 아무리 준비해도 완벽한 연속성, 완벽한 생방송이란 없다. 생방송 프로그램이 끝나면 뭔가 아쉬움이 남는 예측 불허의 사고가 늘 있기 마련이다. 생방송의 정서적 특성 중에 하나가 앞서 아쉬움이라고 했다.

기본적으로 현장이 갖고 있는 원래의 생생함도 있지만 이와는 별도로 연속성을 유지하고자 제작팀이 노력하는 가운데 예기치 않게 터지는 연속성의 파괴, 완벽을 파괴하는 비연속성, 이것이 또한 생방송만의 현장감, 즉 녹화방송은 결코 줄 수 없는 현장감이다.

> 공동연출PD: "모르긴 몰라도 생방(송)은 너무 완벽하면 안 될 것 같아요. 좀 뭔가 덜 완벽해야 오히려 생방(송)답다는 거죠. 의외성도 좀 있어줘야 시청자가 보기에, 거 뭐랄까, '아, 저거 NG야'라는 느낌이 좀 드는 게 있어야 생방송답다는 거죠. [...] 그게 현장감이 사는 것 아닌가?"
>
> FD: "생방(송)에서 왜 그런 것 있잖아요. 카메라 앞으로 누가 확, 지나간다든가, 시간 오버했다고 MC가 '앞에서 그만하라고 하네요.' 뭐, 그런 멘트, 배우가 갑자기 울어서 분장이 지워진다든가, 그런 돌발 상황, 오히려 저는 그런 게 재밌더라고요."

사람이 하는 일이란 완벽할 수가 없다. 연속적인 완벽성의 파괴,

즉 현장의 의외성이 어쩌면 생방송만이 주는 생생한 현장감의 본질이 아닐까 한다.

> 선임작가: "생방(송)의 묘미는 현장의 제작진들이 뭔가 뜻대로 되지 않아 답답해하는 모습이에요. [...] 시청자들도 아마 무대 뒤에서 당황해하는 제작진들의 모습을 상상하면서 볼 거예요. 그게 가장 큰 현장성이지 뭐겠어요."

'사전 준비대로 가지 않을 때 속 타는 제작팀의 모습을 상상하는 재미.' 편집으로 잘 정리된 녹화방송과는 다른, 생방송만의 묘미가 아닐까 한다. 정리하면서 보여주는 생방송의 묘미 말이다.

텔레비전 초기만 하더라도 사람들이 실제 텔레비전에 출연해 말을 한다는 그 자체만으로도 매우 놀라운 사건이었다(Corner, 1996). 그러나 오늘날 시청자의 안목은 괄목할 정도로 성장했다. 이제는 제작팀과 출연자를 함께 고려하는 수준에까지 이르렀다. 제작자가 원하든, 원하지 않든 방송 도중에 돌발적으로 발생하는 상황들이 일단 생방송임을 확인시켜 준다. 그래서 프리드만(Friedman, 2002)은 생방송이란 열려진 메타텍스트로서 수용자는 그 과정 속에 참여하는 내러티브적인 재미까지 즐긴다고 했다.

위의 선임작가의 말은 생방송 제작자들이 의도했든, 의도하지 않았든 그 제작과정에서 노출되기도 하는 상황을 시청자도 이해하고 더불어 즐길 줄도 안다는 뜻이다. 제작의 완벽을 기하고자 노력하는 제작자의 모습이 솔직하게 드러나는 상황까지 이제 시청자는 진정한 현장성으로 이해할 줄 아는 수준에 와 있다는 뜻이다.

2) 만들어진 현장감

지금까지 생방송으로 전달되는 사건 자체의 생생한 현장감을 살펴봤다. 이제 그 사건을 바로 '지금 전달'하는 기술 때문에 생생할 수밖에 없는 현장감에 대해 살펴보겠다. 즉 생방송의 기술이 주는 생생함이다.

생방송은 '있는 그대로' 보여주는 방송이다. '있는 그대로'란 한편 리얼리티를 의미하기도 한다. 생방송은 리얼리티가 살아 있다. 살아 있는 정도가 아니라 리얼리티가 생방송의 생명 그 자체다.

그런데 한번 생각해보자. 생방송은 과연 '있는 그대로'의 리얼리티인가. 지금 벌어지고 있는 사건을 우리는 무엇으로 보는가? 현장에서 보는가? 아니다. 텔레비전으로 본다. 텔레비전을 매개로 해서 본다. 그러면 과연 현장에서 직접 보는 것과 아무리 생방송이라 하더라도 텔레비전으로 보는 게 분위기가 같을 수가 있을까? 현장감? 직접 현장에서 느끼는 것과 텔레비전을 통해 느끼는 것이 과연 같은가? '있는 그대로'란 '매개되지 않은 자연적인 상황'을 의미한다. 하지만 텔레비전의 화면은 방송기술에 의해 '매개된 상황'이다. '매개된 상황'에서 과연 '있는 그대로'라고 할 수 있는가? 현장에 직접 있는 상황이라면 모를까.

생방송의 현장감은 엄밀히 말해 현장 그대로의 현장감이 아니라 텔레비전으로 매개된, 텔레비전으로 전달된, 즉 텔레비전으로 만들어진 현장감이다.

홍석경(2004)은 텔레비전 리얼리티는 '인위적인 현실'을 허구적인 기법을 통해 '자연적인 것'으로 전달하는 데 있다고 했다. 텔레비전 리얼리티는 '있는 그대로'의 전달에 있다기보다 생방송적인 느낌(liveness)의 현장감을 극대화하는 데 달려 있다는 것이다. '현장감을 위한 과장'이랄까.

텔레비전의 현장감은 텔레비전의 기술이 만들어내는 현장감이다. 그것은 청각과 시각을 위한 두 가지의 기술이 만들어낸다.

첫째, 청각에 소구하는 기술적 특성에 의해 확장된 현장감이다. 시옹(Chion, 1994)은 보기 이전에 듣기가 먼저이기 때문에 청각이 시각을 지배한다고 했다.

> 기술감독: "생방송으로 느끼는 거, 그건 오디오 때문입니다. 오디오의 현장감 때문에 느끼는 거예요. 화면에서 오디오를 빼고 듣는다고 생각해보세요. 슬픈 장면도 하나도 안 슬퍼요. 녹화해서 편집된 오디오는 매끄럽긴 하겠죠. 그러나 그만큼 현장성은 떨어집니다. 근데 생방(송)은 그렇질 못해요. 돌출되는 소리까지 다 타고 들어가요. 생생한 소리 그대로, 객석에서 누가 소리를 지른다든지, 물건 떨어지는 소리까지, 통제할 수 없는 현장음이 다 들어오는 거예요."

> 음향감독: "현장의 생생한 소리를 그대로 안방에 전달하는 게 중요하죠. 그렇지만 방청객이 별로 안 와서 썰렁하면 한 열 배 이상 온 것처럼 이펙트 소리를 크게 올려 과장도 하고, 근데 그걸 조작이나 왜곡으로 생각해본 적은 없고요, 그렇다면 엔지니어를 못 하죠. 단지 좋은 것을 선택해서 보여준다고 보면 되는 거죠."

음향감독은 현장의 배경음을 픽업하는 전지향성 마이크의 소리를 높임으로써 현장감을 확대하기도 한다. <연기대상>에서도 대형 특집 프로그램이라는 성격에 걸맞게 방청객의 소리를 수시로 높여 인원이 많다는 것을 강조하기도 했다. 이처럼 소리의 강약으로 현장감을 확대하기도 하지만 배경음악이나 음향효과로 소리를 윤색해서 현장감을 더 생생하게도 한다.

음악 및 음향효과감독: "음악이나 음향효과는 기까께[52]가 중요해요. 그게 필요한 만큼 필요할 때 들어가 줘야 프로그램 분위기가 제때 제대로 살아요. […] 현장감을 위해 포장을 하죠. 인기 없는 가수라서 객석의 반응이 약하면 호응 효과음을 추가해주죠. 뭐라고 할까, 전체 밸런스를 맞춰준다고나 할까, <연기대상> 때도 박수소리를 제가 따로 집어넣었잖아요. 이런 건 기계음이 아니거든요. 실제 녹음한 음원으로 다시 확대하거나 변형한 원음이기 때문에 현장감이 현장보다 더 생생해지죠."

<연기대상>에는 다양한 배경음악이 사용되었다. 1부 오프닝 공연이 시작될 때 웅장한 음악을 사용한다든가, 시상자가 등장할 때 화려한 음악을 사용한다든가, 수상자가 무대 위로 올라올 때 경쾌한 음악을 사용한다든가, 공로상 수상자가 수상소감을 말할 때 감동적인 음악을 사용한다든가, 대상 수상자가 수상소감을 말할 때 잔잔한 음악을 사용한다든가 해서 해당 부분에 대한 현장의 분위기를 더욱 고조시켰다. 또한 각종 음향효과도 사용되었는데 수상자를 발표하기 전에 긴장 코드를 사용한다든가, 대상을 발표할 때 팡파르를 터트린다든가, 수시로 방청객의 박수소리와 웃음을 삽입한다든가 해서 감정을 매번 극적으로 고조시켰다.

둘째, 시각에 소구하는 기술적 특성에 의해 확장된 현장감이다.

카메라감독: "TV라는 게 그렇잖아요. 전부 다 보여줄 수는 없잖아요. 필요한 것만 보여준단 말이죠. […] 저는 현장보다 TV가 더 생생하게 현장감이 살아 있다고 봐요. 왜냐하면 현장에서는 자기의 육안으로 보기 때문에 지금 공을 차는 저 선수가 박지성이다, 뭐 이 정도밖에 모르지만 TV에서는 박지성을 따라갈 수 있거든

52) 우리나라 방송현장용어에는 일제시대부터 사용되던 일본식 방송제작용어의 잔재가 아직 다수 남아 있는데 기까께(きっかけ)도 그중 하나로서 시간 맞춤, 적시등장과 같은 뜻이다. 우리말로는 때맞춤, 영어로는 타이밍이라 할 수 있다.

요. 요새는 HD(High Definition)라서 박지성의 땀까지 다 보여준단 말이죠. 그것도 다양한 샷으로. 현장보다 더 실감 나요. 그건 보고 싶은 걸 볼 수 있기 때문이에요. 왠지 가까이서 보고 싶은데 어느새 TV는 클로즈 샷을 잡아주고, 넓게 보고 싶다 하는데 또 롱 샷을 잡아주고 하거든요. 사실 카메라는 거짓말을 안 하지만 과장은 할 수 있거든요. 관중이 적어도 많게 온 것처럼 샷을 잡을 수도 있고, 약한 건 빼고, 강한 건 살릴 수 있기 때문에 실제보다 TV가 더 현장감이 크죠."

기본적으로 생방송이든 녹화방송이든 텔레비전으로 제작된다는 자체가 실제보다 현장감이 커지는 기술적 속성을 가지고 있다. 여기에 대한 한 예가 카메라다. 카메라로 보여준다는 텔레비전의 전달방식 자체가 현장에서 발생하는 사건의 분위기를 실제 그대로 전달하기 어려운 한계가 있다. 그것은 카메라는 필요한 장면만 보여주기 위해 필연적으로 뺄 건 빼고 강조할 건 강조할 수밖에 없기 때문인데 이 과정에서 현장감은 은연중에 실제 현장보다 강화될 수밖에 없게 된다.

시각의 현장감은 조명에 의해서도 강화된다.

조명감독: "현장감은 조명 때문이에요. 칼라는 말을 해요. 또 칼라는 성격이 다 있어요. 좋아하는 색깔에 따라 사람의 성격도 알 수 있다고 그러잖아요. 거 왜 그런 거 있잖아요. TV로 보면 대개 넓고 크게 보이던 세트가, 막상 실제로 보면 좁다고. 그게 다 조명 때문이에요. 조명기법으로 원근감을 살리기 때문이에요. 거리가 먼 세트일수록 그만큼 조명 빛의 입자를 작게 만든다든가, 조금 어둡게 만든다든가 하면 깊이가 나와요. 객석도 마찬가지예요. 몇백 명밖에 안 되는 객석을 기천 명으로 보이게 하잖아요. 그게 카메라 앵글로도 그렇게 한다고 볼 수 있지만, 조명기법으로 먼 데 있는 사람들을 어둡게 한다든가 해서 깊이가 있게 만들기 때문에 엄청 넓은 공간으로 보이게 만든단 말이죠. [...] 조명은 무(無)에

서 유(有)를 창조해요. '태초에 빛이 있으라.' 그런 말도 있잖아요. 빛이 있고 세상이 있는 거예요. 세트도 조명이 없을 때는 그냥 자고 있고 말을 하지 않는 상태라고 보면 돼요. 그러다가 조명을 비추면 비로소 혈색이 돌고 말을 시작하고 살아 움직이기 시작하는 거예요."

빛의 입자는 원근감을 만든다. 조명의 입자를 조절함으로써 원근감은 확대 혹은 축소되기도 한다. 동일한 군중이라도 원근감에 따라 화면 안에서는 많게도 혹은 적게도 보일 수가 있게 된다.

이러한 조명의 현장감은 또한 세트에 의해 보강된다.

세트디자이너: "드라마 같은 경우는 현실감을 최대한 살려주죠. 잘사는 집은 더 잘살게, 못사는 집은 더 못살게 현실을 더 강조합니다. 하지만 <연기대상>과 같은 쇼는 현실감보다 현장감이 더 잘 살게 하죠. 예를 들면 빛이 잘 살게, 즉 조명이 잘 살아서 현장감이 더 잘 살게 한다든가...."

세트의 색깔은 세트 자체의 색깔로도 드러나지만 텔레비전의 화면으로 보이는 색깔은 조명에 의해 그 색깔의 질감이 변한 것이다. 예를 들어 세트가 노란색이나 파란색이라 하더라도 비춰지는 조명에 따라 그 색깔의 질감이 변하는데 특히, 세트가 흰색이나 아이보리색일 경우에는 조명이 비추는 색깔에 따라 질감뿐만 아니라 세트의 색깔 자체도 그와 같이 변하게 된다. 세트는 조명이 비추는 색깔과 각도에 따라 그 질감이 변하면서 원근감이 생기게 되고 그에 따라 현장감도 실제보다 더욱 커지게 된다.

랑 부부(Lang & Lang, 1971)는 맥아더 장군의 귀환식에서 실제 환영 나온 거리의 시민들이 느끼는 현장감보다 텔레비전으로 지켜본 시청자들이 느끼는 현장감이 훨씬 더 컸다는 것을 발견해냈다. 생방송이든 녹화방송이든 텔레비전의 기술적인 속성은 기본적으로 현장감을 증대시키는 효과가 있다.

3. 시의성과 즉시성

> 카메라감독: "카메라는 거짓말을 안 해요. 생방송은 시청자와 현장 사이의 간격이 없는, 그러니까 바로 카메라로 연결되는 방송이라고 봐요. 거리가 아무리 멀어도 현장의 느낌을 그대로 전달할 수 있는 것, 카메라는 시청자의 눈이거든요. 우스개로 말하면 녹화하는 거라면 그 눈이 감겨 있기도 하고 반쯤 뜨고 있기도 하고 좀 편하다면, 생방(송)은 그냥 똑바로 뜨고 있는 거예요. 바로 즉시 빤히 보고 있는 거예요. 긴장되죠. [...] 축구중계를 보면서 응원하잖아요. 근데 녹화를 본다고 해보세요. 누가 응원하겠어요?"

생방송의 가장 큰 특성이 동시성이다. 동시성은 두 가지가 있다. 먼저 시의성이다. 생방송은 지금 방송할 가치가 있기 때문에 한다. 굳이 지금 안 봐도 된다면 굳이 생방송으로 제작할 필요가 없다. 녹화방송으로 제작하면 된다. 지금 볼 가치, 이것이 시의성이다.

생방송은 제작자와 시청자가 동시에 만나는 접점이다. 홀(Hall)의 부호화/해독화 모델에서 보면 제작자의 부호화(encoding)와 시청자의 해독화(decoding)가 동시에 발생하는 접점이다. 이것은 생방송의 즉시성 때문에 가능하다. 즉시성이란 '앞으로 어떻게 전개될지 알 수 없는 일들이 계속 발생하는 일련의 순간들'이라는 의미다.

1) 생방송 가치로서의 시의성

> 공동연출PD: "생방(송)은 생방(송) 값을 해야 해요. 그렇잖으면 할 필요가 없어요. 매일 아침에 생방(송)되는 <모닝와이드>라면, 만약에 새해가 밝는다면 '새해 첫날입니다. 해돋이를 보기 위해 강원도 정동진에 나가 있는 중계차를 불러보겠습니다.' 정도는 해줘야 된다는 거죠."

'지금 발생하고 있는 사건'을 보여준다는 의미는 우선 '지금 보여줄 가치가 있는 사건'이라는 조건이 전제되어야 하는 문제다. 지금 보지 않아도 된다면 굳이 생방송을 할 필요가 없다. <연기대상>의 기획단계에서 발견한 특성이 생방송으로 편성하게 하는 중요한 가치를 시의성이 준다는 것이었다.

프로그램의 가치를 결정짓는 작업은 제작과정에서 제일 첫 단계인 편성과정을 통해 이루어진다. <연기대상>은 1993년에 처음 기획되어 매년 연말에 방송되어 온 일종의 연례특집 생방송 프로그램으로서 한 해 동안 SBS 드라마에 출연한 배우들을 대상으로 시상식을 거행하는 미디어 이벤트다. 여느 장르와 달리 드라마는 소구력이 가장 뛰어난 장르이기 때문에 <연기대상>은 한 해의 마지막 방송이자 새해를 맞이하는 첫 방송으로 편성된다.[53)]

편성작업은 크게 두 가지로 수행되는데 첫째는 편성 여부를 가리는 시간배정의 작업이고, 둘째는 어느 스튜디오를 할애할 것인가라는 장소배정의 작업이다.[54)]

---

53) SBS <연기대상>이 최종 확정된 편성시간은 1부: 2007년 밤 9시 50분부터 11시 15분까지(85분), 2부: 밤 11시 15분부터 2008년 1월 1일 밤 12시 50분까지(95분)였다.

54) 아이러니컬하게도 텔레비전 방송 프로그램을 제작, 혹은 녹화하는 작업을 해외로케, 야외로케 등 '로케(Loca)'라고 한다. 텔레비전 방송 프로그램에서 '제작'과 '로케'란 의미는 동일하게 사용된다. 로케(Loca)란 로케이션(Location), '장소', '위치'의 줄인 말이다. 텔레비전 방송 프로그램

첫째, 장소배정의 문제부터 살펴보면 장소라는 공간적인 문제가 방송시간을 결정하는 데 일정 부분 영향을 미친다는 것을 알 수 있다. SBS에서 기획한 2007년 연말 대형 특집 프로그램으로는 <연기대상> 외에 코미디언을 대상으로 한 <개그대축제>, MC와 코미디언, 아나운서 등 비드라마 부문에 대해 시상하는 <SBS 연예대상>, 가수들이 총출연하는 <가요대전> 등이 있었다. 이들 특집 프로그램들은 모두 화려한 쇼이기 때문에 볼거리를 제공할 수 있는 대형 스튜디오가 필요하다. 문제는 이런 쇼를 소화할 수 있는 스튜디오가 SBS에는 등촌동공개홀 한 곳 뿐이라는 것이다. 더구나 <개그대축제>를 제외한 세 개 프로그램은 모두 생방송으로 제작되어야 하는 프로그램이다. 자연히 스튜디오 상황에 따라 방송시간을 할애할 수 밖에 없게 된다. 그래서 결정된 것이 12월 28일에 <SBS 방송연예대상>, 29일에 <가요대전>, 30일에 <개그대축제>, 31일에 <연기대상>을 각각 순차적으로 방송한다는 것이었다.

편성의 두 번째 업무는 언제, 어느 정도의 길이로 방송할 것인가라는 방송시간의 배정인데 편성부서에서 가장 중요하게 다루는 업무였다.

> 편성PD: "프로그램에 대해 편성의 가치를 판단하는 기준은 크게 두 가지로 볼 수 있어요. 첫째는 편성 대비 그 시간에 방송되는 게 최적의 시간인가, 그런 면에서 <연기대상>은 한 해의 마지막 날 밤 9시 넘어 보기에 딱 좋은 거죠. 뭐랄까, 한 해의 마지막 리셉션? 새해를 맞는 리셉션? 저녁밥 먹고 집에서 소화시키며 보기에 딱 좋죠. 두 번째는 타사 대비 경쟁력을 확보할 수 있느냐, 이건 시청률과 관련된 문제로 광고 판매율과 밀접하죠. 그리고 이

제작은 '어디를 배경으로 제작할 것인가'가 가장 큰 문제이기 때문이다(이동규, 2018).

> 두 가지의 편성가치에 적합한 만큼, 또 과연 얼마나 방송해야 타당할까를 고민하죠. 2시간이 좋을까, 2시간 10분이 좋을까.”

일선 편성부서 현장에서 실제 중요한 잣대로 삼는 편성의 가치는 두 가지로서 첫째는 시의성이고, 둘째는 동시간대에 방송되는 타사 프로그램과의 경쟁성이다. <연기대상>은 SBS뿐만 아니라 KBS와 MBC도 자체 연말특집 생방송으로 오랫동안 방송해오고 있었다. 12월 30일에 방송된 MBC의 <연기대상>을 제외하면 KBS와 SBS는 12월 31일에 같은 시간대에서 <연기대상>을 방송했다. 이런 경우, KBS와 SBS 두 방송사는 시청자를 선점하기 위해 사전에 상대 방송사보다 10분이나 1분이라도 먼저 방송하고자 치밀한 편성시간 전략을 경쟁적으로 짜게 된다.

KBS, MBC, SBS 지상파 3개 방송사가 <연기대상>을 경쟁적으로 편성하는 이유는 무엇보다 시의성이 있기 때문이다. 한 해를 마감하고 새해를 맞이하는 시점에 생방송으로 편성하기에 더없이 적합한 프로그램이 <연기대상>이기 때문이다. 시의성이 곧 경쟁성이 되는 전형적인 사례가 <연기대상>이다.

> 광고 담당: “이번 <연기대상>의 경우, 광고 판매율이 90.7%인데 과거에는 이런 특집의 경우, 130% 또는 140% 정도 되었을 겁니다. 그런데 최근에 광고단가 자체가 많이 인상되었고, 채널도 늘어 경쟁성도 커지고, 그런 걸 감안하면 이번 <연기대상> 광고 판매율은 괜찮은 겁니다. 요새 이 시간대가 보통 판매율이 60%를 간신히 넘기거든요. [...] 최근에는 특집보다 정규 프로그램에 대한 광고주의 선호도가 더 높습니다. 시청률도 시청률이지만 광고주가 반드시 그걸 선호한다고만 볼 수는 없습니다. 오히려 프로그램 인지도를 더 선호하는 경향이 있어요. 뭐, 그래서 요즘에는 인기 있는 정규 프로그램 중에 하이라이트로 편집해 스페셜이니, 특

집이니 해서 방송하는 걸 더 선호하기도 하는데요, 시의성만 맞으면 되니까요. <연기대상>은 특집이지만 매년 해오던 특집이라 인지도도 높은 프로그램입니다."

<연기대상>과 같은 시상식의 시의성은 프로그램으로 편성하게 하는 가치와 경쟁력을 주기 때문에 광고 판매율도 높이게 된다. 릴(Real, 1985)은 정치경제학적 관점에서 <오스카 시상식>을 거대한 광고라고 보았다. 영화 시상식이라는 형식을 빌려 궁극적으로는 영화를 홍보하거나 협찬사들이 광고하는 수단으로 활용하는 장이라는 것이다. 드라마 홍보의 장이라는 면에서 <연기대상>도 자유로울 수 없는 게 사실이다. 결국 생방송으로 방송하게 하는 결정적인 편성가치를 주는 것은 시청률이라는 경쟁성을 확보하게 하는 시의성이다.

편성단계에서 이처럼 시의성을 추상적으로 찾는 작업을 한다면, 제작단계에서는 시의성을 살리기 위한 보다 구체적인 콘셉트를 찾는 작업을 한다.

드라마CP: "<연기대상>은 드라마 작품 자체에 대한 시상식이 아니거든요. 시청자가 연말에 얼굴도 모르는 작가나 감독을 시상식에서 솔직히 보고 싶어 하지는 않죠. 오로지 배우들한테만 상을 주는 거예요. 보고 싶은 게 배우니까. <연기대상>은 잔치예요. SBS를 위해 한 해 동안 고생해준 배우들한테 SBS가 시상식 형식을 빌려 감사의 표시를 하는 의미라고요. 시청자들에게는 한 해의 드라마를 정리해서 그 배우들을 한자리에 모아서 같이 초대해서 즐기는…."

선임작가: "<연기대상>은 쇼예요. 영화 시상식과 달라요. 영화 시상식은 시상식이에요. 작품성이나 연기력, 물론 인기도 보지만 평가해서 상을 주는 시상식이에요. 하지만 <연기대상>은 즐거움을 주는 쇼예요. 한 해 동안 가장 시청률이 높은, 인기 있는, 그래서

기억에 남는 드라마 스타들이 나와서, 드라마 때와는 다른 모습을 시상식에서 보는 재미예요. 그래서 축하 무대를 가수나 개그맨이 해서도 안 돼요. 탤런트들이 노래도 부르고 쇼도 하는 거예요. 물론 의미 있는 무대도 다소 필요하지만 말이죠."

<연기대상>과 같은 특집 생방송은 전문적인 지식과 테크닉의 총아라고 할 수 있다. 매년 열리는 이벤트지만 새로운 하이테크놀로지의 실험무대이기도 하다. 조명이라든가, 세트, LED, CG, 무대특수효과 등 기존과는 다른 뭔가 새로운 테크닉과 아이디어를 보여주는 기술적, 미술적, 기법적인 집합의 장이다. 스태프들도 최고가 붙는다. 일단 볼거리가 있고 봐야 한다. 출연자도 빵빵해야 한다. 분명 KBS와 MBC <연기대상>도 오프닝쇼부터 뭔가 새롭고 화려하게 치고 나올 것이다. 테크놀로지는 또 어떤 것을 새로 내놓을지 모른다. 누가 뭐래도 시상식은 정말 즐거운 축제여야 한다.

- 11월 11일 제작일지

제작팀에 의해 구체화된 <연기대상>의 콘셉트는 크게 세 가지인데 ① 권위 있는 시상식이자, ② 자사 방송사를 위해 애써준 배우들에 대해 감사를 표시하는 장이자, ③ 시청자와 네티즌이 함께 참여하고 즐기는 축제의 장이다. 위에서 보듯이 드라마CP, 선임작가, 담당 PD에 따라 구체적으로 의도하는 콘셉트는 다르지만, 공통적인 기본 의도는 연말을 정리하고 새해를 맞이하는 시의성을 살리고자 하는 것임을 알 수 있다.

<연기대상>에서 새해를 맞이한다는 시의성을 살린 대표적인 예는 중계차 연결 코너에서 발견된다. 서울시의 주관으로 1월 1일이 시작되는 밤 12시에 종로에서 열린 새해맞이 보신각 타종식을 <연기대상>의 방송 도중에 1분 30초간 중계차로 연결해 생중계한 것이다.

생방송의 기획의도는 무엇보다 시의성에 있다. 시의성은 '지금

방송되지 않으면 안 되는 시기에 프로그램이 놓여 있다'는 시간적 인 측면의 연속성을 추상적으로 부과하게 된다. 과거의 결과라는 면에서 녹화방송은 시의성이 필수 기획요소가 아니지만 생방송은 필수 기획요소다.

2) 생방송 기능으로서의 즉시성

> 대본작가: "사실 녹화는 출연자를 중심으로 한 진행 중심의 대본이라면, 생방(송)은 시청자를 중심에 두고 수시로 '지금 보고 계시죠?', '지금 몇 시입니다', '잠시 후 영예의 대상이 곧 발표됩니다'라고 쓰게 돼요. 어떻게 보면 녹화방송은 '우리는 이런 프로그램이야'라고 아이템 속으로 깊숙이 들어간다면, 생방(송)은 중간중간 '이 사람들 보고 있지?', '잘 보며 따라와야 돼.' 뭐 이런 식으로 염두에 두며 대본을 쓰죠."

녹화방송은 녹화하는 시기와 방송되는 시기가 다르기 때문에 진행되는 내용을 중심으로 한 MC의 일방적인 커뮤니케이션의 형태로 제작할 수밖에 없다. 하지만 생방송은 제작자나 MC나 시청자나 같은 시간의 상황에 놓여 있기 때문에 MC와 시청자 간에 쌍방향적 커뮤니케이션의 형태가 가능하다.

스튜디오 대본에서 MC가 즉시성을 강조하는 부분을 발췌하면 <표 22>와 같다.

〈표 22〉 생방송의 즉시성을 강조한 MC멘트 사례

하희라	네, 지난 20일부터 SBS연기대상 홈페이지를 통해 투표를 진행 중에 있습니다. 시상식 중에 투표를 마감하니까요. 지금 빨리 접속하셔서 〈네티즌 최고 인기상〉을 여러분이 아끼는 스타가 받을 수 있도록 투표해주세요!
구혜선	올해는 특별히! 그 수상자를 시청자 여러분께서 직접! 선발하실 수 있다는 점, 다시 한번 말씀드릴게요! 잠시 후면 투표를 마감하니까요. 지금 바로 SBS 연기대상 인터넷 홈페이지에 접속하세요. 방송이 계속되는 동안 여러분이 사랑하는 최고의 스타에게 투표해 주시기 바랍니다! 바로, 이 자리에서 네티즌 최고 인기상이 결정되는 것입니다.

부르동(Bourdon, 2000)은 생방송의 진행자는 '나(I)'와 '당신(You)'이라는 직시어(deixis)를 사용하며 "나는 당신에게 생방송으로 지금 말하고 있다"는 연속성을 끊임없이 강조한다고 했다. <표 22>에서 보듯이 시청자에게 <네티즌 최고인기상>에 대해 인터넷으로 투표해줄 것을 MC가 독려하고 있다. "시청자 여러분과 함께 만들어간다"는 쌍방향적 커뮤니케이션의 즉시성을 강조함으로써 생방송의 연속성을 유지해나가는 일면을 확인할 수 있다.

> FD: "<연기대상>은 생방송으로 진행되니까 궁금증이 있는 것 같아요. '올해는 누가 상을 받을까?', '내가 이 드라마를 봤는데 과연 상을 받을까?' […] 또 우리도 순서상 진행될수록 점점 더 큰 상을 배치시켜 그 궁금증을 증대시켰잖아요."

생방송의 즉시성은 앞으로 펼쳐질 내용들에 대해 기대감과 궁금증을 갖게 하는 시간적인 흐름의 연속성을 준다.

4. 친근감과 자연스러움

<연기대상>에서 생방송이 진행된 공간은 두 군데였다. 하나는 SBS 등촌동공개홀의 스튜디오였고, 다른 하나는 새해맞이 타종이 울렸던 서울 종로 보신각이었다. <연기대상>이라는 생방송은 분산된 공간의 차원을 즉시성이라는 시간적 차원을 통해 하나로 연결해냈다고 할 수 있다. '제작자-텍스트-시청자'에서 생방송을 통해 분산된 공간의 한계를 극복하고 텍스트가 하나로 완성될 수 있었다는 것이다. 그런 면에서 <연기대상>은 제작자, 시청자, 시간, 공간의 네 요소가 하나로 만난 접점이기도 했다.

<연기대상>은 궁극적으로 제작자와 시청자가 공간의 한계를 극복하고 동시에 하나로 만날 수 있었기에 최종 완성될 수 있었다. 제작자와 시청자가 동시에 만나는 접점, 즉 제작자와 시청자의 만남, 그것은 결국 시청자를 생방송에 참여시킴으로써 이루어낼 수 있었다. 대표적인 예가 <네티즌 남·녀 최고 인기상>에 대한 실시간 인터넷 투표였다. <연기대상>이라는 시·공간에 시청자를 참여시킴으로써 <연기대상>은 생방송이라는 가치를 최종 완성해내게 된다.

1) 시청자의 참여

외주PD: "생방(송)에서 방청객은 중요하죠. 특히 쇼는 말할 것도 없고요. 방청객이 있어야, 자리가 꽉 차야 그 프로그램도 커 보이고, 소위 인기가 많구나, 대단한 프로그램이구나 하는 거죠. 방청객 리액션 컷을 넘겼을 때 웃고 있고 열광하면, 실제 시청자는 그렇지 않더라도 그래야 되는 것처럼 보인다는 거죠. 제가 심리학을 전공했잖아요. 거 왜, 어린애들이랑 똑같은 거예요. 어린애는 넘어졌을 때 바로 안 울고 엄마 얼굴을 먼저 봐요. 근데 엄마가 걱정스러운 표정을 하면 울고, 엄마가 웃고 있으면 안심하고 안 울어 . 요. 마찬가지로 시청자도 방청객을 통해 그런 현장을 인지한다는 거죠. 더구나 방청객은 시청자와 똑같은 일반인이니까요."

카피그나노(Capignano et al., 1990)는 시청자의 상징이 일반인이라고 했다. 그는 텔레비전 제작자들이 공중을 대변한다는 권위를 획득하기 위해 세 가지 유형으로 일반인을 참여시킨다고 했다. 첫째는 '들리는 공중(audible public)'으로서 박수와 환호처럼 음향효과로만 들리는 방청객의 호응이다. 둘째는 '보이지만 알 수 없는 공중(visible but inarticulate)'으로서 실제 모습이 보이는 스튜디오 현장의 방청객이다. 셋째는 '편집된 공중(edited public)'으로서 얼굴은 알지만 누군지 모르는 일반인의 출연이다. '편집된 공중'의 예를 들면 프로그램 내에 삽입되는 VTR 코너를 통해 거리의 한 시민이 인터뷰를 하는 형태로 출연하는 경우다.

<연기대상>에 참여했던 일반인도 이와 같은 세 유형으로 분류할 수 있다. 첫째, 네티즌이다. 프로그램 말미에 <네티즌 남·녀 최고 인기상>의 수상자를 선정하기 위해 방송되는 실시간 동안에 인터넷투표를 받았다. 이것은 보이지 않고 '들리는 공중'으로 일반인을 참여시킨 한 형태였다. 둘째, 방청객이다. 방청객 중에는 수상후보들의 축하객도 있었지만 <연기대상>이 방송되기 2주 전부터 배부한 초대권으로 입장한 일반인도 있었다. 이것은 전형적으로 '보이는 공중'의 한 유형이다. 셋째, 서울 종로 보신각에서 새해맞이 소감에 대해 인터뷰했던 한 시민인데 전형적으로 '편집된 공중'의 한 유형이다.

<표 23>은 이에 대한 대본인데 제작팀이 종로의 한 시민을 '편

집된 공중'으로 참여시킨 의도가 <연기대상>이 새해를 맞이하는 시의성이 있고, 프로그램에 대한 관심이 전 국민적으로 높다는 야외 현장감을 강조하기 위해서라는 것을 알 수 있다.

〈표 23〉 시민 인터뷰 중계차 대본

 # ST. 중앙 LEC / 10초 카운트다운

ST	현장

<화면분할>

김일중	자, 시민들과! 그리고 현장에 계신 모든 분들과 함께 외치겠습니다.... 10! 9! 8! .... 3! 2! 1! (제야의 종소리 2번 듣고) 네, 이제 2008년 새해가 밝았습니다!! 현장에 나온 시민들, 함성 소리가 대단한데요.

 # 거리 시민 인터뷰 (1'00")

김일중	여기 한 가족이 나오셨네요. 안녕하세요! 온 가족이 함께 새해를 맞이하셨는데, 2008년, 바라는 점이 있다면?
시민가족	(대답 / 2008년에 바라는 점)
김일중	지금 SBS 연기대상 시상식 중입니다. SBS 드라마 중에서 요즘 즐겨 보는 드라마는 뭔가요?
시민가족	(대답 / 요즘엔 황금신부 예전엔 외과의사 봉달희)
김일중	솔직히 대상은 누가 탔으면 좋겠어요?
시민가족	(대답 / (이범수) 씨요~ 버럭 범수 멋있어요~)

- 가능하면 멘트 유도 ST에서 (이범수) 리액션

김일중	네, 감사하고요. 올 한 해 소망하는 일 다 이루시길 바랄게요! (정리하고) 2008년 새해, 새로운 희망과 계획 저희 SBS와 함께 힘차게 시작하시길 바랍니다! 지금까지, 보신각 새해맞이 현장에서, 김일중이었습니다!

<연기대상>에 참여한 일반인의 세 유형에 대한 참여단위를 보면, 네티즌의 유형은 시청자 모두를 참여대상으로 했다는 점에서 그 단위가 시청자 전체이고, 방청객의 참여단위는 스튜디오 방청석의 규모에 달려 있다는 점에서 특정 다수이고, 인터뷰했던 한 시민의 참여단위는 개인이다.

일반적으로 녹화방송의 제작팀도 네티즌, 방청객, 인터뷰 시민의 세 유형으로 일반인을 참여시키기도 한다. 하지만 생방송과 다른 중요한 차이가 있는데 그것은 이 세 유형이 시간적인 차원의 참여는 할 수 없다는 것이다. 녹화방송은 제작과 방송되는 시점이 분리되어 있다. 그래서 일반인이 아무리 공간과 내용적인 차원의 참여를 한다고 하더라도 이 두 참여가 시간적인 차원에서 동시에 이루어질 수 없기 때문에 참여수준에서 생방송보다 낮다. 특히 네티즌의 경우, 녹화방송에서도 참여할 수는 있지만 그 참여수준은 프로그램에 대한 사후 질문이나 시청소감 정도에 머무른다. 생방송처럼 '제작자와 시청자가 함께 동시에 풀어가는' 시간적인 차원의 참여수준에는 미치지 못한다는 한계가 있다.

생방송에 시간적인 차원의 즉시성이 있다는 것은 제작팀으로 하여금 일반인을 '지금 시청자 여러분과 함께 풀어가는 여기'라는 수준으로 프로그램에 참여시킬 수 있음을 의미한다. 이에 비해 즉시성이 없는 녹화방송의 제작팀은 일반인을 참여시키더라도 단지 '여기'의 수준에 머무를 수밖에 없다. 생방송은 실시간 방송이라는 시간적 장점으로 공간과 내용적 차원에서 시청자를 몰입시키는 데도 녹화방송보다 훨씬 강하다고 할 수 있다.

2) 시청자 눈높이로서의 친근감

외주PD: "생방(송)은 사람들 간의 친밀감이나 친숙도가 있다고 봐요. '지금 출연하는 저 연기자가 저기 SBS 등촌동공개홀에서 지금 저걸 하는구나'라면서 지금 내가 연기자를 같이 보고 있다는 느낌, '나도 저기를 달려가면 저 현장에 있을 수 있다'는 그런 친근감이라고나 할까, 그러니까 거리를 좁히는 거죠, 시청자와."

텔레비전은 '지금' 벌어지고 있는 사건을 지금 전달하기 때문에 그만큼 시청자로 하여금 거리감을 줄이게 한다. 메이로비츠(Meyrowitz, 1983)는 분산된 사회구성원들을 동시에 연결시킴으로써 그 범위 안에 있는 나 자신을 깨닫게 해주기 때문에 생방송이라고 했다. 그만큼 생방송은 시청자에게 친근하게 다가간다.

TV 제작자들은 이런 생방송의 장점을 너무나 잘 안다. 그래서 적극 활용한다.

FD: "일단 MC들의 멘트가 대단히 친절하잖아요. 저는 그런 걸 많이 느끼거든요. 방송일 하기 전에도 '방송 진행자들은 정말 친절하구나.' <연기대상> 같은 경우에도 '아이고, 여러분 안녕하세요?', '이번에는 누가 상을 받을지 저도 궁금합니다.' 뭔가 시청자와 같이 생각하고 말하는 것 같은 친근감, [...] 그렇죠, 내가 모르는 내용은 없어요. 정말 내가 궁금한 걸 잘도 긁어주는데 꼭 내 앞에서 나와 둘이 바로 앞에서 지금 대화하는 것 같은...."

스카넬(Scannell, 2000)은 생방송의 메시지는 불특정 다수(anyone)의 시청자를 특별한 대상(some)으로 만드는, 즉 '모든 대상에서 의미 있는 대상으로 전이(for-anyone-as-someone)'시키는 경험을 준다고 했다. 시청자에게 친근하게 다가가기 위해 생방송의 진행자는 정말 친절하다. MC는 시청자를 세상에 둘도 없는 사람처럼 잔뜩 떠받든다. 그 결과, 시청자(anyone)는 세상에 둘도 없는 특별한 대상(some)이 된다.

사실 친절로 따지자면 녹화방송도 진행자들이 친절하다. 그래서 친근감을 준다. 그러나 이는 '여기'라는 공간성의 수준에서 그친다. 하지만 생방송은 시간성으로 공간성마저 극복한다. '지금, 여기'의 수준이다. 지금 바로 앞에 있는 시청자로 떠받들며 친밀하게 대화하는 게 가능하다. 진행자들이 시청자와 친한 척할 수 있는 조건이 녹화방송보다 훨씬 용이하고 유리하다.

친근감을 주기 위해 생방송 진행자들은 이러한 조건을 십분 활용해 대단히 친절하다. 그런데 친절하기 위해서는 한 가지 비결이 필요하다. 그것은 상대방에게 동조해주고 이해해주고 수긍할 줄 알아야 한다는 것이다. 나를 내세우기보다 상대방에 맞춰줄 때 상대방은 친절하다고 받아들일 수 있게 된다. 즉 상대방의 눈높이에서 말하고 들어주는 노력이 필요하다.

> 공동연출PD: "생방송은 특히 말실수하면 안 돼요. 지극히 상식적이고 옳은 말만 해야 돼요. 그냥 시청자 눈높이에 딱 맞춰야 돼요. 방송 끝나고 나서 어디서 어떻게 말꼬투리 잡힐지 모르거든요. TV는 바보상자잖아요. 너무 어려워도 안 되고, 그냥 늘 TV를 보면 이해할 수 있는 수준 있잖아요. MC도 그동안 자기네가 방송해 왔던 대로, 그 수준을 벗어나면 안 돼요. 그동안 보아온 대로, 들어온 대로, 생방송은 딱 그 수준이에요."

> 대본작가: "익숙한 아이템이어야 돼요. 너무 새롭거나 생소하면 안 되죠. <연기대상>에서 1부 오프닝 공연으로 했던 검무단 공연도 사실 검무단 그 자체는 <연기대상> 성격과는 동떨어진, 좀 생뚱맞은 팀이잖아요. 근데 드라마 <왕과 나>라는 걸로 포장하니까, 검무

단 의상도 <왕과 나> 의상을 입히고, 거기다가 그 드라마 주인공 전광렬이 등장하니까 친숙한 <왕과 나> 공연이 된 거잖아요."

CG디자이너: "CG는 너무 새로워도 안 돼요. 제1원칙이 화면에서 잘 보이도록 하는 거예요. 이번에 다른 방송사 시상식에서 한 CG를 보면 새로운 포맷으로 하긴 했는데 사진도 조그맣게 나가고, 지나치게 아기자기 현란하고, 너무나 콘셉트에 맞추다 보니까 진짜 무엇을 보여줘야 되는지 말아야 되는지에 대한 개념마저 잊어버렸더라고요. 그건 실패한 케이스예요. [...] 알아보기 쉽게, 시청자 눈높이, 뭐 그런 거거든요."

시청자 중심에서 시청자 눈높이로 말하면 시청자는 텔레비전에서 눈을 떼기란 참 어렵다. 분산되어 있는 개인이지만 시간성과 공간성의 한계가 생방송에 의해 극복되고, 거기에 개인 누구나 이해할 수 있는 수준의 대중성을 갖추면 시청자는 켜둔 TV를 끌 수가 없다.

카피그나노(Capignano et al., 1990)는 텔레비전 제작자들이 바로 이런 시청자 눈높이, 즉 상식(common sense)에 맞춰 프로그램을 제작하기 때문에 시청자는 텔레비전이 보여주는 현실을 실제 그대로의 현실로 받아들인다고 했다. 시청자가 '그동안 보아온 대로, 들어온 대로(공동연출PD)', '익숙하고 친숙한(대본작가)' 아이템들을, '알아보기 쉽게(CG디자이너)' 전달받기 때문에 텔레비전이 보여주는 세계를 있는 그대로의 현실로 '친근하게' 받아들이게 된다는 것이다.

3) 솔직함이 주는 자연스러움

텔레비전은 방청객을 중요시한다. 그것은 프로그램의 분위기가 열광적이라고 현장감을 포장하기 위한 의도도 있지만 보이지 않는 추상적인 시청자를 보이는 구체적인 방청객으로 대체해 시청자에 의한, 시청자를 위한, 시청자의 프로그램이라고 강조하기 위해서다. 시청자로부터 프로그램이 열렬한 지지를 받는다고 강조하기 위해서다. 이러한 지지가 왜 가능할까? 그것은 방청객이 일반인이라는 데 해답이 있다.

> 대본작가: "그거야 뭐, 일반인은 솔직해 보이잖아요. 그래서 프로그램도 자연스러워 보이고."

로빈스(Robins, 1996)는 일반인들이 참여하는 프로그램은 시청자로 하여금 동류의식을 느끼게 하고 그래서 친근하게 하고 나아가 텔레비전에 출연하는 일반인들이 놓여 있는 상황에 시청자도 자연스럽게 참여감을 느끼게 된다고 했다. 일반인은 방송전문인처럼 시나리오대로 움직인다는 가식성이 없어 상대적으로 솔직해 보인다. 솔직해 보이면 친근하고 또 자연스럽게 받아들이게 된다. 홀(Hall, 1980b)도 의미규칙이 친숙해지면 사물을 '자연스러운' 것으로 인식하게 하는 보편성을 갖는다고 했다.

방청객은 시청자와 텔레비전의 거리감을 줄여준다. 시청자인 나도 저 텔레비전의 세계로 들어갈 수 있다는 친근감을 준다. 그래서 '시청자 여러분에 의한, 시청자 여러분을 위한, 시청자 여러분의' 프로그램이라고 여기게 한다. 시청자로 하여금 지금 벌어지고 있는 사건의 현장 속으로 자연스럽게 끌려 들어가도록 한다.

하지만 그렇다 하더라도 한계는 있다. 텔레비전이 아무리 일반인을 통해 솔직함을 보이려 노력한다 해도 그것을 텔레비전 자체의 솔직함으로까지 보기에는 여전히 한계가 있다.

> 외주PD: "그렇지만 생방(송)에서 일반인은 대단히 위험해요. 그래서 웬만하면 생방(송)에서 일반인은 출연 안 시키잖아요, 왜냐하면 그래도 방송은 프로들이 하는 거거든요. 생방(송)은 프로들만 그 시스템을 알고 할 수 있는 거예요. 생방(송)의 내용은 미리 다 짜놓고 하잖아요. 그 내용을 소화하려면 적어도 왜 그런 내용으로 하는지 알아야 소화할 수 있잖아요. 근데 그걸 모르는 일반인은 어디서 어떤 돌발 사태가 생길지 몰라요. 그런 경우 꼭 사고가 생기고. [...] 일반인은 그냥 어떤 일정부분, 그들이 소화할 수 있는 역할만, 엑스트라 같은 거죠. 생방(송)에서는 그냥 방청객의 역할로만, 그냥 불특정 다수의 샘플인 거죠. 그게 존재의미예요. 필요하지만 거기까지만."

텔레비전 제작자들은 분명 일반인의 출연을 필요로 한다. 그러나 주인공은 역시 전문방송인이다. 일반인은 어디까지나 방청객의 수준에 머무를 수밖에 없다. 프로그램의 솔직함을 위해 일반인의 솔직함을 단지 활용할 뿐이다. 주인공인 전문 방송인들의 역할을 보다 보강할 수 있는 범위 내에서 일반인의 존재의의가 있을 뿐이라는 사실이다. 한번 생각해보자. 제작자들이 프로그램의 솔직함을 강조하기는 하지만 그렇다고 과연 진행자는 솔직한가? 진행자의 말이란 사실 미리 짜놓은 '대본대로 연습된 솔직함'이 아닌가.

전개되는 프로그램의 내용에 대해 모든 것을 알고 있는 것은 텔레비전 제작자들이다. 일반인은 제작자들만큼 그 내용을 시시콜콜하게 알 수가 없다. 일반인은 프로그램이 어떻게 진행되는지 전혀 모르는 채 단지 생방송되는 그 현장에 앉아 있기도 하고 또 인터넷으로 투표도 할 뿐이다. 앞으로 전개될 내용은 전혀 모르는 채 그냥 제작자들이 깔아놓은 멍석에 발 하나를 올려놓은 것뿐이다. 생방송되는 현장에 참여한 방청객이나 안방에서 시청하는 시청자나 전개되는 프로그램에 대해 아는 수준은 궁극적으로 같다. 프로그램에 일반인을 참여시키는 다양한 방법들이란 것도 결국 공중의 상식에 근거해 프로그램을 만든다는 것을 제작자들이 시청자들에게 강조하기 위해 활용하는 한 수단일 뿐일지도 모른다.

5. 생방송이라는 믿음과 이데올로기

1) 수용 속성으로서의 믿음

> 공동연출PD: "그거야 '자, 여기는 세종문화회관에서 생방송으로 진행됩니다' 하면 생방(송) 아닌가요? 그 말만 하고 나머지는 다 녹화된 걸 방송해도 생방(송)인 거죠. 시청자가 그걸 모른다면!"

부르동(Bourdon, 2000)은 생방송은 그 자체로 완전한 것이라기보다 그것을 생방송이라고 시청자가 얼마나 믿느냐에 생방송인지 아닌지 그 여부가 달려 있다고 했다. 시청자의 수용 태도가 생방송이라고 여기게 하는 한 요소로 기능한다는 것이다.

텔레비전은 '시청(視聽)하는 것', 즉 '보고 듣는 것'이다. 기본적으로 제작자들은 보고 듣는 수용자의 속성을 잘 간파하고 있다. 그것은 시청자는 '보고 싶은 걸 보고, 또 듣고 싶은 걸 듣는다'는 속성이다.

> 외주PD: "제작자가 제작의도가 있듯이 시청자는 시청자대로 기대하는 게 있다고 봐요. 그래서 늘 실제 현장과 TV로 보는 것에는

차이가 있을 수밖에 없다고 봐요. 제작의도란 게 뭡니까? <연기대상>이라면 흥겨운 분위기라야 된다는 거잖아요. 근데 실제 현장 분위기는 그렇지 않단 말이죠. 근데도 MC는 '아, 지금 분위기가 점점 무르익습니다'라고 하잖아요. 그렇다면 시청자도 그렇게 짐작한다는 거죠. 왜냐하면 그럴 거라고 생각하고 있으니까. 또 시청자는 적어도 <연기대상>이라면 온갖 스타가 다 나왔을 거라고 으레 생각하게 되잖아요. 그런데 실제로는 다 나오지 않았어요. 근데 카메라는 그걸 감추고 객석에 앉아 있는 스타들만 한 명, 한 명 조금씩 보여준단 말이죠. 그러다 보면 시청자는 '아, 누구도 왔겠지'라고 으레 생각해버리게 된단 말이죠. 거기다 MC는 수시로 '아, 오늘 정말 쟁쟁한 스타들이 다 모였네요' 한단 말이죠."

음향감독: "현장 분위기와 TV로 듣는 소리는 분명 다르죠. [...] 왜냐하면 사람은 듣는 사람의 감정이나, 본인이 어떤 소리를 듣기 원하느냐에 따라 기분도 달라지고 들리는 소리도 다르게 들리거든요. 사람은 기본적으로 듣고 싶은 소리만 들리거든요. [...] 노래하는 가수 소리가 잘 들리는 사람이 있는가 하면, 소리 지르는 방청객 소리가 더 잘 들려 방송 내내 짜증을 내는 사람도 있고요."

생방송을 생방송으로 가능하게 하는 이유는 수용자의 태도 또한 한몫한다. 저마다 듣고 싶은 것과 보고 싶은 것이 있고 또 다르기 때문에 생방송이라는 것도 각자 나름대로 받아들이며 시청하게 된다. 시청자 스스로 일단 생방송이라 믿고 보기 시작하면 시청자는 어느새 그런 자신만의 울타리에 스스로 갇히게 된다.

2) 생방송 이데올로기

푸에르(Feure, 1983)는 지금 방송되는 저 프로그램이 시청자가 생방송이라 받아들이게 되는 것은 제작자들이 프로그램에 끊임없이 조장하는 생방송적인 느낌(liveness) 때문이며 이런 느낌으로 생방송이라는 텔레비전 이데올로기가 시청자에게 작동된 결과라고 했다.

대본작가: “그러고 보니 아이러니컬하게도 녹화방송은 굳이 ‘녹화방송입니다’라고 하지 않네요. 자막이든 뭐든 그런 고지 자체가 없잖아요. 근데 생방송은 자막으로도 MC 멘트로도 수시로 생방송이라고 티 내잖아요. 진짜 그렇네. 왜 그렇지? 생방(송)이 자랑스러운가?”

<연기대상> 제작자들은 생방송이라고 방송 내내 강조하면서도 정작 그 이유에 대해서는 쉽게 대답하지를 못했다. 다만 생방송이기 때문에 방송 도중에 진행이 매끄럽지 않다든가, 방송 사고가 다소 생기더라도 시청자로부터 양해를 받기 위한 면피용 때문이 아닌지 추측할 뿐이었다.

푸에르는 텔레비전 제작자들이 생방송이라는 이데올로기를 강조하는 이유는 시청자의 눈을 사로잡기 위해서일 뿐만 아니라 텔레비전의 권위와 진정성, 그리고 진실을 보증하기 위한 이데올로기적 이유에서라고 했다. 하지만 막상 <연기대상> 제작자들은 이러한 푸에르의 생방송 이데올로기로까지 인식하진 못했다. 그들은 단지 녹화방송보다 매끄럽게 방송할 수 없는 생방송의 두려움 때문에 이를 피하고자 생방송으로 따로 강조하는 것이 아닐까 추측하는 정도였다.

<연기대상> 제작자들의 답변은 텔레비전 제작의 오랜 관행에서 나온 것이 아닐까 한다. 초창기에 텔레비전 제작자들은 화질이 우수한 영화를 이길 수 있는 텔레비전의 차별적 강점으로 ‘지금 일어나고 있는 사건’을 그대로 보여주는 생방송에 있다고 보았다. 그래서 생방송일 때는 늘 생방송으로 표시해왔는데 바로 이러한 생방송의 역사적인 제작습관이 오늘날까지도 생방송을 강조하게 만드는 관습으로 제작자들에게 여전히 남아 있는 게 아닐까 한다는 것이

다. 생방송은 텔레비전의 제작 역사에서 가장 오랫동안 지속되어 온 습관이기 때문이다.

6. 제작자의 직업의식

홀(Hall, 1982)은 방송제작자들은 그들이 사용하는 제작기법에 대해서는 잘 알고 있을지 모르나, 막상 그것이 만들어내는 특정 신화, 다시 말해 지배적-헤게모니적인 코드가 사회에서 어떻게 재생산되는지는 잘 모를 수 있다고 했다. 마지막으로 <연기대상> 제작자들의 직업의식에 대해 알아보고자 한다. 여기에 대해서는 크게 세 가지로 나타났다. 첫째, 프로그램 제작이라는 작업은 해당 프로그램의 기획의도를 살리는 것이 우선이라는 제작의식과 둘째, 이러한 작업을 실천하는 것이 자신의 역할을 다하는 당연한 본분이라는 직업의식과 셋째, 궁극적으로 이것은 시청자의 권리에 부응한다는 소명의식이라는 것이다.

1) 기획의도에 대한 제작의식

기틀린(Gitlin, 1983)은 방송제작자라는 신분은 방송의 대의명분이라는 조직의 목표와 이를 위한 전문성과 창의성이라는 개인의 역량 사이에 늘 놓여 있다고 했다. 즉, 조직이냐, 개인이냐라는 것이다. 프로그램 제작에 대한 <연기대상> 제작자들도 이러한 의식이 있었다.

방송 프로그램 제작이라는 작업은 수많은 스태프들의 전문성이 그물망처럼 복잡하게 얽힌 총체적인 작업이다(Becker, 1982). 프로그램이란 조직이 만들어내는, 조직의 예술로서 조직의 목표가 이루어진 결과다. 결과가 좋으려면 목표에 충실해야 한다. 조직의 목표를 중심으로 구성원들은 하나가 되어야 한다. 목표에 충실하게 상호 협동해야 한다. <연기대상>의 제작과정에 참여한 대부분의 제작자들도 마찬가지였다. 그들은 조직의 목표에 무엇보다 충실하려고 했다.

그런데 <연기대상> 제작자들에게 '조직의 목표'란 곧 프로그램의 '기획의도'를 의미했다. 그들은 프로그램의 기획의도를 충실하게 실천하는 것이 프로그램을 하나로 완성해내는 데 무엇보다 중요하다고 의식했다.

> 대본작가: "프로그램은 기획의도가 있잖아요. 만약에 그게 사전에 준비 없이 그냥 날방송으로, 진짜 생방송으로 뭘 한다고 하면 처음부터 구성 자체가 성립이 안 되죠. 제 생각엔 방송을 한다는 것은 당연히 사전에 치밀하게 준비돼야 하는 것이고, 그래야 기술, 조명, 카메라, CG 등 모든 스태프들이 한 프로그램을 만들어낼 수 있는 것 아녜요? 그래야 TV로는 새로운 현실을 만들어낼 수 있는 거고, 그렇다고 그게 거짓말은 아니잖아요. 단지 정해진 포맷 안에 소화되도록 구성된 것이지."

조직의 목표란 게 무엇인가? 애초 정해진 프로그램의 취지대로 완성해내는 것이다. 모든 프로그램에는 왜 이 프로그램을 만드는가라는 기획의도가 있다. 하나의 프로그램을 만드는 조직에게 목표란 프로그램의 기획의도대로 프로그램을 무사히 만들어내는 것이다. 성공한 프로그램이란 기획의도를 제대로 살려낸 프로그램이다.

<연기대상> 제작팀은 프로그램의 기획의도에 충실할 수 있도록

각자 소임과 전문성을 다하는 것이 제작자로서 가져야 할 책임의식이라고 보았다. 프로그램의 기획의도를 제대로 반영하기 위해서는 그들이 맡은 역할에 최선을 다하면 된다고 보았다. 그것이 프로그램에 참여하는 일구성원으로서의 자세라고 보고 있다.

> 세트디자이너: "사견이지만 세트는 윤활유, 도우미라고 봐요. 프로그램의 흐름에 자연히 살아서 시청자가 녹아들어 갈 수 있게, 말로 설명하지 않아도 보여줄 수 있게 하는 그런 미술의 역할이라고나 할까요?"

> CG디자이너: "CG는 포장이에요."

> 음악 및 음향효과감독: "필요한 효과음을 맡기고 알아서 해달라는 PD가 있고, '이런 걸 넣어주세요' 요구하는 PD가 있고, 우리는 PD의 의도를 얼마나 충족시키느냐가 할 일인 것 같습니다. 왜냐, 배경음악이나 효과음은 포장이거든요. 중요한 건 선물이지 포장이 주가 아니잖아요."

프로그램의 내용을 구성하는 연출팀과 작가팀, 그것을 전달할 양식을 만드는 미술팀과 기술팀 등 맡은 바 역할에 따라 다소 다를 수는 있지만, 방송제작자들은 기획의도대로 프로그램을 시청자에게 보여주는 것이 최상의 성공이며, 이러한 기획의도에 자신이 일조하는 것이 구성원으로서 소임을 다하는 것이라 여겼다.

> 세트디자이너: "근데 그런 게 있어요. 일반적으로 잘된 미술이나 디자인은 표시가 안 나는데 못하면 사람들이 알아본다는 얘기가 있거든요. 잘됐다는 건 프로그램에 그만큼 잘 녹아들어 가서 포장이 잘됐기 때문에 사람들이 못 느끼게 된다는 거고, 그렇지 못하면 티가 나서 대부분 '저건 아니다'고 한마디씩 한다는 거죠."

LED 오퍼레이터: "방송은 하이테크놀로지 싸움이잖아요. PD분들도 늘 우리한테 뭐 새로운 게 없냐고 하시잖아요. 저희도 늘 새로운 장비를 계속 구입해야 이 바닥에서 살아남고요. 업체 간의 경쟁인데."

프로그램에 대한 <연기대상> 제작자들의 책임의식은 대부분 기본적으로 강했다. 프로그램이란 어느 하나의 전문성이라도 제재로 발휘되지 않으면 실패하게 되는 수많은 전문성의 결합이기 때문에 각자는 그러한 실패의 주인공이 되지 않으려는 두려움과 책임감을 기본적으로 갖고 있었다. 각자의 전문성과 창의성도 결국 조직의 목표, 즉 프로그램의 기획의도를 살리는 범위 안에서 가능하다는 것을 철저히 의식하고 있었다.

2) 당연한 본분으로서의 직업의식

방송사 내에는 부서가 다양하다. 기자, PD, 조명, 카메라, 홍보, 행정, 광고, 편성, 인사, 미술, 영화, 세트, 의상, 기술, 편집, 녹음, 문화, 사업, 외주, 기획, 총무 등 하물며 식당, 매점, 기념품점까지 다양한 파트가 다양한 역할로 움직인다. 광고 담당자는 광고 판매율을 높이는 게 맡은 역할이다. 편성PD는 편성전략을 짜는 게 맡은 역할이다. PD는 프로그램을 만드는 게 맡은 역할이다. 그들의 역할은 각자 분화되어 있다.

광고 담당: "광고파트가 제작팀에게 내용에 대한 요구는 하지 않죠. 할 수도 없는 입장이고요. 어차피 프로그램이란 게 컨셉이 정해지고, 편성이 정해지고, 그러면 만드는 거잖아요. 어차피 기획한 대로 프로그램을 만들어가잖아요. 비록 우리 입장에서 편성파트에 광고주 선호도에 대한 의견을 내기는 합니다만 그마저도 제작파

트에는 전달이 잘 안 되잖아요. […] 사실 PD들이 프로그램을 제작하기 위해 날밤도 새고 정말 피땀 흘려 만드시잖아요. 저는 그런 것들을 제값 받고 팔기 위해서 노력하는 역할이라고 생각합니다. 하나라도 CM을 더 붙여야 회사도 좋고, 일선 제작자들도 힘이 되잖아요. 저도 정말 방송국이 좋아서 들어왔습니다. 일선 PD들을 보면 부러워요."

방송사에 근무하는 사람들은 기본적으로 직업정신이 있다. 행정 담당은 행정 담당대로, 식당점원은 식당점원대로 각자 맡은 소임에 대한 직업의식이 따로 있다. <연기대상> 제작자들도 마찬가지였다. 자신이 맡은 역할이 조명이면 조명, 기술이면 기술, PD면 PD일 뿐이라는 것이다.

그런데 당연한 본분으로서의 방송일은 묘한 점이 있었다.

공동연출PD: "방송은 기만이에요. 얼마나 시청자를 속일 수 있느냐가 연출능력이에요. 알고 보면 짜고 치는 고스톱이란 말입니다. MC가 수상결과를 알면서도 모르는 척해야 하고 말이죠. 근데 그렇게 안 하면, 방송을 솔직하게 한다고 해서 MC가 '저는 누가 상 받을지 알고 있지만 모르는 척하고 다음 진행할 게요.' 그럴 순 없잖아요. 김새게."

음향감독: "현장의 생생한 소리를 그대로 안방에 전달하는 게 중요하죠. 그렇지만 방청객이 별로 안 와서 썰렁하면 한 열 배 이상 온 것처럼 이펙트 소리를 크게 올려 과장도 하고, 근데 그걸 조작이나 왜곡으로 생각해본 적은 없고요, 그렇다면 엔지니어를 못 하죠. 단지 좋은 것을 선택해서 보여준다고 보면 되는 거죠."

생방송의 장점은 '있는 그대로' 보여준다는 리얼리티에 있다. 생방송 제작자들은 '있는 그대로' 보여주기 위해 그들의 전문성과 창의성을 최대한 발휘한다. 그것을 또한 방송제작자로서 그들의 본분이라고 생각하고 말이다. 그런데 위의 말들을 보면 과연 그들은 '있는 그대로'를 보여준다고 할 수 있을까? 예를 들어 현장과는 달리 현장감을 과장해서 텔레비전으로 보여준다면 그것은 '있는 그대로'가 아닐 수 있는 게 아닌가.

> 드라마CP: "<연기대상>이 내용상으로는 솔직하지 않을지 몰라도 형식상으로는 솔직하잖아요. 어찌 됐든 발표하고 시상하고 수상소감 하잖아요. 시청자는 또 여기에 열광하고, 뭐, 수상자가 '미처 제가 상 받을 줄 몰랐어요' 하더라도 시청자는 또 뭐 그렇게 보는 것 아니겠어요? 시청자가 완전히 모른다고 할 수는 없겠죠. 그렇지만 몰라주는 거죠. 굳이 알려고 하지도 않는 거예요. 거기까지 가지도 않는 거죠. 안 그러면 그거 따지다가 무슨 재미로 TV 보겠어요? 뭐 그렇더라도 의심 반, 믿음 반, 뭐 그 재미 아니겠어요? 우리 같은 PD들도 다 먹고살아야 한다는 걸 시청자도 이해하는 거죠."

'있는 그대로' 보여주기 위한 <연기대상> 제작자들의 노력이란 게 정말 묘하다. '있는 그대로' 보여주고자 소임을 다하는 그들의 노력이 오히려 '있는 그대로'가 아닐 수도 있다는 가능성의 여지는 또 무엇이란 말인가.

홀(Hall, 1974)은 방송제작자들은 그들이 의도하는 바를 전달하기 위해 전문적인 기법을 발휘해 언제나 '훌륭한 프로그램', '훌륭한 그림'들을 만든다고 하지만, 그들은 그러한 미디어 제작기술의 중립성을 강조하며 오히려 그들은 그들이 의도했던 문제들의 쟁점들로부터 초연한 위치로 피신한다는 전문직업적인 피신주의(professional retreatism)를 지적했다. 방송제작자들(특히 방송언론인들)은 중립적이지 않다는 것이다. 중립적인 것은 각종 제작 장치나 기법, 가령 카메라, 음향, 조명, 세트, 큐시트 등이라는 것이다. 홀은 이를 현실효과장치라고 했는데 이를 통해 매우 숙련되고 정교한 기호화 절차, 가령 요소들을 설치하고 연결하고 꿰매어 '뜻이 통하는' 서사 혹은 설명체제로 만드는 작업이 가능하다고 했다. 텔레비전 제작자들이 텔레비전으로 보여주는 현실이 중립적이라고 주장하는 것은(특히 뉴스에서 기자들이 보도하는 사건이 객관적이라고 주장하는 것은) 텔레비전의 현실이 중립적이기 때문이 아니라, 그것을 전달하는 현실효과장비(즉 카메라, 조명, 마이크 등)가 중립적일 뿐, 그 현실은 다분히 구성된, 다시 말해 새로운 의미작용이 작동된 또 다른 현실이라는 것이다.

현실효과장치, 즉 방송장비를 움직이는 방송제작자들은 의도를 가지고 있다. 방송장비는 의도대로 움직이기 때문에 결국 그 의도대로 제작된 프로그램은 결코 중립적이기 어렵다. 하지만 방송제작자들은 중립적이라고 우긴다. 홀은 그 이유를 사회적으로 합의된 메시지를 전달하는 유일한 대변자로서의 우월적 권위와 지위를 계속 확보하기 위해서라고 한다. 그래야 제작하는 프로그램의 권위를 세울 수 있기 때문이다. 중립적인 것은 방송장비인데 그 방송장비의 중립성에 숨어 자신들이 중립적이라고 권위를 내세우는 직업의식을 홀은 전문직업적인 피신주의라며 비판했다.

'있는 그대로'를 보여주기 위해 내가 가진 전문성을 최대한 살리는 것이 방송전문직으로서의 역할이라고 보는 <연기대상> 제작자들의 말도 어쩌면 홀의 전문직업적 피신주의와 맞닿아 있는 것은 아닌지 모르겠다. 그들이 생방송으로 보여주는 세계가 정말 중립적인 '있는 그대로'의 세계일까? '있는 그대로'를 그들은 '만드는' 것은 아닐까? 홀(Hall, 1982)이 말한 것처럼 방송제작자들은 방송장비는 잘 다룰 수 있을지 모르나, 막상 그것이 만들어내는 특정 신화, 즉 지배적-헤게모니적인 코드가 사회에서 어떻게 재생산되는지는 잘 모르는 게 아닐까.

3) 시청자 권리로서의 소명의식

<연기대상> 제작자들은 자신들이 보여주는 생방송이 '있는 그대로'의 세계가 아닐 수도 있다는 사실을 잘 알고 있었다. 그러나 그것은 피치 못할, 어쩔 수 없는 것으로 여겼다.

> 자막 담당: "어쩔 수 없잖아요. 어차피 카메라가 한 화면에 모든 걸 다 보여줄 순 없잖아요. 가려지는 게 당연히 있고, 시청자는 좋은 그림만 볼 권리가 있는 것 아녜요? 그러기 위해 자막도 치는 거고요."

홀(Hall, 1974)은 객관성과 중립성은 조작된 허구에 불과하다고 말한다. 모든 촬영과 편집은 선별적으로 지각되고, 해석되고, 의미작용 된 원료의 조작이라고 한다. 그에 따르면 텔레비전은 어떤 사건의 전체를 포착할 수 없다. 텔레비전이 현실을 순수하게 보여준다든지, 사실(fact) 앞에서는 카메라가 중립적이라든지 하는 생각은 환상이자 유토피아다.

> 선임작가: "…그건 제대로 된 것만 볼 권리가 있는 시청자에 대한 당연한 예의예요."

텔레비전으로 보는 세계는 생방송이든, 녹화방송이든 텔레비전으로 제작되는 한 '있는 그대로'의 세계는 이미 아닌지 모른다. 텔레비전이 제작한, 텔레비전이 '만든' 세계일 공산이 크다.

텔레비전으로 제작되기 전에 가장 먼저 존재하는 것이 "왜 이 프로그램을 만드는가"라는 기획의도다. 프로그램이란 기획의도대로 만든 결과물이다. 생방송되는 사건도 마찬가지다. 생방송되기 위한, 혹은 될 가치가 있는 기획의도가 먼저 있었기에 비로소 중계차가 사건 현장으로 갈 수 있다. 사건 현장은 기획의도대로 움직여줘야 한다. 기획의도에 조금이라도 미흡한 부분이 있으면 제작자들은 각자 맡은 바 소임을 다해 기획의도대로 보충, 혹은 창조해나가야 한다.

궁극적으로 방송제작자들은 기획의도란 시청자의 시청의도와 다름 아니라고 치부한다. 시청자가 보고 싶어 하는 욕구와 보고자 하는 의도라고 여긴다. 적어도 그들은 그렇게 생각한다. 이러한 시청의도에 부합하는 것이 곧 자신의 소임이라 자위한다. 모든 일이란 게 그렇다. 고객을 위한 일이면 내가 하는 그 어떤 일도 고귀하고 당위성이 있다. 방송제작자들도 그들에게 고객이 있다고 말한다. 시청자다. 그들이 하는 일은 고객을 위한 일이고 그것이 기획의도이고 바로 거기에 그들 역할의 당위성도 있다고 말한다.

어쩌면 '있는 그대로'라는 신의 영역을 보여주기 위해 인간의 힘으로는 '만들 수밖에 없는' 인간 영역의 한계를 텔레비전 제작자들은 시청자 권리를 위한 소명의식으로 자위하는 건 아닌지 모르겠다.

에필로그

‘있는 그대로’를 ‘만드는’ 생방송

“리허설은 생방송처럼, 생방송은 리허설처럼!”
- 방송계 현장의 격언

생방송(live)이란 ‘살아 있는(live) 오리지널(original) 방송’이다. 살아 있는 이유는 편집하지 않고 날 것 그대로 바로바로 보여주기 때문이다. 편집하고 가공해서 보여주는 녹화방송과 달리 생방송은 편집, 즉 사후제작단계(postproduction)가 없다. 그래서 생방송은 제작특성부터 녹화방송과 다르다.

첫째, 사후제작과정이 없는 만큼 사전제작준비가 철저해야 한다. 예를 들면 큐시트다. 생방송인 <연기대상>의 큐시트가 출연자의 동선, 무대, 음향, LED, 소품, 기타 유의 사항 등 매우 구체적이고 정교하고 복잡하다면, 녹화방송인 <스타킹>의 큐시트는 매우 간단했다. 시간계획도 <연기대상>의 큐시트가 초 단위까지 세세하게 기록하는 반면, <스타킹>은 시간계획 자체가 아예 없었다.

둘째, 생방송 제작과정에서 가장 중요한 것은 생방송되는 당일이다. 생방송 프로그램의 성공 유무는 당일 생방송이 끝나자마자 바로 판가름 난다. 사전에 오랫동안 아무리 열심히 준비했다 해도 생방송 도중에 사소한 방송 사고가 하나라도 생기면 그동안의 노력과 수고는 말짱 허사가 되어버리고 만다. 아무리 내용 좋고, 재미있으면 뭐 하는가, 방송 사고 하나면 끝이다.

셋째, 생방송은 '내용의 연속성'과 이를 유지하는 스태프들의 '진행의 연결성'이 특히 중요하다. 시청자가 보는 것은 내용이다. 제작자는 시청자가 잘 이해하도록 내용의 흐름이 자연스럽도록 연속성을 잘 유지해야 한다. 그러자면 내용을 위해 무대 뒤에서 바삐 움직이는 각 스태프들의 진행의 연결성을 사전에 잘 계산해두어야 한다. 즉 화면 위의 '보이는 연속성'을 위해 화면 뒤의 '보이지 않는 연결성'을 정교하게 짜야 한다.

넷째, 생방송은 곧 송출과정이라고 할 만큼 송출기능이 매우 중요하다. 녹화방송의 제작과정은 '준비-촬영-편집-송출'이라는 4단계로 각 단계마다 시간 차이를 두고 제작하지만, 생방송은 '준비-촬영/편집/송출'의 2단계로서 '준비'과정을 제외하고 '촬영/편집/송출'이 시간 차이 없이 동시에 이루어진다. '촬영/편집/송출'을 한꺼번에 해야 하다 보니 녹화방송과 달리 그 복잡성을 극복하는 과제, 즉 '이상 없는 무사고 방송'이 생방송 프로그램의 성공 여부를 결정짓는 가장 큰 기준이 된다. 그런 면에서 '촬영/편집/송출'을 한마디로 '송출'이라고 할 수 있으며 생방송 제작팀에게는 무사고 송출이 곧 가장 큰 제작목표가 된다.

다섯째, 생방송 제작팀은 녹화방송과 달리 방송 사고의 위험에 대비한 예비 시스템을 늘 구동시킨다. 만약의 사태에 대비해 예비 마이크를 따로 준비한다든가, 편성운행 PD가 추가로 당직을 선다든가, 예비 자막을 따로 준비한다든가, LED 컨트롤러를 하나 더 준비한다든가 해당 부분의 각 스태프별로 취할 수 있는 안전장치를 할 수 있는 데까지 해둔다.

이처럼 생방송은 '촬영/편집/송출'을 한꺼번에 동시에 해야 하기 때문에 제작자들은 극도로 긴장하게 되는데 성공에 대한 '희열'이냐, 아니면 실패에 대한 '패배감'이냐라는 두 가지 정서적 특성으로 나타난다. 또한 방송이 끝나면 아무리 최선을 다했다고 해도 미처 제대로 발휘하지 못한 '아쉬움'이 프로그램의 성공 여부를 떠나서 늘 남게 마련인데 이는 시청자로서는 알 길 없는, 해당 스태프만의 자기반성이라고 할 수 있다.

생방송은 제작자와 시청자가 동시에 만나는 접점이지만 알고 보면 '방송 사고로 불안한 제작자'와 '안방의 편안한 시청자'의 만남이라고 할 수 있다.

생방송 제작자들이 생방송으로서의 정서적 제작특성을 가질 수밖에 없는 이유는 생방송이 주는 제약조건이 또한 따로 있기 때문이다. 그것은 생방송이라는 포맷 자체와 이를 수행하기 위한 제작 구조가 녹화방송과는 기본적으로 다르기 때문이다.

생방송 포맷이 주는 제약이란 연출과 구성을 담당하는 팀이 겪는 아이템 선정의 어려움과 기술과 미술을 담당하는 팀이 겪는 운용적 어려움을 대표적으로 들 수 있다. 아이템 선정의 어려움이란 소재를 정하고 아이디어를 짜는데 녹화방송보다 공간과 시간의 제약이 상대적으로 크기 때문에 생기는 어려움이다. 중계차로 연결될 수 있는 무대와 주어진 방송시간만큼만 소화할 수 있는 내용으로 한정될 수밖에 없는 어려움을 말한다. 운용적 어려움이란 녹화방송은 사후편집에서 CG든, 자막이든, 배경음악이든, 효과음이든 미술과 기술적으로 따로 정교하게 작업할 수 있지만, 생방송은 이를 사전에 준비해 생방송 도중에 한꺼번에 내보내야 하는 어려움을 말한다.

제작구조가 주는 제약으로는 두 가지를 들 수 있는데 하나는, 아이디어를 수집하고 실행하기 위한 스태프들의 모든 직무동기가 담당 PD 한 명에 의해 통제되는 제작구조의 한계와 다른 하나는, PD가 결정 내린 아이디어를 실행하는 과정에서 전문성이 서로 다른 제작팀 간에 상호 협조해야 하는 제작구조의 총체성이 주는 한계다. 담당 PD 한 명이 수많은 스태프들의 전문성을 하나로 응집해야 한다는 제작구조 자체가 녹화방송과는 다른 고도의 소통능력을 필요로 하는 어려움이 아닐 수 없다. 그 밖에 예산과 인력부족, 방송심의에 대한 부담감, 출연자 섭외의 어려움, 준비기간 부족 등이 있다. 이 모든 통제요인들을 극복하고 완성된 생방송 프로그램을 통해 나타나는 구성요소들은 다음과 같다.

첫째, 연속성과 연결성이다. 생방송의 기본적인 기능은 '지금 발생하고 있는' 사건을 실시간 그대로 보여주는 것이다. 그래서 기본적으로 필요한 요소가 연속성이다. 연속성은 분절 없는, 일련의 흐름을 의미한다. 내용의 연속성은 영상과 음향으로도 구현된다. 영상의 연속성은 PD가 스튜디오 부조정실에서 여러 대의 스튜디오 카메라가 잡는 그림들을 콜사인으로 하나하나 선택하는 과정에서 유지된다. 궁극적으로 영상의 연속성은 빛, 즉 조명의 연속성에 의해 완성된다. 진행되는 내용의 흐름과 분위기, 리듬에 맞춰 수십, 수백 대의 조명기가 각양각색으로 표현해내는, 분절(편집) 없는 빛의 연속성이 실시간으로 진행되는 생방송임을 깨닫게 한다. 음향의 연속성은 한 대, 혹은 여러 대의 마이크로 픽업되는 분절(편집) 없는 현장음의 연속성으로 구현된다. 영상과 음향의 연속성을 위해 무대 뒤에서는 스태프들이 분주하게 움직인다. 각 스태프들이 순차적으로, 혹은 교차적으로 서로 협업하는 스태프 진행의 연결성이 잘 살아 있어야 연속성도 유지될 수 있다. 내용, 영상, 음향의 연속성은 시청자의 눈에 '보이는 화면 위의 연속성'이라 할 수 있는데 이를 유지하기 위해서는 스태프들의 '보이지 않는 화면 뒤의 연결성'이 유지되어야 한다.

둘째, 생생한 현장감과 의외성이다. 생생한 현장감은 두 가지다. 하나는, 지금 발생하고 있기 때문에 사건 자체가 생생하다는 것이고, 또 하나는 이를 지금 전달하는 방송기술이 만들어내는 현장감이다. 카메라, 조명, 세트, 마이크, 자막, CG, 효과 등 각 해당 스태프들은 그들의 전문성을 보여주기 위해 그들이 맡은 바 소임을 다하는데 이 과정에서 현장감은 극대화된다. 카메라의 더 극적인 장면, 조명의 더 극적인 빛, 마이크의 더 극적인 현장음, 자막의 더 극적인 표현, 효과의 더 극적인 분위기 등 각종 현실장치효과로 사건 자체의 현장감은 더욱 부풀려져 텔레비전 화면을 통해 넘어온다. 스태프들은 내용의 연속성뿐만 아니라 현장의 생생함을 위해서도 최선을 다한다. 이렇게 현장감은 스태프들이 만들기도 하지만 돌발적으로 만들어지기도 한다. 생방송 도중에 갑자기 카메라 앞으로 누가 지나간다든가, 출연자가 갑자기 쓰러진다든가, 화면이나 소리에 노이즈가 생긴다든가, 잘못된 자막이 나간다든가 소위 NG 상황이나 방송 사고를 말한다. 때로는 스태프들이 만드는 현장감보다 이런 돌발 상황이 더 생생하게 생방송이라는 사실을 일깨워준다. 녹화방송과 달리 생방송은 '사전 준비대로 진행되지 않을 때 속 타는 제작팀의 모습을 상상하는 재미'가 있다. 내용의 연속성이 생방송임을 느끼게도 하지만 NG나 돌발 상황과 같은 현장의 비연속성도 생방송임을 깨닫게 한다는 게 참 아이러니컬하다.

셋째, 시의성과 즉시성이다. 생방송은 생방송으로 볼 가치가 있어야 한다. 지금 볼 가치가 시의성이다. 시의성이 없다면 굳이 생방송할 필요가 없다. 지금 볼 가치를 지금 볼 수 있도록 하는 것이 즉시성이다. 시의성은 즉시성으로 강조된다. "지금 몇 시입니다.", "잠시 후 대상을 발표하겠습니다." 등 즉시성을 활용해 진행자는 방송 도중에 계속 시의성을 강조한다. 즉시성은 중계차 연결 시민 인터뷰, 모금방송, 네티즌 실시간투표 등과 같이 시청자의 방송참여도 가능하게 한다.

넷째, 친근감과 자연스러움이다. 생방송은 공간적으로 넓게 분산된 시청자를 시간적인 동시성으로 동일한 위치에 하나로 연결시킨다. 녹화방송의 진행자가 '여기'라는 공간성의 수준으로만 친밀하게 다가가는 말을 할 수 있는 반면, 생방송의 진행자는 '지금 여기'라는 보다 확장된 시·공간적 수준에서 친밀함을 과시하며 시청자에게 다가갈 수 있다. 시·공간의 한계를 극복하고 세상을 연결하는 생방송의 힘은 시청자의 또 다른 이름인 일반인을 방청객, 출연자, 실시간 투표 등 다양한 방법으로 참여시킴으로써 극대화된다. 특히 시청자의 참여로 시청자는 친근한 생방송으로 자연스럽게 받아들이게 된다.

다섯째, 생방송이라는 시청자의 믿음이다. 시청자는 인간으로서 기본적으로 각자 보고 싶은 걸 보고, 듣고 싶은 걸 들으려는 속성이 있다. 그래서 같은 프로그램이라도, 같은 장면이라도 받아들이는 게 각자 다를 수 있다. 제작자들이 아무리 생방송임을 드러내기 위해 각종 생방송 장치를 한다고 해도 이를 보는 시청자가 실제 생방송이라고 받아들이지 못하면 생방송이 아닌 것이다. 결국 최종적이고 완전한 생방송의 구성요소는 시청자가 생방송으로 받아들이는 믿음이다. 생방송인지 아닌지는 수용자가 얼마나 생방송이라고 믿느냐에 달려 있다.

생방송은 오리지널을 보여준다. 녹화방송을 이길 수 있는 생방송의 유일한 무기가 오리지널이다. 하지만 오리지널을 보여준다는 것도 시청자라는 고객이 알아줘야 오리지널이다. 그렇지 않으면 온갖 수단으로 가공된 녹화방송을 이길 수 없다. 아이러니컬하게도 날 것 그대로가 오리지널이라고 해서 날 것 그대로 보여주면 손님은 오히려 오리지널로 받아들이지 못한다. 가공해야 한다. 날 것처럼 보이게 오리지널보다 더 생생하게 만들어야 한다. 오리지널도 오리지널로 만들어야 손님이 오리지널로 알아준다. 생방송은 '날 것'이 아니라 '만든 것'이다.

녹화방송은 '준비-촬영-편집-송출'이라는 4단계로 제작한다. 생방송은 '준비-촬영/편집/송출'의 2단계다. 생방송이 2단계로 제작된다고 해서 편집과정이 없다고 착각하면 안 된다. 녹화방송처럼 할 건 다 한다. 단지 촬영, 편집, 송출을 한꺼번에 동시에 할 뿐이다. 알고 보면 생방송도 편집을 한다. 방송되는 실시간으로!

TV로 보여주는 한, '있는 그대로(live)'도 '만들어야' '있는 그대로처럼(liveness)' 보여줄 수 있다.

참고문헌

· 국내문헌

강대인 · 김우룡 · 홍기선 (1987). 『방송제작론』. 나남.

강철희·최명민 (2007). 사회복지사와 타분야 원조전문직 간 대중이미지 비교 연구. 『한국사회복지학』, 59권 1호, 171-197.

김상근 (2006). 『텔레비전 탈장르 프로그램의 제작과정 특성에 관한 연구』. 한국외국어대학교 박사학위논문.

김성훈 (2006). 전문직의 취업경로: 사회연결망과 공식경로를 중심으로. 『한국사회학』, 40집 5호, 137-177.

김수정 (2003). 뉴스객관성의 영상화: 한국과 미국의 환경뉴스 사례의 비교연구. 『한국언론학보』, 47권5호, 363-384.

김연식 · 조성호 (2008). PD저널리즘의 기원과 발전에 관한 연구. 『언론과학연구』, 8권 2호, 149-176.

김영욱 (1999). 『언론인 전문화 교육: 개념과 모델, 외국의 실태와 전망』. 한국언론재단.

김예란 · 박주연 (2006). TV리얼리티 프로그램의 이론과 실제: 제작자 심층인터뷰 분석을 중심으로. 『한국방송학보』, 20권3호, 7-48,

김예란 (2003). 텔레비전 이야기하기 문화에 관한 연구. 『한국언론학보』, 47권 6호, 31-57.

김혁조 (2007). 『TV 드라마 제작과정에서 나타난 규율권력: 미셸푸코의 권력이론을 중심으로』. 고려대학교 박사학위논문.

문성철 (2006). 프로그램 제작 창의성 결정요인에 관한 연구: 조직문화, 조직지원, 제작환경요소에 대한 프로그램 제작진의 인식을 중심으로. 『한국방송학보』, 20권3호, 124-165.

박근서 (2003). 텔레비전 프레임. 『프로그램/ 텍스트』, 9호, 221-234.

박근서 (2000). 탈주의 시공간: <개그콘서트>. 『프로그램/텍스트』, 2호, 185-204.

박남기 (2006). 생방송 늘려 시청자의 광고회피방지. 『해외방송정보』, 4월호, 19-28.
박덕춘 (2008). TV 드라마의 시청률과 영상제작기법의 상관성: 홈드라마를 중심으로. 『한국콘텐츠학회논문지』, 8권 9호, 66-73.
박소라 (2003). 경쟁 도입이 텔레비전 프로그램 장르 다양성에 미치는 영향에 대한 연구: 1989년 이후 지상파 방송 편성표 분석을 통하여. 『한국언론학보』, 47권 5호, 222-250.
박원달 (2006). 『프로듀서는 기획으로 말한다』. 커뮤니케이션북스.
박인규 (2004). 공영방송 KBS의 조직문화와 가치지향성. 『한국언론정보학보』, 24호, 93-119.
박진규 (2008). 종교와 신비주의를 소재로 한 일일드라마의 기획과 제작: "코드파괴 시리즈"의 사례연구. 『한국언론학보』, 52권 4호, 324-352.
방송문화진흥회 (1997). 『한국방송총람』. 나남.
방송위원회 (2007). 『2007년 방송산업 실태조사 보고서』. 방송위원회.
배종대 (2004). 『PD로 가는 길』. 박문각.
손승혜 · 김은미 (2004). 지상파방송 종사자의 남녀 차이에 관한 연구: 전문화와 조직사회화 차원을 중심으로. 『한국언론학보』, 48권 6호. 196-224.
서정우 · 차배근 · 최창섭 (1986). 『언론통제이론』. 법문사.
심길중 (2001). 『텔레비전 제작론』. 한울아카데미.
양정혜 (2004). 뮤직비디오 제작의 관행이 텍스트구성에 미치는 영향: 제작진들과의 인터뷰를 중심으로. 『한국방송학보』, 18권2호, 134-168.
유세경 (1996). 대체 공적영역으로서의 시청자 참여토크 프로그램 분석: 참여시청자의 특성, 참여과정, 메시지 생산과정 분석을 중심으로. 『한국언론학보』, 39호, 86-121.
윤영철 (2003) 한국 언론전문직주의를 말한다: 분열과 충동. 한국언론학회 제1차 언론학 포럼. 『한국언론학회 심포지움 및 세미나』, 1-22.
윤영철 · 김연식 · 오소현 (2005). PD저널리즘에 대한 제작진의 인식과 제작관행: MBC <PD수첩>을 중심으로. 『한국언론학보』, 19권4호, 35-40.
원용진 (2000). 문화연구의 미디어 논의 반성과 전망. 『한국언론학보』, 14권3호, 185-230.
이권영 (2005). 방송조사. 한진만 외. 『방송론』(297-318쪽). 커뮤니케이션북스.
이남기 (2006). 『텔레비전을 만드는 사람들』. 커뮤니케이션북스.

이동규 (2018). 『PD감각입문(개정판)』. 커뮤니케이션북스.
이동규 (2012). 『TV는 살아 있다』. 서해문집.
이동규 외 (2018). 『TV예능 제작가이드』. 청문각.
이상철 (2002). 『언론문화론』. 일지사.
이선의 (1989). 『방송교육론』. 설화당.
이영음·홍석경 (1999). 『영상학개론』. 참미디어.
이오현 (2005). 텔레비전 다큐멘터리 프로그램의 생산과정에 대한 민속지학적 연구: KBS <인물현대사>의 인물선정과정을 중심으로. 『언론과 사회』, 13권2호, 117-156.
이종수 (2004). 『TV 리얼리티: 다큐멘터리, 뉴스, 리얼리티쇼의 현실구성』. 한나래.
이종수 (1999). 텔레비전 뉴스 영상구성: 한국 텔레비전 뉴스의 시각적 이미지와 언어적 텍스트의 연관성 분석. 『한국방송학보』, 12호, 219-252.
이호영 (2000). 미디어 이벤트의 제개념에 관한 소고. 『관광경영학연구』, 9월호, 193-214.
정재철 (2002). 90년대 이후 한국방송학 연구의 성과: 학회학술지 게재 논문들의 주요 연구 경향을 중심으로. 『한국방송학보』, 16권1호, 333-366.
주창윤 (2004). 텔레비전 프로그램 장르설정 기준에 관한 연구. 『방송연구』, 23권3호. 105-136.
주철환 (2000). 한국 오락 PD의 정체성. 『SBS 창사 10주년 기념 한국언론학회 학술세미나』, 6월, 43-60.
하종원 (2006). 글로벌 텔레비전 장르의 지역적 생산과 변용: 한국의 시트콤의 사례를 중심으로. 『언론정보연구』, 43권 2호, 71-100.
한국방송공사 (1992). 『교양프로그램제작편람』. 한국방송공사.
홍기선 (2002). 『인간커뮤니케이션』. 나남.
홍석경 (2004). 텔레비전 리얼리티 프로그램의 현실구성: 현실과 허구의 혼합을 통한 텔레비전의 장르형성에 대한 연구. 『방송문화연구』, 6권1호, 257-280.
황상재 (1999). 방송3사의 조직문화유형과 조직유효성에 관한 연구. 『한국방송학보』, 13호, 389-419.
MBC방송아카데미 (1992). 『방송입문』. MBC방송아카데미.
SBS방송아카데미 (1999). 『방송과 프로그램 제작』. SBS방송아카데미.

· 국외문헌

植條則夫 (1990). *Theories of image arts and sciences.* 구종상, 최은옥 역 (2001). 『영상학원론』. 이진.

Altman, R. (1986). Television sound. In T. Modleski (Ed.), *Studies in entertainment.* Bloomington: Indiana University Press.

Amabile, T. (1988). A model of creative and innovation in organization. *Research in organization behavior, 10,* 123-167.

Anderson, B. (1983). *Imagined communities.* London: Verso.

Barker, D., & Timberg, B. M. (1992). Encounters with the television image: Thirty years of encoding research. *Communication yearbook, 15,* 209-238.

Barker, D. (1985). Television production techniques as communication. *Critical studies in mass communication, 5,* 42-56.

Barthes, R. (1977). I*mage, music, text.* S. Heath, (Trans.), NY: Hill and Wang.

Bakhtin, M. (1981). *The dialogic imagination.* C. Emerson, & M. Holoquist (Trans.). Austin, TX: University of Texas Press.

Bazin, A. (1967). *What is cinema.* 박상규 역 (1998). 『영화란 무엇인가』. 시각과 언어.

Becker, H. (1982). Art worlds and collective activity. *In art worlds* (pp. 1-39). Berkeley, CA: University of California.

Berger, P., & Luckmann, T. (1966). *The social construction of reality.* Harmondsworth: Penguin.

Boorstin, D. (1961). *The image: Whatever happened to the American dream.* 정태철 역 (2004). 『이미지와 환상』. 사계절.

Bourdieu, P. (1996). *Sur la T'el'evison.* 현택수 역 (1998). 『텔레비전에 대하여』. 동문선.

Bourdon, J. (2000). Live television is still alive. *Media, culture and society, 22*(5), 531-556.

Brunsdon, C., & Morley, D. (1978). *Everyday television: <Nationwide>.* London: BFI.

Buckingham, D. (1987). *Public secrets: Eastenders and its audience.* London: BFI.

Bunge, M. (1996). *Finding philosophy in social science.* New Haven: Yale

University Press.
Byrne, T. (1997). *Production design for television.* 유현상 역 (2004). 『TV프로덕션 디자인』. 한울아카데미.
Caldwell, J. (1995). *Televisuality: Style, crisis and authority in american television.* New Brunswick: Rutgers University.
Cantor, M. (1971). *The hollywood television producer: His work and his audience.* NY: Basic-books.
Cardiff, D., & Scannell, P. (1987). Broadcasting and national unity. In J. Curran, et al. (Eds.), *Impacts and Influences.* London: Methuen.
Carpentier, N. (2001). Managing audience participation: The construction of participation in an audience discussion programme. *European journal of communication, 16*(2).
Carpignano, P., et al. (1990). Chatter in the age of electronic reproduction talk television and the public mind. *Social text 25*(26), 33-55.
Carter, S. M. & West, M. A. (1998). Reflexivity, effectiveness, and mental health in BBC-TV production teams. *Small Group Research, 29*(5), 583-601.
Caughie, J. (1984). Television criticism. *Screen, 25,* 109-121.
Chaney, D. (1983). A symbolic mirror of ourselves: Civic ritual in mass society. *Media, culture, and society, 5*(2), 119-136.
Chion, M. (1994). *Audiovision: Sound in film.* NY: Columbia University Press.
Corner, J. (1996). *The art of record: A critical introduction to documentary.* Manchester and NY: Manchester University.
Couldry, N. (2003). *Media rituals: A critical approach.* 김정희·김호은 역 (2007). 『미디어는 어떻게 신화가 되었는가』. 커뮤니케이션북스.
D'Acci, J. (1994). *Defining women: Television and the case of <Cagney & Lacey>.* Chapel Hill: The University of North Carolina Press.
Dayan, D., & Katz, E. (1992). *Media events: The live broadcasting of history.* Cambridge, MA: Harvard University.
Dornfeld, B. (1998). *Producing public television, producing public culture.* Princeton: Princeton University Press.

Ellis, J. (2000). *Seeing things.* London: Tauris.

Ellis, J. (1982). *Visible fictions: Cinema, television, video.* London: Routledge.

Elliot, P. (1979). Media organization and occupation: An overview. In J. Curran, M. Gurevitch, & J. Woollcott (Eds.), *Mass communication and society.* Beverly Hills: Sage.

Elliott, P. (1972). *The making of a television series.* London: Constable.

Feuer, J. (1992). Genre and television. *Channels of discourse, reassembled: Television and contemporary criticism.* London and NY: Routledge.

Feuer, J. (1983). The concept of live television: ontology as ideology. *Regarding critical approaches-an anthology.* LA: University Publications of America.

Fiske, J. (1987). *Television culture.* NY: Routledge.

Friedman, J. (2002). Attraction to distraction: Live television and the public sphere. *Reality squared: Televisual discourse on the real* (pp. 138-154). New Brunswick: Rutgers University Press.

Gamson, J. (1998). *Freaks talk back: Tabloid talk shows and sexual nonconformity.* Chicago: University of Chicago Press.

Gans, H. (1974). *Popular culture and high culture: an analysis and evaluation of taste.* NY: Basic Books.

Gawlinski, M. (2003). *Interactive television production.* London: Focal Press.

Gennep, V. (1909). *Les rites de passage.* 전경수 역 (2000). 『통과의례』. 을유문화사.

Giddens, A. (1979). *Central problems on social theory: Action, structure and contradiction.* Berkeley: University of California Press.

Gitlin, T. (1983). *Inside prime time.* NY: Pantheon.

Golding, P., & Murdock, G. (1991). Culture, communications, and political economy. In J. Curran, & M. Gurevitich (Eds.), *Mass media and society* (pp. 25-32). London: Edward Arnold.

Grasso, A. (1992). *Storia della tellevisione itgaliana.* Milano-Garanti.

Gray, L., & Seeber, R. (1996). *Under the stars: Assays on labor relations in arts and entertainment.* Itheca, NY: Cornell University Press.

Grindstaff, L. (1997). Production trash, class, and the money shot: A behind-the-scenes account of daytime TV talk shows. In J. Lull & S.

Hinderman (Eds.), *Media scandals: Morality and desire in the popular culture marketplace* (pp. 164-202). NY: Columbia University Press.

Hall, S. (1980a). Cultural studies: Two paradigms. *Media, culture and society, 2*, 57-72.

Hall, S. (1980b). Encoding/decoding. In S. Hall, et al. (Eds.), *Culture, media, language: Working papers in cultural studies* (pp. 128-138). London: Hutchinson.

Hall, S., et al. (1980). Cultural studies and the centre: Some problematics and problems. *Culture, media, language: Working papers in cultural studies, 1972-1979* (pp. 15-47). London: Hutchinson/CCCS.

Hall, S. (1974). Media power: The double blind. *Journal of communication, 24*(4), 19-26.

Hartley, J. (1992). *Tele-ology: Studies in television.* London and NY: Routledge.

Hartley J. (1982). *Understanding news.* London: Routledge.

Heath, S., & Skirrow, G. (1997). Television: A world in action. *Screen, 19,* 7-59.

Heo, C. (2004). *Production, art, and the public sphere: Critical studies in television.* Doctor of Philosophy degree. University of Iowa.

Houston, B. (1984). Viewing television: The metappsychology of endless consumption. *Quarterly review of film studies, 9*(3), 183-195.

Hirsch, P. (1972). Processing fads and fashions: An organization-set analysis of cultural industry system. *American journal of sociology, 77,* 639-659.

Jhally, S., & Livant, B. (1986). Watching as working: The valorization of audience consciousness. *Journal of communication, 36*, 124-143.

Jun, S. & Dayan, D. (1986). An interactive madia event: South Korea's televised "Family Reunion". *Journal of communication, 36(2).*

Kern, S. (2003). *The culture of time and space 1880-1918.* Cambridge, Mass.: Harvard University Press.

Kilborn, R. (1994). How real can you get?: Recent developments in 'reality' television. *European journal of communication, 9*(4), 421-440.

Kilborn, R., & Izod, J. (1997). *An introduction to television documentary:*

confronting reality. Manchester: Manchester University Press.

Kung-Shankleman, L. (2000). *Inside the BBC and CNN: Managing media organization*. 박인규 역 (2001). 『BBC와 CNN: 미디어 조직의 경영』. 커뮤니케이션북스.

Lacey, N. (2000). *Narrative and genre: Key concepts in media studies*. London: Macmillan.

Lang, K., & Lang, G. (1971). The unique perspective of television and its effects: A pilot study. In W. Schramm, & D. Robers (Eds.), *The process and effects of mass communication* (pp. 169-188). Urbana: University of Illinois Press.

Lester, P. (1994). *Visual communication: Images with messages*. 금동호 · 김성민 역 (1996). 『비주얼 커뮤니케이션』. 나남.

Lewis, J. (1991). *The ideological octopus: An exploration of television and its audience*. NY: Routledge.

Livingston, S., & Bennett, L. (2003). Gatekeeping, indexing, and live-event news: Is technology altering the construction of news?. *Political communication, 20*. 363-380.

Lunt, P. (2004). Liveness in reality television and factual broadcasting. *Communication review, 7*, 329-335.

Ma, D. (1993). *Production of television drama serial: Case study of YTV <Emmerdale> and MBC <Chunwon>*. Degree of doctor of philosophy. University of Leeds.

Meehan, E. (1984). Ratings and the institutional approach: A third answer to the commodity question. *Critical studies in mass communication, 1*, 216-225.

Meyrowitz, J. (1985). *No sense of place*. NY: Oxford University Press.

Neale, S. (2000). *Genre and Hollywood*. London: Routledge.

Newcomb, H. (1992). The creation of television drama. In K. Jensen, & N. Jankowski (Eds.), *A handbook of qualitative methodologies for mass communication research* (pp. 93-103). Routledge.

Newcomb, H. & Alley, R. (1982). The producer as artist: commercial television. *Individuals in mass media organization* (pp. 69-89). Beverly

Hills, CA: Sage.
Newcomb, H., & Alley, R. (1974). *TV: The most popular art.* Garden City, NY: Anchor.
Peiser, W. (2000). Setting the journalist agenda: Influences from journalists' individual characteristics and from media factors. *Journalism & mass communication quarterly, 77*, 243-57.
Real, M. (1985). Understanding Oscar: The Academy Awards telecast as international media event. *The critical communications review, 3,* 154.
Reynolds, A. & Barnett, B. (2003). This just in ... how national TV news handed the breaking "live" coverage of september 11. *Journalism and mass communication quarterly, 80*(3), 689-703.
Robins, K. (1996) Into the image: *Culture and politics in the field of vision.* London: Routledge.
Roscoe, J. (2004). Multi-platform event television: Reconceptualizing our relationship with television. *The communication review, 7,* 363-369.
Scannell, P. (2000). For-anyone-as-someone structures. *Media, culture and society, 22*, 5-24.
Schein, E. (1992). Organizational culture and leadership. San Francisco, CA: Jossey-Bass.
Schiller, H. I. (1969). *Mass communications and american empires.* Boston: Beacon Press.
Schudson, M. (1995). *The politics of narrative form in the power of news.* Cambridge, Massachusetts: Harvard University.
Schudson, M. (1978). *Discovering the news.* NY: Basic Books.
Shils, E., & Young, M. (1956). The meaning of the coronation. *sociological Review, 1*(2), 63-82.
Stam, R. (1983). Television news and its spectator. In E. Kaplan (Eds.), *Regarding television.* LA: American Film Institute, 22-43.
Stasheff, E., & Brez, R. (1951). *The television program: Its writing, directing and production.* 권중운 편역 (1997). 『뉴미디어 영상미학』, 3부 비디오 아트: 매체로서의 변별적 특성들 (253-255쪽). 민음사.

Thompson, R., & Burns, G. (1990). *Making television: Authorship a nd the production process.* NY: Praeger.

Timberg, B. (1987). Television talk and ritual space: Carson and Letterman. *Southern speech communication journal, 52,* 390-402.

Tuggle, C., & Huffman, S. (2001). Live reporting in television news: Breaking news or black holes?. *Journal of broadcasting & electronic media, 45*(2), 335-344.

Tuchman, G. (1978). *Making news: A study in the construction of reality.* 박홍수 역 (1995). 『메이킹 뉴스』. 나남.

Turner, G. (1989). Transgressive TV: From in Melbourne tonight to perfect match. In J. Tulloch & G. Turner (Eds.), *Australian television: Programs, pleasures and politics.* Sydney: Allen & Unwin.

Vianello, R. (1994). The rise of the telefilm and the networks' hegemony over the motion picture industry. *Quarterly review of film studies, 5,* 217.

Vianello, R. (1986). The power of politics of "live" television. *Journal of film and video, 37*(3), 26-40.

Williams, R. (1974). *Television: Technology and cultural form.* 박효숙 역 (1996). 『텔레비전론: 테크놀로지와 문화양식』. 현대미학사.

Williams, R. (1965). *The long revolution.* Middlesex: Pelican.

Williams, R. (1958). *Culture and society, 1780-1950.* 나영균 역 (1988). 『문화와 사회』. 이화여자대학교출판부.

Zettl, H. (1973). *Sight-sound-motion: Applied media aesthetics.* Belmont, CA: Wadsworth.

Zettl, H. (1992). *Television Production Handbook.* 임영호 외 역(2003). 『방송제작론』. 청문각.

이동규

SBS 예능 PD로 18년 동안 근무하며 〈SBS 연기대상〉, 〈대종상영화제〉, 〈백상예술대상〉, 〈아시아-태평양 슈퍼모델 선발대회〉, 〈월드컵기념 서울 세계불꽃축제〉, 〈한국방송프로듀서상 시상식〉, 〈하이 서울페스티벌 뮤지컬 갈라쇼〉, 〈게임대상〉, 〈생방송 4시, 신바람 스튜디오〉, 〈생방송 좋은 아침〉 등 굵직한 생방송 프로그램은 거의 다 연출했다. SBS 대표 연출작은 〈웃음을 찾는 사람들〉, 〈도전! 1000곡〉, 〈결정! 맛 대 맛〉, 〈서세원의 좋은 세상 만들기〉, 〈시트콤-LA아리랑〉 등이다. 고려대학교 신문방송학과를 졸업하고 동 대학원에서 언론학 석·박사학위를 받았다. 미국 샌프란시스코주립대학교 영상예술학과 교환교수를 역임했으며 현재 동덕여자대학교 방송연예과 교수로 재직 중이다. 〈도전! 1000곡〉으로 한국방송대상 연예·오락 부문 최우수상을 수상했다. 저서로 『예능의 비밀』, 『PD감각입문』, 『TV예능 제작가이드』(공저), 『연예인이 되기 위한 34계명』, 『TV는 살아있다』, 『웃음에 관한 특별보고서』(공저), 『PD, WHO & HOW』(공저)와 장편소설 『그리고 남은 자의 눈빛』 등이 있다.

TV 생방송 이론과 실제

초판인쇄 2021년 1월 29일
초판발행 2021년 1월 29일

지은이 이동규
펴낸이 채종준
펴낸곳 한국학술정보㈜
주소 경기도 파주시 회동길 230(문발동)
전화 031) 908-3181(대표)
팩스 031) 908-3189
홈페이지 http://ebook.kstudy.com
전자우편 출판사업부 publish@kstudy.com
등록 제일산-115호(2000. 6. 19)

ISBN 979-11-6603-291-2 93300